파리지앙
이야기

지하철 지도 한 장으로 역사 읽기

파리지앙
이야기

로랑 도이치 | **이훈범 옮김**
Lorànt Deutsch

중앙 books
JoongAng Ilbo

나는 파리에서 제법 멀리 떨어진, 사르트의 작은 마을에서
어린 시절을 보냈다. 우리 가족은 가끔 파리에 올라왔다.
페리페리크(파리를 둘러싸고 있는 외곽순환도로_옮긴이)에 도
착하면 외곽도로 안쪽, 도시의 찬란한 불빛에 넋을 잃곤 했다. 파리에 들
어서자마자 우리는 네온사인의 불빛에 정신을 차릴 수 없었다. 보이는 것
은 온통 약국의 녹색 간판, 담배 가게의 붉은 간판들뿐이었다. 녹색과 빨
간색의 조합은 한여름의 크리스마스를 떠올리게 했다. 나는 매력적이면
서도 두려운 정글 속에 기쁜 마음으로 뛰어들었다.

열다섯 살 때 나는 역사에 대한 열정으로 무장하고 파리로 이사 왔다. 익
명성과 몰인격성의 대도시 파리는 내게 일종의 '열린 책'으로 다가왔다.
낯선 도시에서 나의 첫 동반자는 거리의 이름들이었다. 파리의 거리들은
지하철과 함께 다가왔다. 그렇다. 지하철은 촌놈이 땅속의 개미집을 분

석하는 데 꼭 필요한 사용설명서였다. 나는 그 미지의 세계에 뛰어들었다. 파리를 돌아다니다 아무 역에서나 내리고는 끊임없이 질문을 던졌다.

결국 지하철역은 역사로 이어졌다. 지하철 지도는 파리의 뼈대를 내게 펼쳐 보여줬다. 센 강의 작은 섬에서 출발해 파리라는 대도시로 확장되는 과정을 역추적할 수 있게 해주었다. 모든 역의 위치와 이름을 통해 파리뿐 아니라 프랑스 전체의 과거와 미래를 알 수 있었다. 시테 역에서 라데팡스 역까지 운행하는 지하철은 시간을 거슬러 오르는 타임머신이다. 21개 역 하나하나에서 지난 세기를 재발견할 수 있다. 파리는 프랑스의 변화와 동행하거나 때론 앞서 가면서, 우리가 지금 알고 있는 도시가 됐다.

나는 프랑스와 파리의 역사를 공부하는 동시에 연극, 영화까지 하게 됐다. 퐁텐과 푸케, 모차르트, 사르트르에 빠져들었고, 어느덧 역사를 추적하는 게 직업이 됐다. 역사는 내 삶과 욕망의 원동력이다. 역사는 내게 끊임없이 바뀌는 주제, 모순, 의문들을 찾아내고 풀어가는 우물이 되었다.

나는 파리의 지하철역을 통해 한 세기 한 세기를 나아갈 수 있기를, 역사를 더 잘 이해할 수 있게 되기를 바란다. '파리지앙 이야기'가 시간의 박자와 리듬을 표시하는 도구가 됐으면 하기 때문이다.

나는 길잡이가 되어 독자들과 지하철 노선을 추적하고 싶다. 이제 우리는 희망과 열정을 간직하고 있는, 수다스러운 파리의 지하철역으로 떠난다.

차
례

일러두기

이 책에서 거리명 Boulevard는 '대로', Rue는 '거리', Avenue는 '가街'로 표기했습니다.

시
테

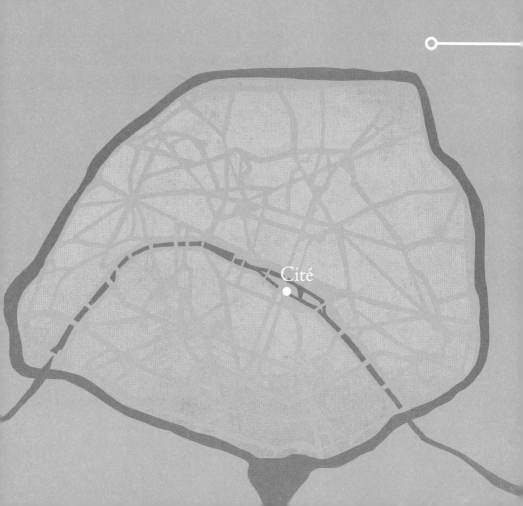

Cité

CITÉ

시테

카 이 사 르 의   요 람

문명의 기원은 이념적인 논쟁에 따라 수없이
바뀌었다. 파리는 결코 순수한 골루아의 도시
가 아니었다. 골루아 토착민과 로마 정복자들
이 용광로처럼 섞인 도시가 프랑스 역사의 출
발점이다.

"내리실 거예요?"

키 작은 부인이 행여 내려야 할 역을 놓칠세라 나를 밀치
며 말했다. 지하철은 날카로운 금속음을 내며 섰다. 이번
역? 파리의 요람, 시테^{Cité} 섬에서 내 여행을 출발하는 것도 나쁘지 않겠지.
게다가 이 섬이 요람 모양으로 생겼다는 건 결코 우연이 아닐 테니까. 12
세기 작가 기 드 바주슈는 시테 섬에 대해 '파리의 머리이자 가슴이요, 골
수'라고 썼다.

시테 역은 마치 우물처럼 만들어졌다. 우리는 지금 센 강보다 20m 이
상 아래에 있다. 『지구 속 여행』의 쥘 베른처럼 원초로까지 시간을 거슬
러 올라간 느낌이다. 바닥까지 내려가는 데 화산 분화구는 필요 없다. 물
밑으로 내려가지만 노틸러스호(쥘 베른의 소설 『해저 2만리』에 나오는 잠수

함_옮긴이)도 필요 없다. 지하철이 있으니까!

키 작은 부인을 따라서 끝이 없어 보이는 에스컬레이터를 타고 빛을 향해 올라간다. 부인은 멀어져 갔고 나는 가냘픈 편백나무와 부딪쳤다. 열매 없는 올리브 나무에서 올리브 향기를 맡기 위해 노력한다. 그래! 남쪽의 자취, 이탈리아의 정취가 풍기는 희미한 메아리……

지하철역 입구 바로 앞에 꽃 시장이 있긴 하다. 마치 자연이 자신의 옛 명성을 되찾기 위해 절망적인 노력을 하는 것처럼. 하지만 허망한 짓이다. 왼쪽으로 생미셸 대로의 내리막길을 자동차들이 질주하고, 오른쪽으로도 생자크 거리를 거슬러 오르는 자동차들이 물결을 이룬다.

몇 발자국 만에 강둑에 이른다. 초록색 서적 가판대들이 줄지어 서 있다. 나는 그 속에 빠져들었다가 곧 사랑하는 도시의 역사를 다룬 고서적들을 품에 안고 나온다. 파리는 내 아내와 같다. 그게 아니더라도 어쨌든 한 여인이다! 앙드레 브르통은 『나쟈Nadja』(초현실주의 소설_옮긴이)에서 말했다.

'삼각형 모양의 도핀 광장은 몽상적인 도시의 음부가 될 것이다. 도시의 모든 것이 태어난 원초적 자궁이다. 나는 그 출산의 순간으로 돌아가고 싶다.'

그래, 만약 자동차의 소음이 모두 사라진다면? 그리고 회색 건물이 모두 사라진다면? 센 강의 양쪽 강변이 녹색의 비탈, 진흙투성이의 늪, 관목들로 뒤덮인다면?

○

로마가 생겨난 지 701년째 되던 해, 즉 기원전 52년에는 시테 섬에 아무것도 존재하지 않았다. 실제로 시테 섬에서는 율리우스 카이사르$^{Jules César}$가 『갈리아 전기』에서 말한 뤼테스^{Lutèce}의 어떠한 흔적도 찾아볼 수 없다.

'뤼테스는 센 강의 어느 섬에 있는 파리지^{Parisii} 족의 요새 도시다.'

분명 모호한 설명이다. 실제로 갈리아 총독이었던 카이사르는 이 지역에 한 번밖에 오지 않았다. 그는 요새를 방문하기보다 골 족의 지도자 모임에 참석하는 걸 더 좋아했다. 전기를 쓸 때도 소문이나 휘하 장군들의 잘못된 군사보고를 듣고 옮겼기 때문에 파리지 도시에 대한 구체적 설명 대신 막연한 암시밖에 할 수 없었다.

그렇다. 모두들 커다란 파리지 도시를 만날 것이라 기대하는 그곳에는 아무것도 없었다. 게다가 과거의 시테 섬은 예닐곱 개의 섬으로 나뉘어 있었고, 작은 신전 하나와 몇 채의 갈대 지붕 오두막, 그리고 한줌의 사람들이 한가하게 낚싯대를 드리우고 있었다. 강 너머 오른쪽에는 늪지대가 펼쳐져 있고, 그 서쪽으로는 빽빽한 숲이 있었다. 왼쪽 역시 늪지대였고 좀 더 멀리에는 나중에 '생트 쥬느비에브'산이라 불리게 될 작은 바위 언덕이 있을 뿐이었다.

골^{Gaule} 족의 대규모 주거 밀집지역을 찾아가려면 강물을 따라가야 한다. 그 시대에는 강물이 곧 도로였지 않은가. 지상에 넓은 도로가 생기려면 로마인들이 오기를 기다려야 한다. 당장은 골 주민이 애용했던 배를 타자. 나뭇가지를 엮어 만든 길쭉하고 날렵한 쪽배다.

배는 이 땅에 정착한 선조들의 운송수단이었다. 신석기 시대(기원전 5000년) 정착민들이 남긴 최초의 흔적도 파리 동쪽 베르시 지역에서 발견된 카누였다. 이 카누는 파리를 위한 '기억의 피난처'라 할 만한 카르나발레 박물관에서 지금도 볼 수 있다.

진짜 뤼테스로 가려면 베르시에서 센 강을 따라 2*km* 정도를 더 가야 한다. 그곳은 센 강의 물줄기가 크게 돌기 때문에 지리에 밝지 않은 로마인들에게는 섬처럼 보였을 것이다. 이 커다란 굴곡 속에서 도시는 요동치고 커져갔다. 도로, 장인들의 작업구역과 주거지역, 그리고 항구가 있는 진정한 도시 뤼테스에 온 것을 환영합니다! 정확한 골 족 언어로는 '뤼코테시아Lucotecia'다. 이름 역시 주거 밀집지역의 생성만큼이나 모호하다. 카이사르는 이곳에 와서 이 마을을 루테시아라 불렀다. 그것은 라틴어로 진흙을 말하는 루툼, 그리고 골 족 언어로 늪을 말하는 루토에서 비롯되었다. 지명은 상황과 완벽하게 일치하는 법이다.

북쪽에서 내려온 이 민족은 강가에 터를 잡고 번성했다. 센 강은 모든 병을 치유해주는 여신 세카나였다. 그들은 뤼테스를 끼고 흐르는 강에 여신의 이름을 붙였다. 강은 실제로 사람들에게 많은 것을 선물했다. 생선을 주고, 밀을 기를 수 있는 물을 주었으며, 맹수로부터 보호하는 장애물 역할을 했을 뿐 아니라 귀중한 교통수단이기도 했다. 강 주변의 비옥한 땅은 농업과 목축에 종사하는 파리지들에게 부를 선사했다. 그들은 뒷면에는 아폴론, 앞면에는 말을 새긴 금화를 사용할 정도로 부유했다.

켈트 족의 한 부류인 크와리시 족이 기원전 3세기 이곳에 정착해 파리지가 됐다. 아주 멀리서 배를 저어 온 크와리시 족은 이곳에서 다른 민족, 다른 전설과 섞이게 된다. 이들은 자신의 가계도에 온갖 종류의 옷을 입혀 조상들의 탁월함을 강조했다.

파리지들은 이집트 여신 이시스의 후손이 되고, 트로이의 프리아모스

뤼테스는 원래 어디에 있었나?

세기를 거듭해오면서 역사가들은 뤼테스가 시테 섬에 있었다고 주장한다. 하지만 석학들을 언짢게 하는 사실이 있다. 시테 섬을 파고 또 파도 이 마을과 관련된 어떠한 흔적도 발견되지 않는다는 것이다. 학자들은 "골 족은 짚과 흙으로 지은 오두막에서 살았지만 군사 침략과 이주가 반복되면서 모두 사라지고 말았다"라고 말한다.

사실이다. 섬은 자주 파괴되고 다시 건설되었으며, 리모델링되었기 때문에 원래의 흔적은 모두 사라졌다. 19세기 오스만 남작이 대역사를 펼쳤을 때 섬을 거의 면도하다시피해 전체 모습이 바뀌었다. 이곳에서 과거의 흔적을 끄집어내기란 대단히 어렵다. 확실한 곳은 베르-갈랑 광장뿐이다. 거기도 파리지 시대로 돌아가려면 광장 밑으로 7m 정도 내려가야 한다. 2000년 동안 지표가 7m 상승한 것이다.

아무것도 발견한 게 없다고 너무 실망하지 마시길. 2003년 파리 외곽순환도로인 A86 고속도로 건설 당시 파리 외곽도시인 낭테르 지하에서 골 족의 주거지역 흔적이 발견됐다. 집과 길, 우물, 항구, 묘지까지 모두 갖추고 있었다. 고고학자들은 집 한가운데서 구덩이와 울타리로 둘러싸인 공간을 확인했다. 바비큐용 꼬치와 냄비용 포크가 발견된 것으로 보아 공동연회를 위한 장소였다고 추측하고 있다.

쥬느빌리에의 강 기슭, 즉 낭테르로 뤼테스를 옮긴 이유는 강과 발레리앙 산이 제공하는 지정학적 안전성이 첫째지만 무엇보다 물물교환의 중심이 될 수 있다는 두 번째 이점이 더 컸을 것이다. 파리지앙으로서 가슴이 아플지 몰라도 인정할 것은 해야 한다. 원조 뤼테스는 낭테르 땅속에 묻혔다.

왕의 막내아들 파리스 왕자의 아이들이 될 터였다. 파리스는 스파르타 왕 메넬라오스의 아내 헬레네를 납치해 그리스와 트로이 사이의 끔찍한 전쟁을 일으킨 장본인이다. 파리스는 여신 아프로디테의 도움으로 짙은 안개 속으로 숨을 수 있었다. 하지만 트로이는 초토화되고 만다. 헬레네는 남편 품으로 돌아가고 파리스는 달아나 센 강변에 이르렀다. 그의 후손들이 바로 파리지라는 것이다.

근거 없는 우화에 불과하지만, 파리지의 후손들이 자부심을 갖기 충분했다. 13세기에 생루이(루이 9세_옮긴이)는 이 신화를 강력하게 유포시켰으며 파리스 신화는 카페 왕조 내내 이어졌다. 프랑크 왕국의 왕들은 줄기차게 이렇게 주장했을 것이다.

"우리 문명은 한낱 켈트 여행자들한테서 출발한 게 아니다. 우리 역시 로마인들과 대등한 조상을 갖고 있다."

하지만 1세기에 자신들의 문화와 언어, 그리고 신화와 전설을 강요할 수 있는 강력한 권력은 로마뿐이었다. 로마인들은 기원전 8세기 이탈리아 땅에 정착한, 별 볼일 없는 인도유럽어족의 유산을 내세우지 않는다. 그들은 "우리는 신과 영웅의 종족에서 나왔다"고 말한다.

옛날 호메로스가 『일리아드』와 『오디세이』에서 지중해 민족을 능가하는 그리스인의 우월성을 합리화하면서 강조한 것과 같다. 로마 시인 베르길리우스도 기원전 1세기 서사시 『아이네이스』에서 이런 분위기를 따랐다. 베르길리우스의 이야기는 전임자의 작품을 투영한 것에 불과하다. 단지 영웅이 그리스인이 아니라 트로이인, 특히 아프로디테의 아들 아이네이스로 바뀐 것만 다를 뿐이다. 트로이 멸망 후 아이네이스는 도망쳐 로마를 세운다. 이때 자신의 아들 이울을 데려가는데 그가 카이사르의 할아버지다(Jules은 카이사르의 성이다. 라틴어에서 i와 j는 흔히 혼용된다). 카이사르, 즉 신의 후손은 그래서 세상을 지배할 수 있는 것이다.

기원전 52년 로마인들은 보잘것없는 파리지를 공격해 센 강변으로 들이닥쳤다. 골 족은 오베르뉴 지방 출신의 지도자 베르생제토릭스 아래 집결했는데, 그는 침략자들을 물리치기 위해 골 지방 부족들의 연합을 도모했다. 카이사르는 자신이 가장 신뢰하는 장수인 티투스 라비에누스를 파견했다. 라비에누스는 4개 보병연대와 1개 기병부대를 이끌고 출발했다. 이는 뤼테스 사람들에게 공포 그 자체였다. 늑대로부터 솟아난 힘에 어떻게 맞설 것인가. 부족 지도자들은 메디오라눔 아우레르코룸(현재의 에브루)의 원로 카물로젠에게 도움을 청했다. 카물로젠은 '카물루스(골 족이 숭배하는 전쟁의 신)의 아들'이란 뜻이다. 그는 이름에 걸맞게 마을의 안전을 지켜줘야 했다. 주민들은 그에게 자신들의 운명을 맡겼다.

　그러나 노인 한 명이 무슨 힘이 있겠는가? 그는 무딘 칼과 쇠도끼를 들고 갑옷도 없이 맨몸으로 싸우겠다는 오합지졸의 대장일 뿐이었다. 하지만 카물로젠은 행운을 믿고 방어계획을 세웠다. 그는 뤼테스를 감싸고 있는 습지 한가운데의 공터에서 로마 병사들을 기다렸다.

　거침없이 진격한 라비에누스는 급조된 골 족 부대와 마주쳤다. 충돌은 불가피했다. 완벽하게 훈련되고 청동 투구와 강철 갑옷을 입은 로마 병사들은 밀집대형을 형성하고 전진했다. 하지만 그들은 넓은 평원에서 진가를 발휘할 수 있는 굳은 땅의 전사들이었다. 질척대는 늪지에서는 제 기량을 발휘할 수 없었다. 배는 진창에 빠졌고 많은 병사가 익사했다. 기병대는 말발굽에 진흙이 달라붙어 전투에 참가할 수조차 없었다.

습지에 익숙한 골 족 병사들은 로마 병사들을 괴롭혔다. 로마가 자랑하는 병사들은 그들을 막아내는 것이 쉽지 않았다. 밤이 될 때까지 치열한 싸움이 계속되었고 습지는 붉게 물들어갔다. 마침내 로마 군의 나팔이 긴 탄식을 쏟아냈고 곧 후퇴했다.

뤼테스에서는 환호성이 터져 나왔다. 그들은 마을이 구원받았다고 믿었고, 적군이 물러가기를 바랐다. 하지만 화가 머리끝까지 치민 라비에누스는 센 강을 크게 돌아 강의 굴곡 사이 틈새에 건설된 도시 메트로세둠(현재의 믈룅)을 기습 공격했다. 메트로세둠에는 주민들이 거의 남아있지 않았다. 대부분의 남자는 카물로젠의 부대에 편입되었고 그곳에는 여자들과 노인 몇 명이 있을 뿐이었다. 그래도 그들은 로마 군대에 맨몸으로 저항했다. 전투다운 전투도, 격렬한 저항도, 말발굽 소리도 없었다. 초라한 승리를 거둔 로마 군은 폐허가 된 마을을 남겨두고 떠났다.

라비에누스는 만족할 수 없었고 뤼테스에 대한 복수를 원했다. 패배의 수치를 안고 카이사르를 볼 수 없었다. 그는 깊은 밤에 장교들을 소집한 뒤 단호하게 말했다.

"어떠한 지원도 기대할 수 없다. 우리 4개 연대가 골 놈들을 박살내고 뤼테스를 차지할 계획이다. 제군들은 야만족에 맞서 승리할 것이며, 로마는 제군들에게 승리의 월계관을 씌워줄 것이다."

로마 진영에서 함성이 솟았다. 부대는 늪지대를 우회해 센 강 오른쪽을 따라 전진했다. 뤼테스를 보호하는 센 강의 고리를 넘어 북쪽으로 가다가 갑자기 뤼테스로 방향을 틀었다. 그러는 사이 50여 대의 작은 배로 구성된 선단도 센 강을 통해 접근했다.

적들이 도착하기 전 메트로세둠 학살의 생존자들이 공포에 질린 채 카물로젠을 찾았다.

"로마인들이 돌아오고 있어요. 뤼테스를 향하고 있다고요."

카물로젠은 포위되지 않으려고 마을과 다리를 불태우고 센 강 왼편을 거슬러 올라가기로 결정했다.

"센 강의 두 다리에 불을 지르고, 집들도 모두 태우시오. 세카나 여신의 강이 우리를 보호할 것이오."

동이 틀 무렵 뤼테스는 잿더미가 됐다. 어제만 해도 강변을 따라 늘어서 있던 아름다운 집들이 모두 폐허로 변했다. 골목길을 따라 이어졌던 흙벽 오두막들과 언덕배기에 있던 곡물 상점, 포도주 가게 역시 모두 사라졌다.

음산한 새벽, 더 이상 존재하지 않는 도시를 차지하기 위한 마지막 전투가 준비되고 있었다. 골 족 병사들은 센 강을 거슬러 올라갔다. 동족을 위해 죽는 것은 가장 큰 영광이었다. 그들은 전쟁의 신 카물루스를 위한 희생물이 되기를 자처하며 전투에 나섰다. 로마 병사들도 똑같이 그들의 전쟁의 신인 마르스에게 빌었다. 하지만 목숨을 버릴 생각은 없었다. 그저 있는 힘을 다해 싸워 승리를 쟁취하고 전리품을 얻으면 그만이었다.

로마 군은 센 강변의 가라넬라 평원에 도착했다. 가라넬라는 토끼와 멧돼지, 노루 등을 사냥하던 수렵장이었다. 하지만 그날은 사냥의 대상이 달랐다. 수천 명의 인간이 서로 죽이고 죽었다.

창과 화살이 날아가는 소리가 공기를 갈랐다. 로마 보병들이 던진 창과 기병들이 쏜 화살이 골 족 병사의 가슴에 박혀 한 열 전체가 쓰러지기도 했다. 하나의 화살도 목표를 벗어나지 않는 것 같았다. 어떤 병사는 한꺼번에 여러 대의 화살을 맞아 고슴도치가 되어 쓰러졌다. 하늘을 뒤덮은 화살 구름이 파리지를 막았다. 하지만 죽음을 불사한 파리지는 다시 전진했고 수백 명이 또 쓰러졌다.

늙은 카물로젠 역시 칼을 들고 군대를 격려했다. 그들은 커다란 방패로 몸을 보호하며 적군을 향해 진격했다. 로마 군은 당황하며 뒤로 물러났다. 전세가 역전되는 듯했다.

하지만 갑자기 로마군 1개 연대가 초원의 후방에서 나타났다. 4000명의 용병이 골 족의 후방을 공격한 것이었다. 더 이상 후퇴도 불가능했다. 공포가 엄습했고 무서운 학살이 시작됐다. 골 족 병사들의 무거운 칼은 가볍지만 날카로운 로마 군의 검에 두 동강 났다. 피가 흘러 땅을 뒤덮었다. 하지만 파리지들은 결코 달아나지 않았다. 해가 질 무렵 평원은 수천 명의 골 족 병사의 시체로 뒤덮였다. 카물로젠 역시 그중에서 발견됐다. 이미 파괴된 뤼테스를 위한 싸움이었다.

뤼테스에서 첫 번째 화재가 난 지 몇 달 뒤 카이사르의 군대와 베르생제토릭스의 군대 사이에 결정적인 전투가 벌어졌다. 한여름에 로마 총독은 6개 연대 병력을 이끌고 북상해 승리에 도취해 있던 라비에누스와 합류했다. 골 족 지도자와 그의 기병대는 로마 군을 공격했지만 로마에 팔을 빌려준 게르만 용병에 밀려 후퇴해야 했다.

베르생제토릭스는 오늘날 부르고뉴 지방의 알레지아 언덕으로 후퇴했

나머지 골 족 전사들은 어디로 갔을까?

가라넬라 평원은 그르넬 코뮌이 됐다가 제2 제정 때 파리에 편입됐다. 로마인들은 골 족의 용감무쌍한 방어에 감명받아 그 자리를 '전쟁의 땅(샹 드 마르스)'이라 이름 지었다.

한참 뒤 카물로젠과 골 족 병사들이 쓰러진 자리에 그들을 기리기 위한 봉분처럼 에펠 탑이 솟아올랐다. 오늘날 파리 시민들은 2000년 전에 동족을 위해 숭고한 희생을 한 파리지들의 살과 뼈를 삼킨 땅 위를 무심하게 걸으며 일요일을 즐기고 있다.

지만, 8000명의 파리지 병력이 합류해 상당한 위용을 갖추었다. 10개 연대 병력의 로마 군이 쳐들어왔지만 공격자의 숫자가 방어자의 숫자에 미치지 못했다. 로마 군은 잠시 공격을 멈추고 알레지아 요새를 두 겹으로 포위한 채 골 족 병사들을 굶주리게 하는 작전을 폈다.

여름이 막바지 더위로 기승을 부릴 때 골 족의 지원군 부대가 도착했다. 이 부대는 어둠을 타고 기습공격을 했다. 새벽이 될 때까지 전투가 계속됐지만 적군의 대열을 뚫을 수 없었다. 따라서 다른 골 족 부대가 로마 군의 상부를 공격하는 동안 베르생제토릭스는 부대를 이끌고 마을을 빠져나가기로 작전을 세웠다. 거센 공격을 받아 로마 군이 밀리기 시작했지만 카이사르는 새로운 부대를 투입했고 결국 골 족 부대를 밀어붙였다. 지리멸렬한 패주가 이어졌다. 전장에서 죽을 기회를 놓친 골 족 병사들은 후퇴를 모색했다. 로마 기병들이 그들의 도주로를 끊었다. 가공할 학살의 전주곡이었다. 모든 것이 끝났다. 다음날 베르생제토릭스는 진영에서 나와 카이사르 앞에 자신의 무기를 내려놨다. 3년 뒤 골 족 지도자는 로마 감옥에서 교살되었다.

○

이제는 갈로로망^{Galo-Roman}(갈로는 골 지역, 로망은 로마. 즉 로마화된 골을 말한다_옮긴이)이 된 지역에서 로마인들은 곧바로 뤼테스의 재건에 착수했다. 하지만 왜 다른 곳을 선택하지 않았을까? 예를 들어 방어에 유리한 섬을 차지하지 않았는지 말이다. 실제로 라비에누스가 승리한 샹 드 마르스에서 돌을 던지면 닿을 거리에 몇 개의 작은 섬이 있었다. 그중에서 가장 큰 섬에 골 족의 신들, 즉 풍요의 주재자인 세르누노스, 무리의 보호자인 스메르티오스, 우주의 창조자인 에수스 신을 모시는 작은 사원을 지었다.

　뤼테스의 골 족들은 로마인 승리자들에게 자극 받아 신앙과 헌신의 장소인 이 신전 주변에 모여들었다. 섬들은 곧 다리로 이어졌고, 새로운 도시의 밑그림이 그려지기 시작했다. 갈로로망 도시인 뤼테스가 강 한가운데 잃어버린 땅의 혀처럼 솟아오르게 된 배경이다. 그것이 나중에 '시테 섬'으로 불리게 된다.

　과거처럼 파리지들은 강물에 의지해 살았다. 강물은 여전히 그들에게 부를 제공했기 때문이다. 새로운 뤼테스 사람들은 다리를 건너거나 배를 타고 강을 건너는 여행자들에게 통행세를 받았다. 뤼테스는 곧 다리 마을, 센 강의 톨게이트가 됐다. 노트르담 성당의 납골당에 가보라. 광장 아래 1세기 무렵 갈로로망의 초기 부두 모습을 볼 수 있다. 나중에 파리의 금언이 되는 '프룩투아 넥 메르기투르^{Fluctuat nec mergitur}'(흔들릴지언정 가라앉지 않는다)는 이처럼 강을 떠나서는 생각할 수 없는 유산을 상징한다.

시테 섬은 1세기에 이미 땅의 권위와 하늘의 권능을 나타내는 상징들과 모두 이어진다. 서쪽에는 로마 행정부 자리인 요새화된 성, 동쪽에는 파리지의 숭배 장소가 자리 잡는다. 하지만 뤼테스의 신전은 갈수록 커지고 아름다워졌으며 로마 판테온의 신들에게까지 문을 열었다. 그리고 도시의 첫 유적이 선 곳도 센 강이었다. 뱃사공들이 찾아와 신전의 기둥을 바치거나 세르누노스, 스메르티오스, 에수스 등 골 족 신과 불카누스, 주피터 등 로마 신들의 초상이 새겨진 5m 높이의 원주를 바쳐 믿음을 표시했다. 그중 서기 14년에서 37년까지 로마를 통치한 티베리우스에게 바친 기둥에는 이런 글이 적혀 있다.

"영명하고 위대한 티베리우스 카이사르 아우구스트, 그리고 주피터 신에게 파리지 영토의 뱃사공들이 성의를 모아 이 기념물을 바친다."

갈로로망 문명은 이후 돌에 표기되기 시작했다. 이렇듯 파리 역사의 시작은 예수의 탄생과 거의 일치했다.

뱃사공들의 기둥은 무엇이 됐을까?

1711년 파리 대주교의 무덤을 만들기 위해 노트르담 성당의 성가대석 밑을 팠을 때 두 벽 사이에서 뱃사공들의 기둥이 발견됐다. 1999년부터 2003년 사이에 복원돼 오늘날 클뤼니 박물관에서 전시되고 있다.

신성한 장소는 종교의 차이를 넘어 성지로 남는다. 기둥이 노트르담 성당의 바닥에서 발견된 것도, 노트르담 성당이 그 자리에 세워진 것도 우연이 아니다. 골 족이 봉헌한 첫 신전이 들어선 바로 그곳에 갈로로망 사원이, 이어 천주교 성당이 솟아오른 것이다.

플라스 디 탈리

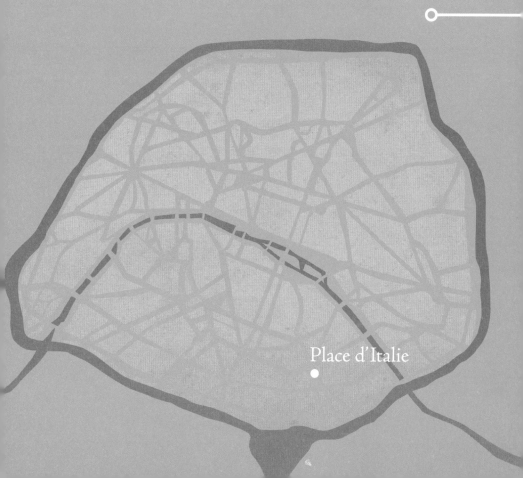

Place d'Italie

플라스 디탈리

모든 길은 로마로 통한다

단지 광장의 이름만이 '로마 길Via Romana'을 떠올리게 한다. 새로운 문명을 향한 도시의 서막이 바로 여기서 시작되었다. 이제 골루아들은 남쪽을 바라보게 되었다.

플라스 디탈리Place d'Italie(이탈리아 광장)는 언제나 괴상망측해 보이고 불쾌함을 주기까지 한다. 지하철역에서 나오면 무엇 하나 정리되거나 조화로워 보이는 게 없다. 19세기에 지어진 13구 청사 건물은 교차로를 돌아가는 고물 차들의 분주한 행렬에 놀라 일부러 멀리 떨어져 있는 듯한 인상이다. 맞은편 현대식 쇼핑센터 지붕 위에 설치된 미래파적 형상들은 마치 공사장의 버려진 녹슨 기중기처럼 보인다. 길 건너편에는 회색 건물들 사이로 패스트푸드 매장이 역한 감자튀김 냄새를 토해낸다. 저 멀리 영혼 없는 탑들이 슬픈 모습을 자아낸다.

유일하게 분위기가 어울린다고 생각되는 것은 초록색 테두리의 네모난 에나멜 간판이다. 거기에는 '플라스 디탈리'라고 쓰여 있다. 어쨌든 이곳을 지나야 이탈리아에 갈 수 있다! 2세기에 로마 점령자들이 바라던 뤼테스가 시테 섬에 세워질 때, 로마로 향하는 길이 함께 만들어졌다. 골 지방도 그 당시 '팍스 로마나Pax Romana'의 일부였다. 파리지의 새로운 마을이 센 강 남쪽에 건설됐다. 드넓은 제국과 흩어져 있는 지역들을 연결하기 위해 각 지역에 로마로 통하는 교통로가 건설됐다. 플라스 디탈리 역시 당연히 리옹(프랑스 중남부에 있는, 세 번째로 큰 도시_옮긴이)과 로마로 향하는 '비아 로마나Via Romana' 위에 만들어진 것이다.

따라서 이 광장은 '로마 광장'으로 이름을 바꿔야 한다. 그리고 우리가 알고 사랑하는 파리가 2000년 전, 골을 점령하기 위해 온 사람들에게 진 빚을 기억해야 한다.

확실히 로마인들은 파리 본연의 모습을 많이 파괴했다. 뤼테스의 소각과 알레지아의 패배에 따른 손실을 계산하긴 어렵다. 그것은 한 문명의 죽음이요, 한 언어의 소멸이다. 한 생활양식이 그들의 전설과 역사, 종교, 신앙, 신화와 함께 망각의 어둠 속으로 사라졌다. 우리가 볼 수 있는 몇몇 자취는 아이러니하게도 로마인들이 보존한 것이다. 그나마 로마인은 여러 저술을 통해 그들이 정복한 야만인들의 추억을 남기길 원했다. 하지만 그런 힘이 골의 정체성을 파괴했고 아주 오랫동안 역사가들은 조롱 또는 경멸의 시선으로 고대 국가를 바라보게 되었다. 역사책 속에서 뭘 볼 수 있는가? 돼지처럼 뚱뚱하고, 덥수룩하게 수염을 기르고, 알록달록한 바지를 입은 미개인들. 사람들은 율리우스 카이사르가 선사한 문명으로 행복해진 야만인들이라고 생각했다. 하지만 이제 역사가들은 그런 판단을 수정하고 있다. 골 족은 훌륭한 문학작품을 남기지 못했다. 관광객의 눈을 만족시킬 거대한 유적을 남기지 못한 것도 사실이다. 하지만 그들을 단지 시골뜨기 정도로 치부하기에는 무리가 있다. 그들은 자신들의 제의와 신앙, 전설, 그리고 영웅을 탄생시킨 문명을 가지고 있었다.

만약 로마가 싸움을 걸지 않았다면 오늘날 파리지와 그들의 도시는 어떻게 됐을까? 센 강의 주민들은 독립과 독창성을 간직할 수 있었을까? 결코 그렇지 못했을 것이다. 게르만 족이 움직이고 있었으니까. 카이사르가 없었다면 우리는 모두 게르만이 됐을지도 모를 일이다. 라틴화하든가 게르만화하든가, 파리지들에게 주어진 선택이었다. 역사와 카이사르의 군사력이 이를 결정했다. 골 족은 갈로로망에 자리를 양보했다.

새로 건설한 도시는 더 이상 순수한 파리지들의 거주지가 아닌 로마의 기술로 만들어졌다. 합리적 이성을 가진 사람이라면 오늘날 플라스 디탈리가 뭔가 어색하다고 느낄 수밖에 없는 이유다. 플라스 디탈리는 초기 뤼테스 거주자들의 피난처였던 센 강에서 멀리 떨어졌다. 하지만 나는 약간 흥분을 느끼며 로마 군대 속으로, 로마 상인들 속으로, 로마 건설자들 속으로 걸어가고 있다. 여기서 뤼테스의 먼 메아리를 들을 수 있다. 마차가 커다랗고 울퉁불퉁한 포석 위를 덜컹거리며 달렸다. 군사들이 발걸음을 울리며 행진했다. 로마로 향하는 골 사람들이 바로 이곳을 지나갔다.

골 지방과 새로운 문화의 원천을 연결하는 길이 바로 여기에서 시작됐다. 골 족의 기억에는 로마군의 승리가 재앙으로 남아있을 수 있다. 하지만 잃어버린 영광에 눈물을 흘리기보다 골의 라틴화로 얻은 기회를 살리는 게 더욱 중요하다. 완벽한 패배 속에서, 커다란 굴욕 위에서, 새로운 문화가 탄생하고 새로운 국가가 시작되었다.

돌은 뤼테스의 변화를 말해준다. 예기치 않던 평화와 화해의 시대가 도래하고 뤼테스가 평온해지자 센 강변에 사람들이 정착하기 시작했다. 파리지와 로마인들은 도시를 건설하는 데 힘을 합쳤다. 신의 축복을 받은 시대였다. 앞으로도 이 도시에서 그만큼 긴 평화의 시대를 다시 볼 수 없다.

그래서 나는 로마에서 뤼테스로 온 로마 시민의 발걸음으로 걷는다. 오늘날 포르트 디탈리(파리의 남쪽 관문_옮긴이)가 된 곳을 지나, 디탈리 가를 거쳐 플라스 디탈리를 건넌 다음, 고블랭 가를 지나 플라스 생 메다르에 이른다. 거기서 무프타르 거리를 통해 생트 쥬느비에브 산을 오를 수도 있다. 로마인들은 변덕스러운 센 강에 순응하지 않았다. 로마식 건축물은 진흙투성이 습지에 짓기 어려웠다. 따라서 로마인들은 바위 언덕을 찾았고 무프타르 거리로 향했다.

이 시기를 지배한 팍스 로마나는 뤼테스를 성벽이 없는 열린 도시로 만들었다. 덕분에 무프타르 꼭대기에 오른 여행자는 도시의 빛나는 장관을 볼 수 있다.

2세기에 뤼테스는 즐거움이 넘쳤다. 사람들은 여흥과 오락을 즐겼고 여행자들의 관심은 거대한 건축물, 원형극장으로 쏠렸다. 도심에서 약간 떨어진 언덕과 강 사이의 분지에 우뚝 선 원형극장은 1만 5000석의 아치형 계단식 좌석의 위용을 자랑했다. 원형극장의 위치는 지형학적 고려에

골 족은 처음부터 우리의 조상이었나?

천만에! 프랑스의 역사는 절대왕정체제 아래서 496년 프랑크 왕국의 첫 기독교 국왕 클로비스의 세례로부터 시작됐다. 종교적으로 순수하고 군주제로서도 논란의 여지가 없는 이 기원은 왕권신수설을 완벽하게 만족시켰다.

하지만 모든 것이 19세기에 바뀌었다. 나폴레옹 3세는 제국의 기원에 정통성을 부여하기를 원했다. 다행히 그에게는 골 족이 있었다. 그는 이 '가설의 조상'에 열광했으며, 『율리우스 카이사르의 역사』라는 수수한 제목이 달린 몇 권의 연구서도 펴냈다. 물론 그 목적은 로마 독재자에 대한 연구가 아니었다. 나폴레옹 3세는 골 족에게 프랑스 역사 속의 올바른 자리를 찾아주었다. 1861년에 그는 부르고뉴 지방에서 알레지아로 추정되는 지역의 발굴 조사를 명했으며, 많은 학자가 노력했다. 황제의 관심사는 알레지아 전투의 흔적이나 유물을 발견하는 것이었고, 덕분에 그때의 전투는 갑자기 프랑스 역사에서 주요 사건이 됐다. 학자들은 치열하게 연구했고, 소기의 목적을 달성했다. 거의 500개의 골 족 동전과 베르생제토릭스의 얼굴이 주조된 동전, 144개의 로마 동전, 묘혈, 울타리, 묘석 등이 발견됐다. 더할 나위 없이 뛰어난 수확이었다. 고고학자들은 때때로 황제를 만족시키기 위해 현실과 아주 비밀스러운 타협을 해야 했을 것이다.

어쨌든 이때부터 프랑스 황제가 알레지아를 지배하게 되었다. 1865년 베르생제토릭스의 동상이 전적지에 세워졌다. 조각가 애메 미예는 나폴레옹 3세를 닮은 모습의 골 족 지도자 동상을 만들어냈다.

의해 선정했다. 건축가들은 자연광을 최대한 이용할 수 있도록 건물을 설계했다. 관객들은 비에브르 강(센 강의 지류. 현재는 사라졌다_옮긴이)의 곡선과 숲으로 우거진 두 개의 언덕(현재의 메닐몽탕과 벨빌)을 감상할 수 있었다. 그야말로 환상적인 위치였다.

원형극장은 골 지역에서 가장 아름답고 화려했다. 조각된 돌과 지붕이 덮인 기둥, 신을 찬양하기 위해 만든 조상들로 장식돼 있었다. 건축 기술도 남달랐다. 무대 뒤의 벽감(벽을 오목하게 파서 만든 공간)은 관객들에게 완벽한 청각효과를 제공했다. 안락함 역시 최고였다. 관람석 위로 커튼 지붕을 쳐서 관객들은 강한 햇빛이나 비를 피할 수 있었다.

골 족과 로마인들이 몰려들었다. 그들을 따라 롤랭 거리의 계단을 통해 언덕을 내려가 보자. 원형극장에 다가서면 나타나는 우아한 주랑과 아치로 구성된 웅장한 파사드(건물의 전면부_옮긴이)는 로마의 권위를 고스란히 보여주었다. 사람들은 두 개의 커다란 문으로 들어갔는데 여인 조각상이 머리 위에서 대담하면서도 부드러운 시선으로 쳐다보고 있었다.

로마 양식과 뤼테스의 거대한 결합은 바쿠스 축제와 대가들의 연극작품을 감상할 수 있는 즐거움을 주었다. 식민지 백성이건 점령자건 과거 작가들을 찬양했다. 웃고 싶을 때는 플라우투스의 희극이 있었다. 『수프 그릇 소극』은 당시 엄청난 성공을 거뒀다. 모든 시민이 금이 가득 찬 수프 그릇을 발견해 행복해진 구두쇠 늙은이의 모험을 즐겼다. 하지만 우연히 얻은 행복은 고통의 원천이 되고 만다. 자신의 보물을 도둑맞을까 불안에 떠는 것이다.

뤼테스에서는 그리스 시인 에우리피데스의 『술주정뱅이 여인들』도 공

언제부터 원형극장에서
공놀이를 했을까?

뤼테스 원형극장은 280년 야만족의 침입 때 파괴됐다. 처음엔 묘지가 되었다가 13세기 초 필립 오귀스트(필립 2세 왕, 프랑스라는 이름을 처음으로 공식 국명으로 사용했다_옮긴이)가 성벽을 세울 때 매립됐다. 그러고는 잊혀졌다.

19세기 고고학의 열풍이 불 때까지 역사 속으로 사라진 듯했다. 1860년 몽쥬 거리의 발굴 당시 49번지 일대의 땅을 파던 인부들이 갑자기 이상한 구멍 속으로 추락했다. 석조 건축물이 발견되었고, 합승마차 회사가 차고지로 쓰기 위해 확보한 인근 부지로 조사가 확대되었다. 뤼테스의 원형극장이 모습을 드러냈다. 하지만 지방정부 당국은 이를 무시했다. 중요한 건 곧고 넓은 도로를 만드는 것뿐이었다. 재개발 광풍에 고대 유산은 시민권을 얻지 못했다. 그렇게 원형극장 전체가 사라질 위기에 처했다.

그때 빅토르 위고가 나섰다. 『파리의 노트르담』의 저자는 1883년 수도의 시의회에 편지를 썼다.

"미래의 도시 파리가 예전엔 과거의 도시였다는 명백한 증거를 버리는 짓을 결코 해서는 안 됩니다. 과거가 미래로 이끄는 것이지요. 원형극장은 과거 뤼테스가 대도시였음을 증명하는 골동품이자 유일한 유적입니다. 시의회가 이를 파괴한다면 자기 스스로를 파괴하는 것입니다. 뤼테스 원형극장은 어떤 대가를 치르더라도 보존해야 합니다. 시의회는 유용한 행동을 할 수 있고 나아가 시의회가 모범을 보여야 합니다."

대문호는 외쳤고 시의회는 원형극장의 유적을 이전하도록 표결했다. 1896년에 원형극장은 이전을 마치고 일반에 공개되었다. 현재 파리지앙들은 이곳에서 공놀이를 하며 여가를 즐긴다.

연했다. 무대 뒤쪽의 합창단이 서곡을 부를 때, 관객들은 감미로운 음악이 울려 퍼지는 자리에 앉기 위해 서둘렀다.

때때로 뤼테스의 원형극장 무대에서 피가 흐르기도 했다. 로마인들의 놀이는 언제나 플라우투스의 희극이나 에우리피데스의 비극처럼 평화롭고 온화한 것만은 아니었다. 무대 뒤편에는 맹수들이 갇힌 우리가 있었다. 배가 고파 잔뜩 화가 난 사자나 호랑이들이 검투사들의 번뜩이는 칼날 위로 뛰어올랐다. 칼이 맹수를 이기지 못할 때도 있었다. 강력한 발톱이 검투사를 땅에 쓰러뜨리고, 무시무시한 송곳니에 그들의 살이 찢길 때 관중의 긴 탄식이 쏟아져 나왔다.

검투사의 결투는 최고의 인기를 누렸다. 사람들은 스타 검투사들을 보지 못해 안달했다. 그들은 힘과 남성미의 상징이었다. 검투사들은 뤼테스뿐 아니라 전 로마 제국에서 열광하던 잔인한 무대를 펼쳤다. 그들은 힘이 다할 때까지 싸웠고, 피를 흘렸다. 삼지창이 몸을 꿰뚫었으며 패자는 쓰러졌다. 붉은 피가 경기장에 흘렀고, 시신은 죽음의 여신 리비티나의 문으로 치워졌다. 관중은 흥분이 가라앉지 않은 얼굴로 자리를 떴다. 다음날은 바로 그 자리에서 플라우투스의 코미디가 사람들을 웃길 터였다. 뤼테스의 원형극장은 희비가 엇갈렸다.

그처럼 크고 아름다운 원형극장은 갈로로망에서 뤼테스의 중요성을 상징한다. 1세기 만에 뤼테스는 유명해지고 대도시가 됐다. 황금시기 동안 시테 섬에만 1만 명 가까운 주민이 거주했고 도시는 강 왼편으로 확대됐다.

반면 강 오른편은 별 게 없었다. 멀리, 신에게 바쳐진 언덕(현재 몽마르트르 언덕)에 조그만 신전이 하나 있었고, 그 주위로 몇 안 되는 사람들이 신의 보호 아래 살아가고 있었다. 하지만 오른편은 열린 작업장이었고 식량 기지였다. 사람들은 거기서 기와의 재료가 되는 진흙을 채취했고, 밀을 심었으며 소를 길렀다. 그곳은 화려함의 이면이었다. 강의 다른 쪽에서 우아하고 세련된 도시적 삶이 가능하게 만들어주는 창고였다.

이 새로운 도시에서 많은 골루아(골 족 사람_옮긴이)들이 자신들이 살던 초라한 초가집을 포기하고 로마 양식을 좇았다. 그들은 더욱 튼튼하게, 때로는 더욱 호화롭게 집을 지었다. 도시의 높은 지역과 낮은 지역이 서로 닮아갔다.

강둑의 높은 뤼테스에는 로마인들이 주로 살았고, 섬 안의 낮은 뤼테스에는 골루아들이 모여 살았다. 뤼테스는 점차 '시비타스 파리시오룸', 즉 '파리지의 도시'로 불렸다. 파리라는 이름으로 성큼 다가간 것이다.

낮은 뤼테스의 주민들은 뭘 했을까? 그들은 강에 터전을 잡고 살았다. 대부분 물과 관련된 것으로 생계를 이어갔다. 배에 짐을 싣고 내리는 사람들, 강물을 따라 짐을 나르는 사람들, 그리고 당연히 어부들이 있었고 생선장수, 대장장이, 상인들도 있었다.

섬에서는 도시가 제한적으로 확장될 수밖에 없었다. 사람들은 강 왼편으로 생활 터전을 옮겼고 로마의 건축가들은 그곳에 도시를 건설했다. 이제는 결코 골루아의 도시가 아니었다. 게다가 로마는 물을 멀리까지 풍부하게 공급할 수 있는 기술을 보유했다. 물론 신기술이었다. 강가에 바짝 붙어서 살던 골루아들의 시대가 종언을 고했다.

강의 남쪽으로 20㎞ 떨어진 곳에 저수지가 건설됐으며 완만한 경사의 수도교를 통해 센 강물이 공급됐다. 이 수도교의 희귀한 흔적이 카르나발레 박물관의 창고(파리 12구, 프랑수아 트뤼포 1번지)에 소중하게 보관돼 있다. 물은 굳은 땅이나 납으로 만든 운하망을 흘러 도시의 분수나 공중목욕탕으로 공급됐다. 아, 공중목욕탕! 이는 로마인들과 파리지들에게 안락함과 화려함의 극치였다. 공중목욕탕 없이는 어떠한 위대함도 존재하지 않았다. 뤼테스에는 세 개의 목욕탕 건물이 있었다. 두 개는 비교적 작았는데 하나는 남쪽, 다른 하나는 동쪽인 지금의 콜레주 드 프랑스(일반에게 무료로 공개되는 고등교육기관_옮긴이) 자리에서 라노 거리까지 이어졌다.

하지만 2세기 말에 지어진 공중목욕탕 중 가장 중요한 건물은 잘 알려진 클뤼니 목욕탕이다. '북부 목욕탕'이라는 원래 이름을 되살릴 필요가 있다.

누구나 무료로 들어갈 수 있었던 클뤼니 목욕탕은 몸을 씻는 동시에 휴식과 레저의 공간이자 만남의 장소였다. 모자이크와 대리석, 그리고 바다

공중목욕탕을 어디서 볼 수 있을까?

파리에서 가장 오래된 지하실인 레스토랑 르 쿠프 슈^{Le Coupe Chou}의 반달형 지하실이 2세기 공중목욕탕의 유적이다. 공사 중 소중한 흔적들이 발견됐다. 온수 도관과 갈로로망식 욕탕이었다.

누가 클뤼니 목욕탕을 만들었는가?

공중목욕탕은 분명 로마의 영향을 받았지만 점령자들이 식민지에 은혜를 베풀었다고만 생각하는 것은 잘못이다. 파리지들도 시간을 초월하는 이 건물의 건설에 참여했다. 프리지다리움의 장식 중에는 무기와 상품을 실은 배들을 그린 것이 있는데, 이를 통해 강력한 뱃사공 동업조합이 제작에 참여했음을 알 수 있다. 수로 교역을 좌지우지하고, 시 정부에도 참여한 그들은 화려한 건물의 건축을 로마인들에게만 일임하기를 바라지 않았다. 파리지들은 자신들의 운명을 스스로 헤쳐갈 필요성을 인식했고, 건축과 시 운영에 참여했다. 뤼테스가 파리가 된 것도 틀림없이 그들의 적극적인 노력 덕분이었다.

풍경이 채색된 벽화 등으로 장식하고 시민들의 편의를 위한 모든 시설을 갖추고 있었다.

가볍게 몸을 푼 뒤 사람들은 미지근한 방 테피다리움, 뜨거운 방 칼다리움, 차가운 방 프리지다리움 순으로 들어가 목욕을 한 뒤, 마지막으로 휴식의 방에서 지인들과 담소를 즐겼다.

골루아들이 참여했지만 도시 건축은 전형적인 로마 스타일이었다. 곧은 도로가 직각으로 꺾였고, 귀족들의 빌라와 공공장소가 들어설 넓은 공간이 설계되었다. 뤼테스의 주요 도로는 카르도 막시무스였다. 이 도로는 높은 뤼테스를 가로질렀고, 다리(최초의 로마식 나무다리의 일부가 기적적으로 센 강가에서 발견됐다. 카르나발레 박물관 창고에 보존돼 있다)는 낮은 뤼테스로 이어졌다. 그것은 주거 밀집지역을 촘촘하게 연결하는 망이자, 도시를 먹여 살리고 도시에 생명을 부여하는 동맥이었다. 뤼테스로 가는 모든 사람은 카르도를 지났고 뤼테스를 떠나는 모든 사람도 카르도를 밟았다. 이 길은 파리지들에게 어떻게 도시가 건설되는지를 알게 해줬다. 그리고 그 교훈은 도시가 확장될 때마다 되살아났다.

이 길 끝에 도기를 만드는 두 개의 아틀리에가 있었다. 도시와 시골의 중간, 사람들이 왕래하는 도로에 자리를 차지하고 도시의 고급 가게나 주변 농촌의 농부들, 심지어 길을 잃은 여행객들에게도 물건을 팔았다.

카르도 막시무스를 따라 사람들은 생트 쥬느비에브 산에 올랐다. 거기엔 도시의 진앙지인 포럼이 있었다. 열주 회랑으로 둘러싸인 커다란 광장으로 여기서 사람들은 열띤 토론을 벌였다. 양쪽 가장자리 벽에 지붕이 있는 갤러리가 있었으며 가게들이 이어졌다. 뤼테스 주민들은 이곳에서 방향제나 올리브 기름, 빛나는 브로치를 샀다.

건설자들은 공들여 중심지를 만들었다. 그들은 언덕을 깎아 부드러운 경사와 우아한 형태를 만들어냈다. 로마인들은 도시 건설에 필요하다면 자연을 다시 그리는 것도 주저하지 않았다. 거대하고 신비스러운 건설가의 작업을 보고 파리지들이 입을 다물지 못했으리라는 것은 쉽게 상상할 수 있다. 아주 오랫동안 자연에 순응하며 소박한 마을과 취약한 도시에서 살아온 그들은 경탄의 눈으로 로마인들을 바라보았다. 파리지들은 그때까지 도시가 영원을 위해 건설된다는 사실을 모르고 있었던 것이다.

카르도 막시무스와 포럼이 있던 자리는 어디인가?

카르도는 오늘날 생자크 거리다. 그 길은 생마르탱 거리를 통해 오른편으로 이어진다. 이 길은 매머드가 물을 마시러 언덕에서 센 강으로 내려오던 길이라는 얘기도 있다. 전설 같지만 로마인들이 오기 전부터 이곳에는 길이 있었다. 뤼테스 이전부터 스페인에서 출발해 북해까지 이어지는 길이 있었던 것이다.

생자크 거리의 로마식 포석은 사라졌다. 하지만 생쥘리앙 르 포브르 교회 앞과 브아 로멘 디탈리와 생자크 축의 카르도 사이 교차로에 고대의 포석이 깔려 있었다. 파리에서 가장 오래된 길의 흔적이다.

바로 옆 비비아니 광장에는 파리에서 가장 오래된 나무가 있다. 1602년에 정원사 장 로뱅이 심은 북미산 아카시아 나무로, 로뱅은 나무에 자신의 이름을 붙여 로비니에라고 불렀다. 이 나무는 아직도 푸른 잎으로 덮여 있는데 너무 믿지는 마시라. 거룩한 나무를 받치고 있는 괴상한 모양의 콘크리트 구조물을 따라 뻗은 담쟁이 넝쿨일 따름이다.

좀 더 먼 과거의 카르도인 생자크 254번지에는 도기 가마가 하나 남아 있다. 도기 가마는 길의 장식물로 사용되면서 기적적으로 보존된 유물이다. 산업화 지역의 앤티크 버전인 셈이다.

또 소르본 광장에는 한 원형 벽감이 있는데 그것은 두 인술래(로마식의 높은 집) 소유였던 우물의 유적이다.

포럼은 슬프게도 인간과 시대의 요구에 굴복하고 말았다. 포럼의 흔적은 생미셸 대로 61번지, 빈치 건물의 주차장 입구에 벽의 일부만 남아 있어 작은 위안이 된다.

그러나 거기서 멀리 떨어지지 않은 보지라르 36번지의 안마당에 들어가 보라. 뤽상부르 궁전 근처에서 발굴된 뒤 이리 옮겨져 보존되고 있는 로마식 가마를 발견하는 놀라움을 맛볼 수 있다.

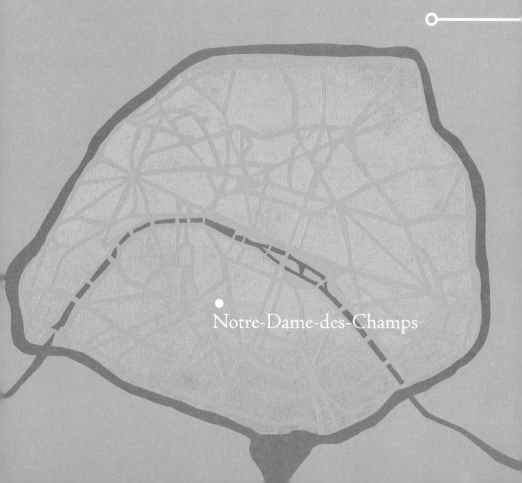

노트르담 데 샹

Notre-Dame-des-Champs

노트르담 데 샹

생 드 니 의 순 교

노트르담 데 샹 역은 우리를 기독교 전설 속으로 이끈다. 도시의 가장 높은 언덕에서 목이 잘린 드니는 머리를 들고 언덕을 내려왔다. 이 산을 오늘날 몽마르트르라고 부른다. 성스러운 자리에 생드니 성당이 세워졌다.

노트르담 데 샹 Notre-Dame-des-Champs 역의 출구 에스컬레이터는 라스파이 대로의 한가운데에 승객들을 토해놓는다. 그래서 행인들의 발걸음을 방해한다. 나는 여기서 과거 뤼테스의 흔적을 찾기 위해 애쓰지만 주변의 무엇도 떠올리게 하는 것이 없다. 바로 앞쪽, 만들다 만 것 같은 광장에 19세기 말 스파이 혐의로 재판을 받다 무죄 판결을 받은 드레퓌스 대위의 동상이 서 있다. 조금 떨어진 몽파르나스에 노트르담 데 샹 성당이 서 있다. 세기말 로코코 양식으로 지어진 전면부는 제2 제정 시대의 부르주아적 열광을 상징한다.

도시의 중심부에서 약간 벗어난 이 자리에서 우리는 전설과 신화의 안갯속으로 들어서게 된다. 모든 것이 과거의 흔적을 찾는 사람의 눈을 피해 숨어 있어서 약간의 노력이 필요하다. 소신과 우직함의 숨결로 그 속에 스며들어야 한다.

3세기 중엽 뤼테스는 중요한 도시가 된다. 적어도 기독교가 뤼테스 주민들을 선교해야 하다고 판단할 정도로 중요해진다. 왜냐하면 이곳 사람들은 골루아 신 투타티스와 로마 신 주피터를 같은 제단에서 함께 섬겼기 때문이다.

그때 이탈리아의 주교 디오니시우스^{Dionysius}(프랑스인들은 그를 드니라 부른다)는 예수를 향해 꺼지지 않는 열정을 불태웠다. 그는 십자가에 못 박힌 주 예수의 종교를 전파하고, 이교 속을 헤매고 있는 영혼들을 구제하는 진실한 신앙을 전하려 했다. 그는 성 베드로의 후계자인 로마 주교에게 무릎 꿇고 선교 사업을 허락해줄 것을 간청했다. 하지만 로마 주교는 로마제국의 박해 속에서 기독교를 살리는 게 더 급했다. 기독교 복음 전파는 좋은 시절에나 가능한 일이었다. 로마 주교는 이 귀찮은 초심자에게 골의 개종 임무를 완전히 맡겨버리고 손을 뗐다. 변화를 거부하는 골루아들은 다루기 힘들기로 유명했고, 그들은 낡은 우상에 고집스럽게 집착했다. 그럼에도 드니는 겁내지 않았다. 그는 주 예수가 승리하는 길이라면 어떤 어려움과 장애물을 넘을 준비가 돼있었다.

드니^{Denis}는 사제 루스티쿠스, 부사제 엘레우테리우스와 함께 250년경 뤼테스에 들어왔다. 세 남자는 카르도 막시무스를 따라 도시로 들어와 곧장 포럼까지 걸어갔다. 그들은 눈에 비치는 풍경에 질겁했다. 사람들은 환락과 가짜 신들에 취해 있었다. 여성들의 허영을 채우는 상점들, 돌 조각상에 바쳐진 제물들처럼 모두 기독교적 소박함을 짓밟는 것들이었다. 그들로서는 어떻게 사람들이 천박한 미신에 자신을 맡길 수 있는지 이해할 수 없었다. 그들은 마을 외곽에 멀리 뻗어 있는 포도밭 속으로 들어가 아직 누구도 알지 못한 신앙을 실행하고 가르쳤다. 드니의 헌신으로 곧 자발적 개종자들이 한 무리 정도 생겨났다. 하지만 위험은 항상 도사리고 있어, 기독교도임이 발각되면 즉각 처형되었다. 그래서 기독교도들은 점점 더 깊숙이 숨어들었다. 뤼테스를 건설할 때 사용한 채석장의 지하 동굴 속에서 은밀한 선교가 이뤄졌다. 기독교도들은 숨어서 예배를 드렸다.

첫 번째 비밀 미사가 지하 성소에서 거행됐다. 그 전통으로 노트르담 데 샹^{Notre-Dame-des-Champs}(밭이라는 뜻_옮긴이)이라는 이름이 생겼지만 노트르담 데 프로퐁되르^{Notre-Dame-des-Profondeurs}(깊다는 뜻_옮긴이)라고 불러야 더 어울릴 터였다. 은밀한 굴에서 초기 신도들의 신앙은 깊어졌고, 나중에 성당이 되는 지하 동굴의 어둠 속에서 기독교의 미래가 솟아올랐다.

위험을 무릅쓰고 세례를 받으려는 골루아와 로마인들이 모여들었다. 드니는 작은 기름 램프의 깜박이는 불빛 속에서 설교했다. 흰 사제복을 차려입은 그는 어둠을 꿰뚫을 듯 반짝이는 눈빛과 열정적인 목소리로 예루살렘과 골고다 언덕을 이야기했다. 그리고 어둠 속의 커다란 나무 십자가가 이 극적인 이야기를 손으로 만질 수 있는 진실로 바꾸어놓았다.

파리의 초기 기독교도들의 숨결을 느끼고 싶다면 당페르 로슈로 광장에 입구가 있는 카타콤브에 가보자. 여기서 당신은 생 드니가 선교하던 장소와 비슷한, 파리에서 가장 큰 지하납골당으로 들어갈 수 있다.

생 드니가 활동하던 시기, 지하납골당은 카르도 막시무스 아래 버려진 채석장 속에 있었다. 사라진 자들의 공간인 이곳은 생 드니는 물론, 죽음

파리 최초의 성당은 어떻게 됐을까?

생 드니가 첫 파리 주교가 됐으므로 그가 복음을 전파하던 비밀 교회를 파리의 첫 번째 성당이라 부를 수 있을 것이다. 전철역에서 나와 그 장소를 찾으려면 노트르담 데 샹 거리를 거슬러 올라가야 한다. 수수께끼의 열쇠는 길 끝에 있다. 생미셸 대로를 건너 시골 분위기가 나는 작고 곧은 길인 피에르 니콜 거리로 들어간다. 학교의 벽돌담과 맞붙은 목조 건물이 하나 있고, 1960년대 현대 건축의 아름다움을 풍기고 있는 포석이 깔려 있다.

친절한 경비 마리오는 길 잃은 역사가가 안으로 들어가도록 허락하고 싶었지만, 보안 문제로 그 장소를 열 수 없다고 말했다. 그래도 나는 고집을 피웠고 공동 소유주의 협조로 결국 지하실에 들어갈 수 있었다.

엘리베이터를 타고 내려간 주차장은 흰 페인트가 칠해져 있고 좁은 공간에 자동차들이 빼곡히 주차되어 있었다. 그때 갑자기 이상한 문이 하나 보였다. 이 장애물을 넘으면 과거로 들어갈 수 있다. 검은 계단을 내려가자 고대의 깊은 채석장이 나왔다. 계단을 하나하나 내려갈 때마다 한 세기 한 세기를 거슬러 올라가는 것 같았다. 궁륭은 19세기에 보수되었다. 하지만 다른 곳은 원래 모습 그대로였다. 한 묘석 아래 1220년 사망한 생 레지날드가 잠자고 있다. 그는 성모 마리아의 재현을 보고 사제로서의 소명을 받아들인 인물이다. 긴 홀이 제단까지 이어지고 제단 위에 생 드니의 조상이 서 있다. 옛날 이곳에서 설교했던 성인에 대한 추억을 숭모하며 수 세기 동안 예배가 이어졌다.

100년 전의 여행 가이드는 이 지하예배당을 언급하고 있었다. 하지만 그 위에 건물을 세우는 바람에 귀중한 유물인 예배당이 건물 지하실로 편입되었다. 파리 최초의 성당 흔적이 주차장 아래 숨어 있는 것이다. 건물 공동 소유주들이 옛 모습을 보존하고 있지만 특혜를 받은 몇몇 사람만 그곳을 방문할 수 있을 뿐이다. 파리의 초기 기독교도들을 만날 수 있는 유일한 증거가 몇몇의 선의로 간직되다니 이런 어처구니없는 일이 어디 있을까! 소중한 역사를 품에 안은 장소가 말이다.

비밀 성당은 7세기에 예배당으로 쓰였다가 12세기에는 수녀원의 부속 교회가 됐다. 카르멜회 수녀원의 노트르담 데 샹이 그곳에 자리 잡았다. 혁명의 분노가 들이닥쳤지만 생 드니의 지하예배당은 깊숙이 감춰진 덕에 파괴되지 않았다. 1802년 수녀들이 지하예배당 부지를 다시 사들여 새로운 수녀원 건물을 지었다. 그 건물은 1908년 수녀원이 문을 닫을 때 함께 헐렸다.

이처럼 긴 역사를 지나 오늘날은 흩어져 몇 개의 흔적만 존재한다. 주차장 아래 숨어 있는 지하예배당 외에 생자크 284번지의 현대식 건물 1층 상점 속에 끼어 있는 수녀원의 돌문, 피에르 니콜 37번지의 개인 정원 속에 파묻힌 작은 예배당이 남아 있다.

이란 곧 하느님 왕국으로 가는 통로에 불과하다고 믿는 기독교도들에게 이상적이었다. 부활하기 전 시신이 어둠의 왕국에서 잠시 휴식하는 것이 필요하기 때문이다. 카타콤브란 말 또한 쉰다는 뜻의 '쿰베레'에서 나왔다. 사람들이 '무덤들의 영지'라 부르는 이곳은 지워지지 않는 흔적을 남겼다. 생자크 163bis 번지에서 'FDT(무덤들의 영지)'라고 새겨진 조각을 볼 수 있다.

사람들이 방문할 수 있는 카타콤브는 1785년에 만들어졌다. 그때는 이곳이 아직 도시의 변두리였고 수도의 교회들에서 나오는 유골들을 수

거했는데 600만 구의 유골이 이리로 옮겨졌다. 푸케, 로베스피에르, 망사르, 마라, 라블레, 륄리, 페로, 당통, 파스칼, 몽테스키외, 그리고 그 밖의 많은 사람이 우리를 지켜보고 있다.

하지만 다시 그 이전으로 거슬러 올라가보자. 납골당 입구로 우리를 안내하는 길은 아르쾨이(파리 남쪽의 근교 도시_옮긴이)의 물을 가져오는 고대 로마식 수도교의 지하에 있었다. 이 길은 우리를 다시 로마 시대, 즉 어둠 속에서 은밀하게 기도하는 생 드니의 시대로 초대한다.

257년 어느 날 로마군 병사들이 지하 동굴의 작은 성당에 들이닥쳤다. 예수의 부활을 전파하는 사람, 즉 생 드니와 루스티쿠스, 엘레우테리우스를 체포하기 위해서였다. 이 위험분자들은 돌로 만든 우상은 우주를 창조한 전지전능한 힘이 아니라고 끊임없이 이야기해 어느 때보다 강력하게 사람들의 영혼을 뒤흔들어놓았다. 선동자들이 계속 떠들게 내버려 둔다면 사회질서 전체가 뒤집어질 터였다. 결국 세 사람은 뤼테스를 다스리는 로마 총독 시시니우스 페세니누스 앞으로 끌려갔다.

이교도의 시대에 황제는 숭배의 대상이었다. 황제를 숭배하지 않는 기독교도들은 처형됐다. 하지만 기독교도들은 일시적인 것에 관심이 없었고 당연히 천상에만 전념했다. 황제의 입장에서 기독교도들은 사회질서 유지를 위협하는 신민이었다. 그들은 국가의 공식 종교를 부인하고 하느님의 아들 예수만을 인정했기 때문이다.

페세니누스 총독은 기독교도들을 엄하게 다스리되, 회개자에게 관용을 베풀 아량도 있었다. 그래서 그는 죄수들에게 선택권을 주었다. 죽음이냐, 황제에게 복종이냐.

"아무도 황제에게 복종할 수 없다. 왜냐하면 주 예수가 통치하기 때문이다."

드니는 대답했다.

페세니누스로서는 결코 이해할 수 없는 언어였다. 이 자의 헛소리를 당장 그치게 해야 했다. 그리고 보다 정의롭게 생각하는 법을 가르쳐줘야 했다. 그의 목을 자르라는 명령이 내려졌다.

감옥에서 형의 집행을 기다리는 순간에도 드니와 두 동료는 성직자의 임무를 다했다. 그들은 남의 죄를 대신해 벌을 받아 인간성을 회복한다는 대의를 다했고, 창살 안에서 마지막 미사를 드렸다.

로마 병사들은 죄수들을 뤼테스에서 가장 높은 언덕으로 끌고 갔다. 처형하는 장면을 멀리서도 볼 수 있게 하기 위해서였다. 십자가를 세우고 그 위에 드니를 묶고 목을 잘랐다. 그러나 목이 떨어진 몸은 구세주의 계시로 부활했다. 죽은 몸이 살아나 묶인 끈을 풀고 걸었다. 드니는 자신의 머리를 주워 들고 샘으로 가 씻은 뒤 언덕을 걸어 내려갔다. 그는 머리를 착한 로마 여인 카툴라에게 맡기고 쓰러졌다. 카툴라는 경건한 마음으로 독실한 주교가 쓰러진 자리에 그를 묻었다. 그리고 그 무덤 위에서 황금색 밀 한 가지가 자라났다. 마지막 기적이었다.

생 드니의 긴 행진 중에
어떤 일이 일어났나?

생 드니가 참수된 언덕은 자연스럽게 '순교자들의 산'이란 이름이 붙었고, 오늘날 몽마르트르가 됐다. 이 언덕은 오래전부터 성스러운 곳이었다. 로마인들은 이곳에 상업과 교역의 신 메르쿠리우스 신전을 세웠다. 1133년 루이 6세는 베네딕트파 수도원을 지었다. 오늘날 생 피에르 드 몽마르트르 사원도 비슷한 시기에 세웠는데, 이것이 파리에서 가장 오래된 교회였다. 안에 들어가면 심하게 손상된 네 개의 대리석 기둥을 볼 수 있다. 1800년 전 생 드니의 처형을 지켜봤을 메르쿠리우스 신전의 유적들 가운데 유일하게 남아 있는 것들이다. 수도원은 대혁명 때 무너졌으며, 귀 먹고 눈 먼 마지막 원장 수녀가 '귀 먹고 눈 먼 공화국 반역 음모에 가담한' 죄목으로 처형됐다.

오늘날 사크레쾨르 성당의 하얀 천장은 몽마르트르의 종교적 소명을 말해주는 듯하다. 이 성당의 첫 번째 돌은 1875년에 파리 코뮌의 범죄를 속죄하는 뜻에서 세웠다고들 세속 사람들은 말한다. 그러나 몽마르트르를 성소로 만드는 결정은 이미 나폴레옹 3세가 내렸다.

생 드니는 이본 르 탁(순교 예배당에는 정확한 순교 장소가 표시되어 있다) 11번지에서 참수된 뒤 몽세니 거리를 따라 내려왔다. 아마도 그는 아브뢰부아 거리 쪽으로 방향을 틀어 지라르동 광장의 분수에서 머리를 씻었을 것이다. 광장의 동상은 그 사건을 묘사한다. 그리고 몽세니 거리로 다시 나왔을 텐데, 마르카데 거리와 만나는 63번지에는 몽마르트르에서 가장 오래된 건축물인 15세기의 작은 탑이 있다. 그마저도 없었다면 그 앞 테르트르 광장은 아무런 역사성 없이 디즈니랜드에나 어울릴 법한 모양으로 남아 있을 것이다.

　생 드니는 머리를 손에 들고 6㎞를 걸었다. 그는 오늘날의 바실리크 생 드니에 묻혔다. 지하예배당 유적이 남아 있는 성당 안, 그의 무덤 주위로 영묘들이 만들어졌다. 7세기 다고베르 왕은 이곳에 수도원을 건설하기로 결정했다. 그리고 순교자들의 묘지를 만들고 자신과 가족의 무덤으로 만들었다. 이후 바실리크 생 드니는 프랑스 왕들의 납골당이 됐다.

　생 드니의 순교! 기적과 신화, 전설 사이에서 결코 평범하지 않았던 그의 삶은 뤼테스에서 어떤 울림으로 남았을까? 사실 이 사건은 거의 알려지지 않은 채 잊혀 왔다. 그 시대에는 머리가 수도 없이 잘려나갔고, 그런 일상적인 일에 감동하는 사람은 많지 않았다.

　뤼테스 사람들은 그보다 다른 근심거리가 있었다. 한 세기 이상 평화가 유지되어온 마을에 무서운 혼란이 감지되었다. 혼란의 진원지는 황제가 있는 로마였다. 황제가 여러 차례 바뀌면서 로마는 갈기갈기 찢어졌다. 권력은 승리와 타협, 음모, 배신의 입맛에 따라 이 손에서 저 손으로 옮겨갔다. 발레리아누스 황제는 메소포타미아에서 전쟁을 이끌다 페르시아의 포로로 잡혔다. 하지만 아무도 그의 운명을 슬퍼하지 않았다. 로마의 어느 누구도 황제의 귀환을 원하지 않았다. 로마는 적과 협상하지 않았고, 황제는 지하 독방에서 쓸쓸하게 죽었다. 그의 죽음에 모든 사람이 안도했다. 특히 유일한 황제 상속자였던 아들 갈리에누스에게는 더 없는 희소식이었다.

한마디로 로마는 더 이상 로마가 아니었다. 황제는 더 이상 숭배와 두려움의 대상으로 군림하지 않았다. 그는 부패의 중심이자 사소한 협상의 주역이었고 음모의 한 주체에 불과했다. 이러한 정치 양상과 리더십의 퇴락은 안정이 필수불가결한 거대 제국을 해치는 커다란 재앙이었다. 지리멸렬한 상황에서 혼돈은 멀지 않았다. 제국은 분열됐고 야만족의 위협은 커져갔다. 야만족들도 로마가 흔들리고 있다는 것을 느꼈다. 지금이 그들을 짓밟을 순간이다. 게르만 족이 라인 강을 넘었다. 그들에게 골 땅은 약탈의 대상일 뿐이었다. 적들은 골을 휩쓸고 값진 전리품을 챙겨 돌아갔다.

260년경 마르쿠스 카시아누스 라티니우스 포스투무스라는 골 출신의 로마 장군이 있었다. 게르만 족이 갈로로망을 침략했을 때 갈리에누스 황제와 포스투무스는 그들을 막기 위해 나섰다. 각자가 다른 적들에 맞서 싸웠다. 황제는 동쪽에서 알라만 족을 내쫓았으며, 장군은 북쪽에서 프랑크 족을 밀어냈다.

포스투무스는 침입자들을 몰아내기 위해 용감하게 싸웠다. 언제나 맨 앞에 나서 싸웠기 때문에 병사들의 드높은 인기를 얻었다. 로마 병사들은 사령관을 황제로 옹립할 준비가 되어있다고 선언했다. 하지만 누구의 황제란 말인가? 로마의 황제인가, 골의 황제인가? 갈리에누스는 자리가 위협당한다고 느껴서, 서둘러 아들 살로닌을 공동 황제의 자리에 올렸다. 살로닌이 자신의 후계자라는 선언이었으며 이 조치가 골 출신 장군의 야심을 누그러뜨릴 수 있기를 바랐다.

그러나 황제의 아들에겐 험난한 시간이 기다리고 있었다. 포스투무스는 힘없는 살로닌이 다스리는 로마를 참을 수 없었으며, 쾰른을 공격해 새로운 황제를 체포한 뒤 바로 처형했다. 이제는 황제다운 비범함으로 자신을 치장하는 일만 남았다. 병사들이 나서서 그를 골 황제로 선언했다. 온화한 표정과 풍성한 수염에 왕관을 쓴 그의 얼굴이 주화에 새겨져 유통되었다.

로마 입장에서 포스투무스는 왕위 찬탈자에 불과했지만 다행히도 야심이 적었다. 그는 로마 황제 자리를 넘보지 않았다. 루비콘 강을 건너려고 하지 않았으며 원로원의 승인을 받으려고 욕심내지 않았다. 특히 자신이 로마에 속한다는 사실에 결코 의문을 제기하지 않았다.

포스투무스가 최고 권위로 치장하는 것을 자중했고 '골의 재건자'를 자칭하는 데 만족했지만 그래도 어쨌든 그는 통치하고 싶어 했다. 골을 자신의 권위 아래 하나로 묶으면서 갈로로망과 로마 사이에 틈을 벌렸다. 처음으로 양자는 정치적으로 분리되었고, 같은 권위에 복종하지 않았다.

이런 불복종은 갈리에누스를 성가시게 했다. 하지만 호시탐탐 침입하려는 알라만 족 때문에 국경에서 눈을 뗄 수가 없었다. 따라서 로마의 황제와 골의 재건자 사이에 전략적 합의가 이뤄졌다. 포스투무스는 라인 강을 방어하는 임무를 맡는 대신 브르타뉴와 에스파냐, 그리고 대부분의 골 지방을 차지했다.

외부의 많은 시련을 극복한 갈로로망은 결국 자신의 병사들에게 최후를 맞는 슬픈 운명에 처했다. 268년 마인츠가 반란을 일으켰을 때 포스투무스는 그 매혹적인 도시로 걸어 들어가 반란군 지도자들을 잡아 처형했다. 전리품을 기대하는 갈로로망 병사들에게 이 정도로는 충분하지 않았다. 그들은 도시를 약탈하기를 원했다. 그런 이득이 없다면 전쟁을 할 이유가 어디 있단 말인가?

하지만 포스투무스는 일언지하에 거절했다. 제국에 속한 도시가 폐허가 되도록 내버려둘 수 없었다. 게다가 마인츠는 라인 강 수비에 중요한 전략적 도시였다. 하지만 용병들은 수장의 깊은 뜻을 이해하지 못했다. 그들은 단지 부자가 되길 원했으며 그보다 더 중요한 건 없었다. 따라서 골의 재건자가 장애가 된다면 그를 없애버려야 했다. 포스투무스는 그의 아들, 경호원과 함께 피살됐다. 10년 동안 골을 통치했던, 그리고 침략자들을 물리치고 지역의 안녕과 경제적 번영을 확고히 했던 지도자의 최후였다.

이 사건은 브르타뉴부터 에스파냐에 이르기까지 큰 영향을 미쳤을 뿐 아니라 뤼테스를 강력하게 뒤흔들었다. 투구와 도끼로 무장한 게르만의 야만 부족들이 골의 들판에 들이닥쳤다. 수확물을 거둬가고 농가를 약탈했다. 그들은 아직 도시까지 접근하지는 않았다. 하지만 뤼테스가 확장된 센 강 왼편 부분은 부유하지만 취약했다. 바로 그곳이 목표였다. 거센 파도가 사라지기 전에 다음 파도가 밀려왔다.

게르만 족이 떠나고 난 뒤에 바고드(무리를 뜻하는 켈트어 바가드에서 나온 말)가 버티고 있었다. 산적과 탈영병, 탈주 노예 그리고 땅 없는 농부들로 구성된 이 집단은 농촌을 공포에 떨게 했다.

산은 더 이상 사나운 짐승들만 출몰하는 곳이 아니었다. 넝마 차림의 사람들이 길 양쪽에 몸을 숨기고 있었다. 이들은 제국의 국경 근처에 살면서 마을을 공격하고 물건을 약탈하면서 고립된 주민들을 죽이고 겁탈했다.

야만족에다 바고드까지 위협하는 상황에서 로마의 귀족들은 270년경까지 뤼테스를 나 몰라라 했다. 도시는 변했다. 강 왼편까지 넓혀졌던 우아한 도시는 약탈된 채 버려졌다. 카르도 막시무스는 잘 차려입은 로마인들 대신 가시덤불로 뒤덮였고, 길가에 이어진 아름다운 집들은 폐허가 되어갔다. 신에게 바치는 제물은 불타고, 값비싼 보석과 각종 방향제로 가득 찼던 상점들은 골조만 남은 흉한 몰골이 됐다.

수많은 공격에도 불구하고 골 왕국은 재건자의 죽음과 함께 무너지지 않았다. 한 후계자가 암살된 전임자를 대신하고 영속성을 확인했다. 골 귀족 출신으로 로마 원로원 의원이 된 테트리쿠스가 권좌에 올랐다. 군인이었던 전임자와 달리 그는 정치인이었다. 테트리쿠스는 자신의 영토가 어느 날 로마의 유일한 권위를 되찾으리라 믿었다. 그와 함께 골 제국은 로마 제국의 품 안으로 다시 들어갔다. 그의 임무는 여러 국경 지역에서 동시다발적으로 일어나는 공격으로 티베르 강 유역의 체제(로마 황제를 일컬음_옮긴이)가 취약성을 드러내고 있는 동안 골 지역을 지키는 것뿐이었다.

결국 273년 아우렐리우스 황제가 잃어버린 지역을 되찾았다. 샬롱앙샹파뉴 근처에서 테트리쿠스와 그의 부대는 저항 없이 항복했다. 로마로 돌아가며 아우렐리우스는 승리를 자축했다. 제국은 다시 통일되었다. 화려한 마차들과 야만인 포로들이 거리에 전시됐다. 테트리쿠스는 로마 시내에서 퍼레이드를 벌였다. 굴복한 갈로로망, 테트리쿠스는 로마 세계의 재건자가 된 아우렐리우스 황제의 권능을 보여주는 살아있는 상징이 됐다.

승리한 황제는 테트리쿠스에게 성의 표시를 했다. 골의 과거 주인을 패배한 적으로 간주하지 않았다. 이탈리아 남부 루카니의 총독으로 임명된 갈로로망은 원로원 의원 자리도 되찾았다.

하지만 야만족은 시테 섬으로 오그라든 뤼테스를 계속 위협했다. 그래서 사람들은 도시를 성벽으로 둘러싸기로 했다. 강과 성벽을 이용해 이중으로 도시를 보호하려는 것이었다. 모든 사람이 뤼테스를 방어하는 성벽을 높이는 데 찬성했다. 집과 유적, 무덤에서 장식물들을 떼어내 성벽을 짓는 데 보탰다. 그렇게 만든 성벽은 섬을 감싸고 항구와 강둑 위까지 튀어나왔다.

시테 섬의 뾰족한 끝 부분에 감시병들이 자리 잡고 강물을 감시했다. 조금이라도 이상한 움직임이 있으면 경보가 발령됐다. 뤼테스는 만반의 방어 태세를 갖췄다. 절대로 빼앗을 수 없는 존재 같았다. 물과 나무와 밭이 있어 오랜 포위에도 견딜 수 있었고, 성 안의 군대와 물 위의 선단은 확고한 수비 시스템을 갖추고 있었다. 하지만 강 왼편을 포기한 도시는 옹색해졌다.

뤼테스는 강해졌지만 인구는 줄었고 아름다운 건물도 무너졌다. 예컨대 푸아티에(프랑스 중서부 푸아투샤랑트주의 주도_옮긴이)와 비교해도 파리지들의 도시는 아주 볼품없는 존재였다.

뤼테스, 과거 부유했던 도시는 사람들이 파리라 부르는 작은 도시가 됐다. 그 이름은 시비타스 파리시오룸(성벽에 둘러싸여 홀로 생존하는 도시)이었다. 파리는 뤼테스만큼 축복 받지 못했다. 섬 위에 자리 잡은 작은 촌락에 불과했다. 심지어 북쪽과 동쪽에서 언제 쳐들어올지 모를 게르만 족의 새로운 노략질을 두려워하며 떨고 있는 마을이었다.

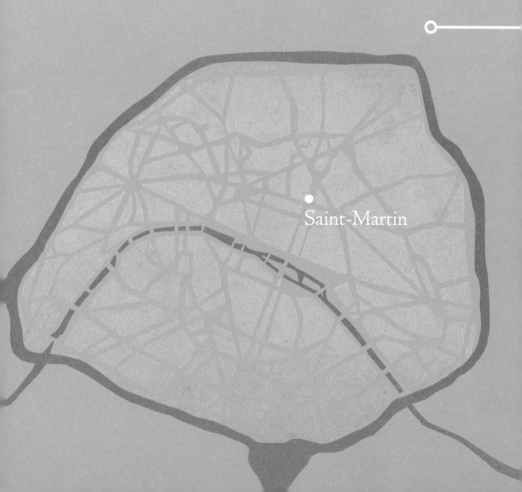

Saint-Martin

생 마 르 탱

파 리 , 황 제 의 거 주 지

은밀한 포교를 했던 생 드니와 달리 생 마르탱
은 수많은 추종자를 거느린 주교였다. 기독교
인들은 더는 체포를 두려워하는 소수가 아니
었다. 그는 빛나는 전설이 되었고 현대의 파리
또한 성인의 추억을 지우지 않았다.

생마르탱^{Saint-Martin}이 지하철역이라고? 꼭 그렇지는 않다.
1939년 이후 문을 닫았기 때문이다. 지금은 구세군이 어
려운 사람들을 돕는 보호시설로 운영하고 있다. 집 없는 사
람들이 현재 지하철이 다니지 않는 이 역 덕분에 평생 가난한 사람을 위
해 헌신한 생 마르탱의 품 안으로 들어갈 수 있는 것이다.

338년 겨울, 로마 병사 마르탱은 아미앵(파리 북서부의 도시_옮긴이) 근처
에서 구걸하는 거지를 만났다. 아, 이 선한 기사는 이미 수중에 지닌 모든
것을 나눠준 터였다. 그는 칼로 자신의 망토를 반으로 잘라 거지에게 주
었다. 다음 날 밤 예수가 나타나 마르탱에게 다가왔다. 예수는 마르탱이
거지에게 준 망토를 걸치고 있었다. 예수가 말했다.

"예비 신자인 마르탱이 나에게 이 옷을 주었구나."

오늘날 이 성자와 파리의 불쌍한 사람들이 인연을 맺은 건 지하철 노선을 변경하다 생긴 우연이다. 하지만 동서고금을 막론하고 성자와 가난한 자들이 만나는 것은 결코 우연이 아니다.

극심한 박해를 피해 은밀한 포교를 해야 했던 생 드니와 달리 생 마르탱은 수많은 추종자를 거느린, 존경받는 주교였다. 두 사람 사이에는 한 세기의 시간 차가 있다. 전자가 심지에 불을 붙였다면 후자는 활활 타오르게 만들었다. 생 마르탱 시기에는 교회가 숨지 않아도 되고, 지하 동굴이나 음울한 어둠 속에서 미사를 드리지 않아도 되었다. 콘스탄티누스Constantin 황제는 변화를 주도했다. 기독교도들은 이제 더 이상 체포의 두려움에 떠는 소수가 아니었다.

○

3세기 말 야만족들의 계속된 침입으로 로마 제국의 국경 대부분에서 전선이 형성됐다. 따라서 콘스탄티누스 황제는 권력의 일부를 카이사르들, 즉 각 지역의 소황제들에게 나눠줄 필요를 느꼈다. 제국은 조금씩 조각났고, 동·서 로마제국으로 서서히 분리되었다. 콘스탄티누스는 제국의 결속을 유지하기 위해 야만족보다 먼저 내부의 적들과 전쟁을 벌여야 했다.

막센티우스도 그중 하나였다. 그는 자신이 제국의 진정한 지도자라고 선언했다. 312년, 콘스탄티누스는 라이벌을 제거하기 위해 로마 인근 밀비우스 다리로 군사를 일으켰다. 막센티우스 군대와 치열한 전투를 벌이던 중 콘스탄티누스는 하늘에서 내려오는 십자가를 보았다. 그리고 한 형상이 나타나 이렇게 말하는 것이었다.

"인 호크 시뇨 빈세스!"(이 표식으로 인해 네가 승리하리라)

콘스탄티누스는 압도적인 승리를 거뒀고, 막센티우스는 티베르 강에 빠져 죽었다. 다시 유일한 황제가 된 그는 수도를 비잔티움으로 옮기고 이름을 콘스탄티노플로 고쳤다. 이 새로운 제국의 수도는 동로마 제국의 심장이 됐다.

1년 뒤 콘스탄티누스는 밀라노에서 '관용의 칙령'을 발표했다.

'인간사에 유익함을 가져다주는 많은 것 중에 최우선은 신성을 공경하는 것이라고 여기는 바, 천상에 좌정한 모든 신이 우리와 우리가 통치하는 만상에 관대하고 자비로우리라 믿는 만큼, 기독교도들에게도 그들이 원하는 종교를 따를 수 있는 자유를 주는 것이 합당하리라.'

신중하고 훌륭한 전략이었다. 기독교는 곧 로마 제국의 절대 다수가 믿는 종교가 됐다.

337년 5월 22일 일요일, 콘스탄티누스는 31년간의 치세를 마치는 순간을 맞이했다. 그는 침대에 누워 니코메디아 주교에게 탄원했다.

"내 모든 죄를 사면받을 수 있는 속죄의식이 있소?"

"세례를 받는 것 말고는 없지요."

황제는 죽어가는 침대 위에서 기독교를 껴안았다. 하지만 마지막 순간의 개종은 설득력을 얻을 수 없었고, 새로운 신앙이 확산되는 결정적 계기가 되지 못했다. 그 후로도 오랫동안 기독교는 이교들과 경쟁을 벌여야 했다.

콘스탄티누스의 조카인 미래의 황제 율리아누스는 영적으로 정반대의 길을 걸었다. 기독교 환경에서 성장했지만 철학에 푹 빠진 그는 플라톤의 지식이 기독교 유일신 신앙보다 훨씬 더 교훈적이라고 믿었다. 그는 그리스 판테온에 거주하는 신들을 찬양했으며, 기독교 종파를 거칠게 비판한 『갈릴리 인들에 대한 반론』이라는 책을 썼다.

"갈릴리 종파들이란 우화를 좋아하는 사람들의 감정을 악용해 치밀하게 꾸며낸 이야기에 진실과 설득의 색을 칠함으로써 약한 영혼을 유혹하는 교활한 인간일 뿐이다."

사실 기독교의 유일신 교리는 다른 신들을 철저히 저주했다. 이 점이 바로 젊은 철학자가 가장 거부감을 느끼는 부분이었다. 그는 성부와 성자, 성령을 신으로 대하는 것에 반대하지 않았다. 하지만 그들이 이교도의 수많은 신에게도 같은 자리를 남겨두는 조건에서만 그랬다. 그에게 기독교나 유대교 같은 유일신교는 이해할 수도 없고, 받아들일 수도 없었다. 그는 그리스의 옛 신앙을 품에 안고 아테네로 돌아갔고 이곳에서 자신의 영혼이 스스로에게 영감을 주는 사람들의 수준까지 성장하기를 바랐다.

그러나 이 사색가는 곧 귀중한 연구를 포기할 수밖에 없었다. 제국의 동쪽 지역에 관심이 많았던 콘스탄티누스 황제는 율리아누스를 부황제로 임명해 골 지방을 다스리면서 야만족들을 막으라고 명령했다. 승진은 율리아누스에게 명예가 아니라 재앙에 가까웠을 것이다. 어떻게 해야 하나. 현실적인 삶으로 돌아가 신에 대한 사색을 멈추고, 플라톤 연구를 포기해야 한단 말인가. 갑옷 차림으로 말을 타고 부대를 지휘해야 하다니.

율리아누스는 파르테논 신전에 올라가 아테나 여신에게 이 같은 시련에서 벗어나게 해달라고 빌었으며, 지상의 일에 개입해 운명을 바꿔달라고 애원했다. 하지만 신은 침묵했고, 별수 없이 부황제 임무를 수행하러 떠났다.

전사가 된 철학자에게 이상한 운명이 찾아왔다. 자신이 증오하는 다른 이의 탈을 뒤집어쓰고도, 그는 에너지가 넘치고 현명했으며 아주 유능했다. 순수한 이론가는 전쟁의 달인으로 변했다. 그는 게르만 족의 숲 한가운데까지 부대를 이끌고 들어갔다. 그런 위험을 무릅쓴 로마 군대는 지난 3세기 동안에도, 그 이후에도 없었다. 그는 아르젠토라툼(스트라스부르) 전투에서 알라만 족을 격파하고, 적들을 라인 강 너머로 몰아냈으며 약탈자들의 침략에 종지부를 찍었다. 율리아누스의 활약에 전 제국이 열광했다. 사색적 삶 속에서 길을 잃은 왕자 같던 젊은이가 로마 제국을 구한 것이다. 병사들은 그의 말 한마디에 목숨을 걸고 싸웠으며, 결국 승리를 가져다줬다.

원정이 없을 때마다 율리아누스는 뤼테스에서 휴식을 취했다. 뤼테스는 358년 1월 이후 본인이 선택한 수도였다. 그는 여전히 혼자였고 아내 헬레나는 로마에서 출산을 기다리고 있었다. 율리아누스는 전쟁을 위해 여기저기로 떠나야 했지만 사정이 허락하는 한 다시 센 강변으로 돌아왔다.

시테 섬의 뾰족한 끝 부분에 성채와 같은 로마식 빌라가 세워졌다. 그것은 골의 심장부에 놓인 로마의 한 조각이었다. 황토색 벽과 검은색 기둥들이 사각형 중정을 둘러쌌고, 중정에는 맑은 물이 흐르는 연못 옆에 무화과가 심어져 있었다. 이 화려한 저택의 가운데에 금빛 독수리와 바쿠스 신을 그린 벽화들로 장식된 연회실이 있었고, 부유한 로마 시민도 열 수 없는 화려한 연회가 펼쳐졌다. 몇 겹으로 겹친 토가를 입은 최상류층 로마 시민들이 그곳에 모였다. 기록을 통해 뤼테스의 저택에서 주인이 베푼 접대를 엿볼 수 있다. 끼니마다 세 번의 코스가 나왔다. 먼저 빵을 곁들인 달걀과 올리브, 꿀을 탄 포도주가 나왔으며 다음엔 고기 요리, 마지막으로 과일이 나왔다.

이 권력의 중심부 옆에 행정을 위한 건물들이 지어졌다. 율리아누스는 엄격한 계급사회를 구성하는 원로원 의원과 집행관들에 둘러싸여 총사령관으로서의 권위를 과시했다. 북쪽으로는 골과 브르타뉴, 남쪽으로는 에스파냐까지 다스리기 위해 집정관, 재무관, 시종장, 군사지휘관, 비서관들이 드나들었다. 율리아누스는 그곳에서 인정받았고 통치했다.

하지만 권력을 유지하기 위해 부황제는 전사로 남아 있어야 했다. 규칙적으로 그는 부대의 훈련에 참여했다. 전투 훈련을 하던 어느 날, 상대가 후려친 칼에 부황제의 방패가 떨어져 나갔다. 그의 손에는 방패 손잡이만 남아 있었다. 사소한 사건이었지만 로마의 미신은 사소하지 않았다. 병사들은 기겁을 했다. 불길한 전조를 보았던 것이다. 율리아누스가 분위기를 바꿔놓았다. 그는 병사들을 향해 확신에 찬 목소리로 외쳤다.

"안심하라. 짐은 손잡이를 놓치지 않았노라!"

그의 말은 병사들의 불안과 의심을 덜어주었다. 검객 율리아누스는 사람을 다루는 법을 알고 있었다. 철학자는 검의 힘을 인정하기 시작했다. 그러나 무엇보다 그는 여전히 로마식으로 뤼테스라 부르는 도시를 산책

파리는 언제부터 파리가 됐나?

파리는 영원히 파리일 것이다. 이는 확실하다. 하지만 언제부터 파리였을까? 3세기 말부터 파리의 많은 지역이 사람들에게 버림을 받았다. 이때부터 뤼테스란 이름도 잊혀졌다. 첫 번째 증거는 307년에 만들어지고 1877년에 발견된 로마의 이정표다. 거기에 뤼테스가 아닌 시비타스 파리시오룸Civitas Parisiorum, 즉 파리지의 도시라 씌어 있었던 것이다.

그때부터 파리는 뤼테스를 대체했다. 메로빙거 왕조 때 석관 장식물로 다시 이용된 이 경계석은 카르나발레 박물관에 전시되어 있다.

3세기 말부터 집중적으로 건축된 파리지의 도시는 성벽으로 둘러싸여 있었다. 노트르담 광장의 지하 납골당 속에서 우리는 기적적으로 보존된 이 성벽의 일부를 볼 수 있다. 그리고 라 콜롱브 6번지에서 그 두께를 확인할 수 있다. 또 소르본 광장에는 한 원형 벽감이 있는데 그것은 두 인술래(로마식의 높은 집) 소유였던 우물의 유적이다.

하기를 즐겼다. 하지만 그 도시의 주민들은 이미 파리지의 도시, 또는 파리라고 부르고 있었다.

따라서 율리아누스는 파리의 첫 번째 산책자로 기록될 수 있을 것이다. 그는 군사전략이나 황제의 상징성을 떠나, 도시 자체를 사랑한 첫 번째 사람이다. 그는 접근할 수 있지만 고립돼 있는, 멀고도 가까운 섬으로서 파리를 사랑했다. 강이 잔잔할 때도 파리를 사랑했으며, 사나운 강물이 넘쳐 강둑을 따라 늘어서 있는 집들의 벽을 핥을 때도 파리에 대한 애정을 감추지 않았다. 일개 병사처럼 진흙 길을 산책할 때도 파리를 사랑했다. 문을 활짝 연 구멍가게에 햄과 순대, 돼지 머리가 넘쳐날 때, 갓 낚은 신선한 생선과 치즈들이 진열대에 널려 있을 때, 켈트 맥주 세르베시아 도가에서 발효된 보리와 박하의 은은한 향기가 흘러나올 때도 파리를 사랑했다. 즐겁게 상인을 부를 때 역시 파리를 사랑했다.

"주인장, 후추 향이 나는 포도주 있나?"

"있습니다. 폐하."

"그럼 가져와서 내 입에 부어 넣게!"

그렇다고 율리아누스는 시테 섬 앞에 정박한 전함들과 센 강 오른편에 숙영하고 있는 부대에 무관심할 수 없었다. 항상 준비되어 있는 군사력은 그를 안심시켰다. 시정의 소란을 떠나, 그가 건설한 작은 국가 안에 푹신하게 튼 둥지 속에서 보호받고 있는 것처럼 느껴졌다. 제국의 길 한가운데 위치한 작은 나라는 땅과 강의 교차로, 급소이자 황홀경이었다.

율리아누스는 파리의 첫 번째 애인이자, 파리의 첫 번째 성가대원이었다. 그는 뤼테스에 대한 그의 사랑을 글로 표현하기 위해 며칠 밤을 새우기도 했다.

'뤼테스는 강 한가운데 펼쳐진 약한 섬이다. 성벽이 섬의 모든 면을 감싸고 있다. 양쪽 강가에 놓인 나무다리들을 건너야만 뤼테스로 갈 수 있다.'

율리아누스는 골루아들의 촌스러움과 겨울의 혹독함을 빼고는 뤼테스의 모든 것을 사랑했다. 골루아들은 자신들만의 언어와 풍습을 지켰으며 로마 귀족들이 모르는, 자신들의 신을 섬겼다.

율리아누스는 고도의 라틴 문명이 그들의 야만성을 개화시킬 수 있으리라 생각했다. 하지만 추운 겨울은 율리아누스도 어쩔 수가 없었다. 뤼테스에서 맞은 두 번째 겨울은 유례없이 추워서 그가 종말론적 풍경으로 묘사할 정도였다.

'강물은 마치 대리석 포석 같았다. 희고 거대한 얼음덩어리들은 서로 부딪치다 금방 얼어붙어 물 위에 도로를 만들어냈다.'

섬 안의 황제 거주지에 난방을 해야 했다. 화로에 불을 붙였지만 율리아누스는 지독한 추위를 견디지 못해 불을 더 때라고 독촉했다. 가까스로 잠이 들었는데 한밤중 기침 때문에 잠을 깼다. 방 안은 연기로 가득 차 있었다. 눈은 따가웠고 목이 아팠다. 숨을 쉴 수가 없었다. 공기를 마실 때마다 그의 내장을 후벼 팠다. 그는 소리를 질렀다. 모든 게 흐려졌으며 깊은 잠 속으로 빠져들었다. 다행히 그의 외침이 밖에 들렸다. 노예들이 달려와 그를 밖으로 끌어냈다. 신선한 공기가 율리아누스를 살렸다. 그날의 화재는 뤼테스의 성장을 중단시킬 뻔한 사건이었다. 만약 이 고귀한 인물이 그날 밤 질식사했다면 파리가 어떻게 됐을지 누가 알겠는가? 강력한 힘의 로마를 두려워하며 떨고 있는 작은 도시? 악명을 떨치는 골 족의 수수한 항구?

다행히 율리아누스는 무사했다. 봄이 와서 얼음이 녹을 때 그는 라인 강을 향해 다시 떠났다. 요새를 세우고 야만부족의 족장들을 다스리고 알라만 족과 부르공드 족과의 경계를 분명히 했다. 그리고 가을이 끝날 무렵 뤼테스로 되돌아왔다.

이 부지런한 장군은 거처를 떠날 의사가 없었다. 아내 헬레나가 뤼테스로 왔기 때문이다. 제국의 정세가 복잡해지지 않았다면 율리아누스는 센 강가의 평온한 삶에 만족했을 것이다.

율리아누스가 골을 안정시켰기 때문에 골에는 많은 병사가 필요 없었다. 로마 황제는 골 병사들을 페르시아와의 전쟁에 동원하려 했다. 이 편안한 뤼테스를 떠나야 한다고? 메소포타미아의 사막을 기진맥진한 채로 헤매야 한다고? 절대 안 돼!

360년 2월 로마군은 항명을 하기 시작했다. 그들은 거리를 누비고 다니며 율리아누스와 결코 떨어지지 않겠다고 소리쳤다. 파리의 거리에서 벌어진 시위… 오늘날은 흔한 일이지만 당시 사람들은 처음 보는 것이었다.

부황제는 권위를 보여줘야 했다. 그는 병사들의 마음을 이해했고 골 병사들에게 연설했다. 결코 그들을 동방으로 파견하지 않을 생각이었다.

"짐이 부탁하노니, 잠시 그대들의 분노를 진정시키라. 반역이나 혁명의 방법이 아니더라도 그대들이 원하는 것은 얻을 수 있으리라. 그대들이 태어난 땅이 그대들을 놔주지 않는데, 그대들이 익숙하지 않은 낯선 땅을 두려워할 이유가 무엇인가? 당장 집으로 돌아가라! 그대들은 알프스 너머의 땅을 결코 밟지 않으리라. 그대들이 그걸 원하지 않는 것을 알고 있노라. 나는 콘스탄티누스 황제도 틀림없이 그럴 것처럼 그대들을 용서하겠노라. 그는 심사숙고하고 이성에 귀를 여는 황제이니라."

훌륭한 연설은 병사들을 어느 정도 진정시켰다. 하지만 봄이 되면서 긴장이 다시 고조됐다. 골 병사들은 하나가 돼 운명에 맞서기로 했다.

"율리아누스 황제 만세!"

그들은 율리아누스를 황제로 추대했다. 한 번도 보지 못한 황제가 동방에서 꾸미고 있는 음모를 결코 받아들이지 않을 터였다.

병사들은 왕궁으로 몰려가서 율리아누스에게 왕관을 쓰라고 요청했다. 왕관? 무슨 왕관? 젊은 부황제의 머리에 왕관 비슷한 무엇인가를 씌우기만 하면 그를 황제로 추대하는 데 아무 문제가 없었다. 병사들은 율리아누스의 아내 헬레나의 목걸이를 쓰라고 제안했으나 율리아누스는 거부했다. 누구도 내 아내의 보석에 손대지 못하리라. 그러자 병사들은 말의 갑옷에 달린 금도금 장식을 쓸 것을 제안했다. 그것도 율리아누스의 마음을 움직이지 못했다. 말의 금 장식 따위가 그의 위대함을 상징하는 것이 가당키나 하겠는가.

그때 마우루스라는 장군이 자신의 목걸이를 벗어 율리아누스의 이마에 씌웠다. 골 병사들은 환호했고 율리아누스는 결국 황제가 됐다. 새로운 황제는 외쳤다.

"그대들 모두에게 금화 다섯 잎과 1리브르의 은을 하사하겠노라!"

황제는 네 명이 드는 커다란 보병용 방패 위에 올라탔다. 율리아누스는 방패를 타고 파리 시내로 나갔으며, 파리 시민들은 환호성을 지르며 새로운 황제를 맞았다.

이런 사태를 보고 콘스탄티누스 황제의 심정은 어땠을까? 대단히 실망했지만 그저 단순히 실망했을 뿐이었다.

율리아누스는 뤼테스를 제국의 수도로 삼았을까? 그에게는 그보다 더 급한 일이 있었다. 바로 높은 자리에 있는 사람의 위엄을 뽐내는 상징인 수염을 기르는 일이었다.

수염이 어느 정도 자라자 그는 뤼테스를 떠나 라인 강을 넘어 다섯 번째 원정을 떠났다. 그때는 알지 못했지만, 다시는 센 강변으로 돌아오지 못할 운명이 기다리고 있었다.

360년, 황제의 도시 뤼테스는 종교의 도시로도 유명해진다. 골 주교는 파리에서 중요한 회의를 소집하기로 결정했다. 회의의 주요 목적은 기독교 이단, 특히 예수의 신성과 교황의 권위를 인정하지 않는 아리우스파를 벌하는 것이었다. 파리는 그렇게 로마 가톨릭의 가장 교조적 장소가 됐다.

율리아누스 황제의 궁전엔
무엇이 남아 있나?

율리아누스 궁전에 관해서는 남아 있는 게 하나도 없다. 다만 수세기에 걸쳐 그 자리만 왕궁터로 남았다. 현재 이곳에는 파리 최고재판소가 있다. 섬의 대부분을 차지한 이 건물 역시 19세기 후반 오스만 남작의 손길을 거쳤다. 네오고딕 풍의 남쪽 면은 20세기 초 세워졌지만 역사의 흔적은 남아 있다. 바로 1944년 8월 해방 당시의 총탄 자국이다.

그보다 앞서 프랑크 왕국 때 궁전은 왕의 거처였는데, 중세의 전통에 따르면 왕들은 자기 방에서 재판을 했다. 왕좌는 생 루이(루이 9세, 재위기간 1226~1270년, 프랑스 군주 중에서 유일하게 성인으로 추대됐다_옮긴이) 치하에서 더욱 확고해졌으며 그는 나중에 그곳에 생트 샤펠 예배당을 지었다.

센 강에 닿아 있는 네 개의 탑은 각각의 이름을 갖고 있다. 첫 번째 각진 것은 '시계탑'이라 불린다. 1371년 샤를 5세가 파리 시민들에게 선물한 첫 번째 공용 시계가 설치돼 있기 때문이다. 그러나 현재의 모습은 1585년에 개수한 것이다. 그 탑의 꼭대기에는 궁륭이 있는 방이 있는데, 샤를 5세는 그 방에서 사색을 즐겼다. 또 그 위의 종루는 왕자의 탄생을 축하하고 왕의 죽음을 애도하는 종을 사흘 낮과 사흘 밤 동안 울렸다. 이어 '카이사르의 탑'(궁전이 로마식임을 상기시키는 현대식 이름), '은 탑'(왕의 부를 과시), 그리고 생 루이 때 만든 '수다쟁이의 탑'이 있다. 이 탑에는 수다쟁이들을 말하게 하기 위한 고문 시설이 있었다.

그동안 율리아누스는 부대를 이끌고 전투에 돌입했다. 황제로 추대됐지만 실제로 달라진 게 뭐란 말인가? 그는 프랑크 족과 알라만 족에 맞서 전쟁을 계속했다.

콘스탄티누스는 율리아누스의 계속된 원정에 크게 감명받지 않았으며 황위 찬탈자에 대해 분노를 거두지 않았다. 보잘것없는 철학자가 황제를 참칭하는 것은 다른 장군들의 배반도 부추길 가능성이 있었다. 황제는 자신의 권위에 누수가 생기는 걸 원하지 않았다.

마침내 황제의 군대가 깃발을 올렸다. 황제와 황제가 붙은 것이다! 하지만 호사가들의 호기심을 충족시킬 만한 충돌은 없었다. 때마침 콘스탄티누스가 자신의 영혼을 신에게 되돌려줘 승부는 싱겁게 끝나버렸다.

단독 황제가 된 율리아누스는 관용의(모든 사람을 만족시키지는 못한) 칙령을 발표했다. 과거의 철학자가 다시 깨어난 것이다. 그는 모든 종교를 인정하고 이교도와 유대인, 기독교 분파들을 억압했던 조치들을 철회했다. 그러나 얼마 지나지 않아 다신교에 대한 자신의 생각을 드러냈다. 사실 그는 기독교도들을 조금도 믿지 않았다. 하지만 어쨌든 기독교 신봉자들을 박해하지는 않았다.

"나는 기독교도들이 스스로 자신들의 실수를 인정하기 바랄 뿐이다. 강요하고 싶지 않다."

그는 페르시아 원정을 준비하기 위해 안티오크에 정착했다. 363년 봄, 대규모 군사원정을 감행해 페르시아의 수도인 크테시폰까지 점령했지만 치명적인 부상을 입고 서른한 살의 젊은 나이에 뤼테스에서 그토록 멀리 떨어진 곳에서 생을 마치고 만다.

골에서는 황제들이 계속 바뀌었으며 불안은 계속됐다. 알라만 족은 또다시 위협을 가하기 시작했다. 형제 발렌스와 공동 황제가 된 발렌티니아누스는 율리아누스의 침대를 쓸 수 있었다. 발렌스가 콘스탄티노플에서 황제의 지위를 즐기는 동안, 발렌티니아누스는 365년 파리지의 도시에 정착했다. 그는 뤼테스의 궁전에 머물렀고 완벽하게 그곳을 이해했다. 율리아누스 밑에서 일하면서 수없이 드나들었기 때문이다. 율리아누스처럼 원정을 거듭함으로써 그는 자신이 죽은 황제의 합당한 계승자라는 사실을 증명하려 했다. 발렌티니아누스는 시테 섬의 왕궁에서 황제의 칙령들을 발표해 뤼테스의 명성이 사방으로 퍼져나가게 했다. 그리고 게르만 족을 물리친 조뱅 장군을 뤼테스 거리에서 화려한 행사로 맞았다. 붉은 토가를 걸치고 백마에 오른 발렌티니아누스는 말을 타고 파리에 입성하는 개선장군에게 다가갔다. 두 사람은 말에서 내려 포옹을 했다. 이 순간 파리지의 도시가 세계의 중심이 될 것이라는 사실을 누가 의심할 수 있었겠는가?

발렌티니아누스는 율리아누스를 충분히 모방했다고 믿었다. 하지만 파리지들의 관점에서 공동 황제는 죽은 황제의 창백한 복제품에 불과했다. 발렌티니아누스는 롤 모델의 행동과 열정을 흉내 냈지만 그의 세심한 감성과 깊이 있는 사고, 특히 도시에 대한 진정한 애정은 결코 보여주지 못했다.

그렇다. 그는 가능한 한 자주 도시를 떠났다. 폭동을 진압하기 위해 랭스에 머물기도 했고, 뤼테스로 돌아와서는 몇 달도 안 돼 다시 로마로 떠났다. 돌아오자마자 색슨 족 도적들이 나타났다는 아미앵으로 달려갔다. 결국 뤼테스를 떠나 모젤 강가의 트레브에 정착했다. 그의 생각에 트레브는 뤼테스보다 수도로 삼기 더 좋은 도시였다.

○

385년 초겨울, 마르탱이 트레브에 가던 도중 파리에 잠시 발을 멈췄다. 그는 더 이상 아미앵에서 자신의 망토를 잘라 나눠주던 젊은 장교가 아니었다. 나이도 들고 계급도 올라갔다. 그는 투르 대주교가 되어있었고, 자신이 마르무티에 설립한 수도원에서 살고 있었다.

이 빈자의 친구는 자신이 기독교를 받아들인 골 지방에서 유명한 인물이었다. 그는 수많은 군중에 둘러싸여 파리로 들어갔다. 사람들에게 그는 신앙 그 자체였다.

대주교는 로마 북로를 따라 걸었으며 추종자들이 그의 옷을 만져보기 위해 몰려들었다. 하지만 그는 북쪽 성문 가까운 성벽에 기대어 있는 나병 환자만을 응시했다. 그가 나병 환자에게 다가서자 모든 사람이 숨을 죽였다. 마르탱은 병자에게 고개를 숙여 뭉개진 뺨을 어루만지고 애정 어린 키스를 했다. 그러고는 머리에 손을 얹고 축복했다. 다음날 아침 나병 환자가 교회로 들어왔을 때 모든 사람은 기적이 일어났음을 알게 됐다. 어제까지만 해도 초췌했던 얼굴이 빛나고 부드러웠다. 마르탱이 치유의 기적을 베푼 것이다. 마르탱이 길을 갈 때 사람들은 그에게 달려들어 옷자락을 찢어갔다. 그것으로 붕대와 습포를 만들어 쓰면 악마와 병을 쫓아줄 것이라 믿었기 때문이다.

마르탱은 이후 다시 파리에 오지 않았지만 치유의 기적이 행해진 그 자리에 작은 예배당이 세워졌다. 그 예배당은 585년 파리를 잿더미로 만들었던 대화재 때 소실됐다. 파리 시민들은 모두 새로운 기적을 위해 예배당이 보존돼야 한다고 생각했으며 새 예배당을 지었다. 그리고 수세기 동안 마르탱에 대한 찬양이 이어졌다. 지리적으로도 현대의 파리는 그 성인의 추억을 지우지 않았다. 그가 나병 환자를 치유했던 로마 북로는 오늘날 생마르탱 거리가 됐다.

루브르 리볼리

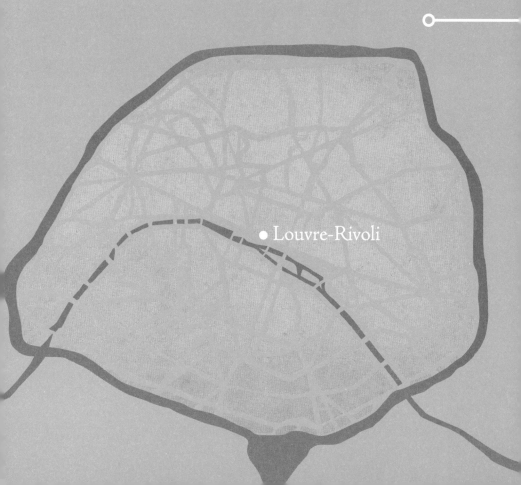

● Louvre-Rivoli

루브르 리볼리

우리는 지하철을 타고 로마 시대를 떠나 프랑크 왕국의 시대로 들어선다. 파리는 새로운 시대로 접어들었고, 이는 우리가 중세라 부르는 것이었다.

루브르 리볼리^{Louvre-Rivoli} 역은 자신의 위대함을 과시하려고 짙은 화장을 했다. 왕궁의 패물들로 치장한 것이다. 옛 성채나 화려한 왕궁도 아니며, 수세기에 걸쳐 인간이 상상하고 만들어낸 아름다운 그림과 화려한 보석들을 보여주는 박물관도 아니다. 1968년 드골 정부의 문화부 장관이었던 앙드레 말로^{André Malraux}는 예술과 역사를 지하철역으로 끌어내리는 기발한 아이디어를 냈다. 땅 위에 포석이 깔리는 동안 지하철 1호선 통로의 벽은 부르고뉴산 돌로 장식됐고 벽감이 파였다. 지상에서 원본 걸작이 전시되고 지하 통로의 벽감에는 복제품들이 전시됐다. 아시리아의 부조, 이집트 파라오, 르네상스의 요정들이 놀라면서도 한편으로 즐거워하는 지하철 승객들을 맞는다. 현재 이곳이 더 이상 루브르 박물관으로 통하는 역이 아니라는 사실이 더욱 놀랍다.

40년 동안 모든 게 바뀌었다. 프랑수아 미테랑 대통령 때 만들어진 유리 피라미드는 줄을 서서 입장권을 사던 루브르 박물관의 입구를 바꿔놓았다. 루브르 박물관에 가려면 이제 팔레 루아얄 Palais-Royal 역에서 내리는 게 낫다.

하지만 내 여행에서 나는 아무 역에서나 내릴 수 있다. 뭐가 대수인가! 내가 여기에서 찾는 것은 오늘날 빛나는 박물관이 아닌 것을. 사실 나는 이곳에서 헤매고 싶다. 더 이상 존재하지 않는 것, 흔적조차 없는 추억을 꿈꾸면서 말이다.

우리는 이제 센 강 오른편에 있다. 루브르 역에서 우리는 프랑크 시대로 들어가기 위해 로마 세계를 떠난다. 남쪽에서 온 로마인들은 파리의 남쪽, 즉 왼편을 식민지로 만들었다. 북쪽에서 온 프랑크 족들은 도시의 북쪽, 강 오른편을 개발하는 것이 당연했다.

5세기 말, 이 자리에는 파리 근교에 주둔한 프랑크 족이 세운 요새가 있었다. 이 성채(프랑크 언어로 로에버)에서 루브르란 말이 나왔다.

오늘날 파리의 단일 공간 중 가장 넓은 루브르는 프랑크 침략자들의 군사적 건축물과는 아무 상관이 없다. 요새를 성이 대체했고, 성이 궁전으로 바뀌었으며, 궁전이 다시 박물관으로 탈바꿈한 것이다. 하지만 이 장소의 원래 용도는 역시 성채였다. 몇몇 유적이 아직 남아 있다. 클로비스(메로빙거 왕조의 창시자이자 프랑스 왕국의 초대 왕. 재위기간은 481~510년이다_옮긴이) 때까지는 아니지만, 12세기 말 프랑스 왕인 필립 오귀스트(필립 2세. 재위기간 1180~1223년. 왕권을 강화하고 국력을 신장해 '존엄왕'이라는 별칭이 붙었다_옮긴이) 때까지 거슬러 올라간다. 루브르의 지하 납골당으로 내려가면 성벽의 자취를 좇을 수 있을 뿐 아니라 동종^{Donjon}(성의 주요 탑. 망루나 감옥 등의 용도로 사용됐다_옮긴이)의 기초와 옛 성채의 탑들을 볼 수 있다.

필립 오귀스트 치하에서 이 성채는 군사적 건축물이었을 뿐 아니라 감옥으로도 쓰였다. 1370년 샤를 5세에 이르러야 많은 장식품으로 치장된 왕궁이 되었다.(지하 납골당에서 조각품들도 볼 수 있다)

이후 백년 전쟁이 프랑스의 왕들을 파리와 떨어뜨렸다. 루브르가 다시 왕을 맞는 왕궁이 되는 것은 프랑수아 1세와 함께다.

○

프랑크 족이 파리 입구에 세웠던 성채는 5세기 초반부터 예견된 로마 제국 몰락의 결과였다. 로마 제국은 빈사상태였고 곧 조각났다. 먼저 동서로 분리됐다. 왼쪽에는 서로마 제국이 있었는데 그들은 410년 로마를 약탈한 비지고트 족을 당해내지 못했다. 오른쪽의 동로마 제국은 강했지만 너무 멀리 떨어져 있었다. 프랑크 족은 로마군 내에서 보조적인 역할을 하는 데 그쳤다. 그들의 왕으로서 메로빙거 왕조의 시조인 메로베(클로비스의 조부_옮긴이)는 로마 황제의 용병 대장이었다.

이런 대혼란 속에서 골 지방은 관심 밖으로 멀어졌고, 뤼테스는 완전히 잊혀졌다. 동로마 제국 황제 발렌티니아누스 3세는 북쪽의 영토에 대해 거의 흥미를 잃었다. 425년, 그는 평판이 좋던 기병대장 아에티우스를 골로 파견해 자기 대신 다스리게 한다. 임무는 여전히 야만족을 라인 강 너머로 몰아내는 것이었고, 유능한 아에티우스는 그럭저럭 적들을 막아내고 있었다. 아에티우스는 프랑크 족 병사들을 게르만 족 땅에 보내 부르공드 족을 박살냈고 아르모리크(브르타뉴의 옛 이름)에서 온 야만족을 무찔렀다.

파리는 바야흐로 기독교화의 시대였다. 마르셀 주교가 촉매 역할을 했다. 이 존경할 만한 주교의 발자취를 좇기 위해서는 우리의 시선을 고블랭 사거리로 돌려 생마르셀 대로를 봐야 한다. 비에브르 강의 갯벌 아래 살던 커다란 도마뱀 한 마리가 어느 날 한 귀족 여인의 시신을 삼켰다. 이는 그녀가 타락한 죄인이라는 명백한 증거였다. 마르셀 주교는 골의 기독교화를 위해 주민들에게 진정한 신의 힘을 보여줘야 했다. 그는 지팡이로 도마뱀을 힘껏 내려쳤고, 도마뱀은 용으로 변해 하늘로 올라갔다. 기적을 보고 개종한 이교도들은 다른 이들을 이끌고 마르셀을 찾아왔다. 늪지대의 악을 근절하고, 괴물로부터 늪지대 사람들을 구한 공으로 성인이 된 마르셀은 그들의 보호자가 됐다. 지역 사람은 그에게 청원하기만 하면 모든 게 이루어졌다.

436년 세상을 뜬 주교는 그가 기적을 보여준 장소 근처에 묻혔다. 곧바로 그곳은 성지가 됐다. 그의 무덤을 만지며 부와 건강을 축원하는 사람들의 발걸음이 이어졌다. 성인을 추앙하기 위해 작은 제단을 갖춘 예배당이 지어졌다. 몇몇 추종자는 그들이 존경해 마지않는 수호성인 옆에 묻히길 바랐으며, 그곳은 조금씩 초기 기독교 공동묘지의 형태를 갖춰갔다. 골 지방, 그리고 파리의 첫 번째 기독교 공동묘지였다.

생 마르셀 공동묘지는 어떻게 됐을까?

공동묘지는 16세기 말까지 운영되었다. 이후 주변 지역이 발전하면서 더 이상 확장될 수 없었다. 지금은 공동묘지나 예배당의 흔적을 찾을 수 없다. 하지만 1873년 파리의 위대한 고고학자 테오도르 바케르가 무덤 몇 개를 발견했다. 그 유적은 카르나발레 박물관으로 옮겨졌다.

현장에서도 기억으로 만족해야 할 때가 있다. 그 기억은 주물로 만든 안내판으로 생생히 살아난다. 르 카농 드 고블랭 카페 옆에 있는 안내판이 추억을 되살려준다.

예배당과 그곳에서 커져간 신앙은 생 마르셀 마을 전체에 활력을 불어넣어주었다. 이 촌락의 유적은 하나도 남아 있지 않지만 짐작할 수는 있다. 대로 쪽으로 내려가는 길 이름이 라 콜레지알 거리인데, 콜레지알은 예배당 근처에 세워진(대혁명 때까지 존재했던) 교회의 이름이었다. 당신이 그 길에 선다면 이 의미심장한 마을의 종교적 중심지였던 옛 콜레지알 생 마르셀 광장에 서게 되는 것이다. 라 콜레지알 거리를 다시 올라가면 왼쪽으로 프티 무안(무안은 수도사라는 뜻_옮긴이) 거리가 보인다. 옛날에 콜레지알 교회의 성직자들이 다니던 길이다.

마르셀 주교가 죽은 지 15년 뒤, 늪지대의 히드라보다 더 무서운 적이 나타났다. 아시아 끝에서 온 아틸라가 파리의 풀 한 포기조차 남기지 않겠다고 위협했다.

훈 족의 왕이자 공포의 전사인 아틸라는 동로마 제국을 삼키려고 여러 번 시도했지만 성공하지 못했다. 그는 전투와 외교로 승전고를 울리며 콘스탄티노플에 입성하려고 갖은 노력을 다했다. 하지만 뛰어난 장군이지만 협상가로서는 보잘것없어서 그는 꿈을 이루기 힘들었다. 동로마 제국은 손아귀에서 점점 멀어져 가고 있었다. 그의 원정과 외교 성적표는 초라했다. 어느 것 하나 이룬 게 없었다. 하지만 그의 손에는 전략적 게임을 할 수 있는 중요한 패가 있었다. 그것은 반지, 즉 동로마 제국 황제 발렌티니아누스의 누이 호노리아가 보내온 약속이었다.

벨벳처럼 유혹적인 눈매의 그녀는 불행한 삶을 살고 있었다. 엄격하고 고집 센 오라비가 자신의 순결을 의심하며 감시를 늦추지 않았기 때문이었다. 삶에 싫증난 이 부정한 여인은 애인을 사귀었다. 화가 난 황제는 건장한 애인을 처형했지만 그것만으로는 충분하지 않았다. 그녀가 임신을 했기 때문이다. 황제는 곧 엄마가 될 누이를 서둘러 늙은 원로원 의원과 약혼시켰으며, 결혼 때까지 수도원에 감금했다.

종교적 소명 대신 현세적 욕망만 넘쳤던 호노리아는 자신의 반지를 아틸라에게 보냈다. 반지는 아틸라가 자신을 구해주기만 한다면, 그가 원하는 모든 것을 주겠다는 약속이었다. 아틸라는 이 장난 같은 짓을 심각하게 받아들였다. 그는 자신이 아름다운 호노리아와 약혼한 것이라 믿었지만, 그렇다고 판단력을 잃지는 않았다. 지참금을 요구하고 재촉하는 것 외에는 경솔한 짓을 하지 않았다. 훈 족의 왕이 로마 황제에게 결혼 선물로 무엇을 요구할 수 있었을까? 더도 덜도 아닌 골 지방이었다.

발렌티니아누스는 야만족 왕의 투박한 순진함에 약간 놀랐다. 골이라고? 결코 이루어지지 않을 결혼 선물로? 말도 안 되는 소리였다.

로마가 자신의 요구를 들어줄 생각이 없다는 것을 알게 되자, 아틸라는 자신의 힘으로 골 지방을 차지하기로 결심했다. 451년 그는 훈 족과 게르만 족으로 이루어진 부대의 선두에 서서 돌진해왔다. 메츠의 성벽을 무너뜨리고 도시를 초토화시킨 뒤, 센 강을 건너 파리에 입성하려는 약탈 여행을 계속했다.

아틸라가 오고 있다는 소식은 도시를 공포의 도가니로 만들었다. 파리가 불타고 파괴될 게 뻔했다. 아틸라의 부대가 도착했다는 소문은 공포를 부풀렸다. 잔인한 전사들은 동물 가죽 옷을 입고, 안장 밑에 넣어 부드러워진 날고기를 먹고, 흉터로 뒤덮인 괴물 같은 얼굴을 하고 있었으며, 닥치는 대로 죽이고 약탈하고 여성을 강간한다는 소문이 자자했다. 파리지앙들에게는 한 가지 선택밖에 없었다. 도주였다. 그들은 보따리를 싸고 귀중품을 챙겨 여자들과 아이, 노예, 짐승들을 이끌고 달아났다.

○

"남자들은 달아나세요. 달아나고 싶거나 더 이상 싸울 수 없다면 말이에요. 우리 여자들은 신에게 기도하겠어요. 신은 우리의 기도를 들어주실 거예요."

스물여덟 살의 젊은 여성이 파리 주민들에게 호소했다. 그녀의 이름은 쥬느비에브Geneviève였다. 그녀는 군사전략가도, 흥분한 선동가도 아니었다. 단지 신앙심이 충만한 기독교인일 뿐이었다. 낭테르(파리 서부의 근교 도시. 파리 10대학이 있다_옮긴이)에서 태어나 부모가 세상을 떠난 10여 년 전부터 파리에 정착한 그녀는 삶의 대부분을 종교적 정열을 위해 바쳤다.

쥬느비에브는 로마인 아버지와 프랑크 족 어머니로부터 많은 유산을 물려받았으나 물질적인 부는 그녀에게 아무 의미가 없었다. 오직 하늘만이 중요했다. 예수에게 모든 것을 바치고 싶었지만 당시는 여성에게 개방된 수도원이 없었다. 그녀는 성처녀의 베일을 쓰는 것으로 만족해야 했는데 그 봉헌의 베일은 그녀를 다른 사람들과 구분해주었고 사람들의 존경을 이끌어냈다. 여 집사가 된 그녀는 속세에서도 침묵과 기도, 단식을 하는 삶을 선택했다. 먹는 것이라고는 일요일과 목요일, 두 끼뿐이었다. 죽지 않을 만큼만 먹는 정도였다.

아틸라가 쳐들어온다는 소식은 쥬느비에브의 운명을 바꿔놓았다. 사실 파리는 더 이상 성인이 필요 없었다. 드니, 마르탱, 마르셀 그리고 몇몇 성인 정도로 이미 포화상태였다. 그러나 실제로 영웅적인 행동을 할 수 있는 존재는 부족했다. 성처녀의 베일을 쓴 그녀는 그렇게 파리의 첫 번째 여주인공이 될 터였다.

주민들에게 확산된 공포와 달리 쥬느비에브만이 차가운 머리를 유지하고 있었다. 그녀는 신이 자신과 주민들을 보살피고 있다는 걸 알았다. 신앙심이 깊은 사람만이 가질 수 있는 확신이었다. 그녀는 주민들을 불러 함께 기도하며 그들에게 성서에 나오는 에스더, 즉 옛날 페르시아에서 몰살 위기에 몰린 유대인들을 구한 여인의 이야기를 들려주었다. 쥬느비에브는 파리의 에스더가 되길 원했으며, 국가의 구원자, 주민들의 기수가 되길 바랐다. 여자들도 그녀를 따랐다. 함께 모여 기도하고 단식했으며, 다가오는 재앙을 쫓을 수 있는 신의 섭리를 간청했다. 하지만 남자들은 이들을 비웃으며, 다른 도시로 대피해야 한다고 주장했다.

"어느 도시에 숨는다는 말인가요?"

쥬느비에브는 외쳤다. 어느 도시가 야만족의 칼을 피하는 데 파리보다 나을 수 있단 말인가? 예수의 보호 아래 파리는 대학살을 피할 수 있을 것이라고 믿었다.

"닥쳐라, 악의 예언자야!"

몇몇 검은 영혼이 소리쳤다. 그리고 강경한 사람들은 쥬느비에브의 입을 막기 위해 그녀를 우물에 던져버려야 한다고 주장했다. 그때 옥세르의 부주교가 도시로 들어왔다. 금색 망토를 입은 그는 광기와 무절제를 용서하는 눈으로 사람들을 둘러보았다. 그러고는 제르맹 주교가 선종할 때 쥬느비에브는 예수의 선택을 받은 사람이라고 말했다는 메시지를 전달했다. 그녀가 이미 성직자라는 의미였다.

"시민들이여, 범죄를 저지르지 마시오. 당신들이 죽이려고 하는 그 여인은, 생 제르맹 주교의 증언으로 우리 모두 알게 됐듯이, 어머니의 배 속에 있을 때부터 신의 선택을 받은 사람이오."

부주교의 말은 파리 시민들을 설득시킬 수 있었다. 골 지방의 주교들 중에서 가장 위대한 사람의 말을 어찌 믿지 않을 수 있겠는가? 그들은 이심전심으로 여성 성직자 주변으로 모여들었다. 수비 병력이 빠르게 조직됐다. 아틸라가 센 강을 건너지 못하도록 다리들을 파괴하거나 장애물로 막았다. 사람들은 무장했다. 더 이상 떨지 않으며 야만족을 기다렸다.

전투는 없었다. 기적이 일어났다고 믿는 것으로 충분했다. 아틸라는 파리가 방어를 준비하고 있다는 사실을 알았을까? 아니면 영감이 뛰어난

생트 쥬느비에브를 구한 생 옥세르에 대해 어떤 기록이 남아 있을까?

부주교가 성난 파리 주민들과 만난 자리에 작은 예배당이 세워졌다가 다시 교회로 바뀌었다. 센 강 오른편에서 가장 오래된 교회로, 장차 파리를 구할 사람에게 바친 생제르맹 록세루아 교회(파리 1구, 루브르 박물관 앞에 있다)였다. 레콜(에콜은 학교라는 뜻_옮긴이) 광장은 그곳에서 미래의 기독교도들을 가르쳤다는 사실을 상기시켜준다. 현재 있는 교회는 한참 뒤에 지어졌지만, 프레트르 생제르맹 록세루아 거리에서 메로빙거 왕조 때의 유물들이 많이 발견되었다.

어떤 이가 파리에서 콜레라 같은 전염병이 돌았다고 아틸라에게 귀띔했을까? 어쨌든 훈 족의 왕은 병력을 돌려 센 강변을 떠났다.

대신 그는 오를레앙으로 향했다. 오를레앙을 차지하는 것이 루아르 강의 다리들을 확보하고 아키텐 지방을 정복하는 지름길이라고 믿었던 것이다. 그에 맞서 아에티우스가 갈로로망, 프랑크, 비지고트, 부르공드, 색슨, 아모리아, 브르통 족들로 구성된 부대를 지휘하고 있었다. 451년 초여름, 골 지방의 모든 부족이 아시아에서 온 침략자를 물리치기 위해 로마의 깃발 아래 뭉쳤다.

믿을 수 없고, 예상치 못했던 힘은 지금까지 서로 싸웠던 사람들을 하나로 묶었다. 그 힘은 적을 향해 전진했고, 트루아 서쪽의 훈 족을 당황하게 만들었다. 무시무시한 전투가 오후에 시작되어 한밤중까지 이어졌다.

아침에 아틸라와 그의 군대는 전열을 재정비했다. 훈 족의 왕은 만약 로마군이 자신을 잡으려 한다면 그 속으로 뛰어들겠다고 약속했다. 하지만 극단적 상황은 일어나지 않았다. 아에티우스는 현명하게도 승리를 위해 밀어붙이지 않았다. 그는 적군이 철수해 다뉴브 계곡 속으로 사라지는 것을 묵묵히 지켜봤다.

파리에서 승리는 쥬느비에브의 것이었다. 그녀가 파리를 구했고, 골 전체를 구했다! 그녀의 소원을 어떻게 들어주지 않을 수 있겠는가? 그녀는 생 드니가 잘린 머리를 손에 들고 쓰러진 자리에 성당을 지어달라고 말했다. 곧바로 이 계획을 실현시키기 위해 특별세를 만들었다. 또한 건축에 필요한 석회 화로를 만들었으며, 설계를 주의 깊게 살폈다. 단순한 성당 이상이었다. 쥬느비에브를 대사제로 한 생 드니 숭배는 파리 시민들에게 최초로 가톨릭 신앙을 불러일으킨 계기였다. 쥬느비에브는 동료 사제들과 함께 건축을 감독했다. 밤에도 촛불을 켜고 작업을 독려했다. 바람이 불꽃을 꺼뜨리면 쥬느비에브가 촛대를 손으로 쥐었다. 그러면 금방 심지에 불이 다시 붙었고, 어떤 돌풍이 불어도 꺼지지 않았다.

현재의 생 드니 납골당은 쥬느비에브 성인의 시대에 건설된 원조 성당 그대로다.

파리는 여전히 그들이 존경하는 성녀의 시대에 한정된, 수수한 역사를 쓰고 있었다. 성녀는 이미 여러 기적을 일으켰다. 자신이 축복한 성수를 어머니의 눈에 발라 앞을 보게 했고, 악마에게 영혼을 빼앗긴 열두 명의 환자에게 건강을 되찾아주었다. 우물에 빠져 목숨을 잃은 소년을 부활시키기도 했다.

성녀가 실현한 놀라운 기적에 파리가 전율하는 동안, 다른 지역에서는 역사적인 대사건들이 일어나고 있었다. 서로마 제국 황제 발렌티니아누스는 수도 라벤나에서 분노를 터뜨렸다. 골 지방에서 아에티우스가 자신이 누릴 영광의 일부를 훔친 것이었다. 모든 임무를 성공적으로 이끈 총사령관은 자신과 아들의 왕좌를 위협하는 존재였다. 그를 없애버려야 했다. 싹이 솟아날 때 잘라버려야 했다. 454년 9월 21일, 발렌티니아누스는 개선장군을 황궁으로 초대한 뒤 칼로 찔러 죽였다. 본능의 가장 큰 힘, 질투의 요구에 따른 것이었지만 미친 짓이었으며 군사적인 실수였다.

골루아들은 아에티우스를 애도했으며 '마지막 로마인'이라 명명했다. 사실이었다. 라벤나의 범죄는 제국의 멸망을 재촉했다. 모든 것이 무너지고 새로운 세계가 떠오를 때까지 불과 20년도 걸리지 않았다.

476년 9월 4일, 서로마 제국 최후의 황제 로물루스 아우구스툴루스는 겁에 질려 게르만 족 추장 오도아케르에게 황위를 양위했다. 로마의 영광은 동로마 제국 황제 제논 덕분에 다른 곳에서 살아남을 수 있었다. 오도아케르는 스스로 '이탈리아의 왕'이라 칭했고, 서로마의 원로원은 마지막 임무로서 콘스탄티노플에 자신들이 항복한 사실을 알리고 황제의 표상을 보냈다. 서로마 제국은 그렇게 멸망했다.

파리는 이제 황제의 도시가 아니었다. 더 이상 로마군의 본거지도 아니었다. 파리는 새로운 시대에 접어들고 있었고, 그것은 우리가 중세라 부르는 것이었다.

파리는 자신을 보호할 능력이 없었다. 곧 점령될 것 같았다. 그런데 누구에게? 골 지방의 상황은 오리무중이었다. 북부 투르네를 통치하는 프랑크 왕 실데릭은 이탈리아 왕 오도아케르에게 굴복했다. 골 지역을 책임졌던 마지막 로마 장군 시아그리우스는 자기 나름대로 이미 시효성이 없는 제국의 법에 따라 골 지방을 통치하려 했다. 비지고트 족은 그들대로 아키텐 지방을 차지했고, 부르공드 족은 영토를 마르세유까지 확장하고 있었다. 치밀하면서도 일시적인 연합들로 그들은 서로 묶기도, 나누기도 했다.

메로베 왕의 아들인 실데릭은 이해와 모략이 얽힌 실타래 속에서 골 지방, 특히 파리를 차지함으로써 메로빙거 왕조를 이어나갈 기회를 엿보았다. 그는 용병들을 이끌고 센 강 일대로 전진했다. 가공할 만한 병력이었다. 그의 프랑크 족 이름 '힐데-릭'은 '전쟁에서의 용맹함'을 뜻하지 않던가?

하지만 어머니에게서 프랑크 피를 물려받은 쥬느비에브가 곧바로 실데릭에게 달려가 파리에 들어오지 말도록 설득했다. 파리 입성은 곧 솜므와 루아르 지방 사이에서 영향력이 있는 시아그리우스에게 전쟁을 선포하는 것이라고 말했다.

실데릭은 주저했다. 전진했다가 한발 후퇴하고 다시 돌아오는 식이었다. 실데릭은 파리를 포위하고 모든 길을 파괴했다. 파리를 봉쇄해 파리 시민들을 굶주리게 할 작정이었다. 그는 파리에 입성하지 않았지만 다른 적들이 파리에 들어가는 것도 막았다. 이 같은 전쟁 아닌 전쟁이 10년이나 계속됐다. 476년 이후 실데릭은 마치 배부른 고양이가 쥐를 가지고 장난치는 것처럼 파리를 가지고 놀았다.

실데릭은 시테 섬 바로 앞 센 강 오른편에 진을 치고 높은 감시탑을 세웠다. 도시의 동태를 살피는 그 감시탑을 프랑크어로 로에버[Loewer]라 불렀다. 파리 시민들은 이 같은 감시에 차츰 익숙해졌으며 불안정한 상황에도 의연함을 잃지 않았다.

힘센 자가 문 앞에 있지만 결코 들어오지 않는 기괴한 상황 속에서 쥬느비에브는 카리스마와 신앙, 그리고 부를 통해 파리를 장악할 수 있었다. 그녀는 파리에서만큼은 로마 교황청에 대해서도 주도권을 가지고 있었지만 무엇보다 파리의 안녕을 추구했다.

파리가 기근에 시달리게 되자 성녀가 개입했다. 하지만 기적이 아니라 담대한 행동이 파리를 구했다. 도로는 파괴됐으므로 쥬느비에브는 강물에서 탈출구를 찾았다. 쥬느비에브는 부대를 구성하고 11척의 배를 무장시켜 샹파뉴 지방의 아르시쉬로브를 향해 나갔다. 강에는 악취를 풍기는 괴물이 버티고 있었다. 쥬느비에브는 도끼를 휘둘러 단번에 괴물을 박살냈다. 선원들은 벌린 입을 다물 수 없었다. 사실 이 괴물은 적들이 강을 막기 위해 설치해 놓은 나무 장애물이었다. 강물에 썩었기 때문에 단 한 번의 도끼질에 두 동강이 난 것이었다.

샹파뉴 지방에 도착하자마자 쥬느비에브는 4년 동안이나 병마에 시달려온 여인을 치유하는 기적을 보였다. 그녀는 밀을 사서 배에 싣고 파리로 출발했다. 그러나 짐을 가득 실은 배로 항해하는 것은 매우 위험했다. 노 젓는 사람들이 경험이 적었기 때문이다. 사람들은 구약성서 출애굽기에 나오는 찬송가를 부르며 리듬에 맞춰 노를 저었다. 파리에 돌아온 쥬느비에브는 사람들이 필요한 만큼 밀을 나눠주었다. 가마도 없고 땔감도 없는 극빈층들에게는 수녀들이 구운 빵을 나눠주었다.

실데릭은 쥬느비에브의 움직임을 알고도 못 본 체했다. 끝없이 이어진 너덜너덜한 대결에 신물이 난 까닭이었다. 그는 아무것도 얻지 못했다. 파리를 차지하지도 못했으며 시아그리우스를 무찌르지도 못했다. 골은 미끼였으며 깊게 빠진 함정일 뿐이었다. 쑵쓸한 깨달음을 얻은 채, 그는 아들 클로비스에게 뒷일을 맡기고 481년 게르만 전사들의 천국인 발할라에서 영원한 안식을 얻었다.

○

갑자기 프랑크 왕이 된 16세의 젊은이 클로비스는 아버지의 정책을 지속해나가기로 결심했다. 시아그리우스와의 전투를 계속했고 파리 봉쇄도 풀지 않았다. 하지만 환상을 품지는 않았다. 그는 골을 지배하려면 로마 장군을 먼저 깨뜨려야 한다는 것을 알았다. 파리에서 갈로로망의 색깔을 지우고 프랑크 도시로 만들어야겠다고 결심했다.

그때 시아그리우스는 엔(프랑스 북동부의 도_옮긴이) 강변에 있는 수아송의 강력한 성벽 뒤에서 프랑크 족의 침입을 막았다. 장군은 사라진 로마 제국의 마지막 군단을 정렬시켰다. 하지만 시아그리우스는 바람을 넣어 부풀린 가죽부대에 불과했다. 그의 군사적 재능은 형편없었으며 병사들은 잃어버린 명분을 위해 싸워야 한다는 사실을 알았기에 사기가 바닥으로 떨어졌다.

486년 클로비스는 로마와 끝장을 볼 때가 왔다고 판단했다. 선전포고를 한 뒤 수아송으로 진격했다. 군대는 원정길의 모든 교회를 약탈했는데, 막상 전쟁이 벌어지고 나면 부자가 될 기회가 없기 때문이었다.

드디어 시아그리우스와 클로비스의 인정사정없는 전투가 시작됐다. 프랑크 족의 갈고리 창과 양날 도끼가 공포의 씨를 뿌렸다. 최후의 로마 병사들이 수아송 평원에 쓰러졌다. 시아그리우스가 달아나자 클로비스는 승리의 나팔을 불며 수아송에 입성해 당장 수도로 삼았다. 그는 버려진 왕궁으로 들어가 보물들을 약탈했다. 프랑크 왕국은 순식간에 골 북부 전체를 거머쥐었다.

파리 봉쇄가 풀렸다. 독실한 기독교도인 쥬느비에브는 이교도 클로비스의 권위에 굴복했다. 그녀에게는 선택의 여지가 없었다. 그럼에도 10년 뒤 쥬느비에브는 만족할 수 있었다. 클로비스가 가톨릭 신자인 부인 클로틸드의 강권에 못 이겨 게르만 족의 신들을 거부했기 때문이다. 그는 496년 톨비악 전투 당시 알라만 족에게 승리를 거두게 해준다면 예수 앞에 개종하겠다고 약속했었다. 프랑크 왕은 그래서 성부와 성자, 성령을 인정하고 랭스에서 화려한 의식과 함께 세례를 받았다. 그의 세례는 앞으로 수세기 동안 훌륭한 모범으로 남게 되었다.

파리지앙 이야기

클로비스는 새로운 메로빙거 왕조를 개창했지만 정복 활동도 계속했다. 500년 우슈 전투에서 부르공드 족을 물리쳤으며 502년에는 수아송을 떠나 파리로 천도함으로써 새로운 시대를 열었다.

파리는 여전히 카이사르 시대의 로마 도시 같았고, 프랑크 왕은 옛날의 로마 황제처럼 환희에 찬 발걸음을 옮겼다. 그는 호화로운 시테 궁전을 왕궁으로 삼았는데 나무가 우거진 정원이 완만한 경사를 타고 센 강까지 이어져 있었다. 그와 함께 행정부와 정부 각료 전체가 시테 궁전으로 옮겨왔다. 몇몇 충복이 그를 보필했다. 주교들과 사제들이 왕의 교회를 책임졌고, 장관들이 각각의 업무를 맡았다. 궁전의 대법관들이 소송과 재판을 다뤘고, 회계검사관들은 세금을 거뒀으며, 궁중감독관들이 지방 장관들을 지휘했다.

갈로로망 항구이자 요새 도시였던 파리는 508년 프랑크 왕국의 수도가 됐다. 바로 전 해 부이에에서 마지막 라이벌이었던 비지고트 족을 대파한 사건을 자축하기 위한 이벤트였다. 새로운 수도에서 클로비스는 그의 업적을 돌이켜볼 수 있었다. 프로방스와 루시용(프랑스 남부 피레네 산맥 일대_옮긴이) 지역을 제외한 골 전체를 통일한 일이었다.

클로비스는 511년 11월, 갑자기 병에 걸려 세상을 떠났다. 그의 나이 45세, 통치 기간은 29년이었다.

하지만 파리에서 죽은 프랑크 왕의 유해를 어떻게 처리해야 옳은가? 그의 아버지 실데릭의 옆에 묻어야 할까? 아니다. 그의 유해는 파리에 보존하기로 결정됐으며 새로 지은 생피에르 에 생폴 교회에 묻었다. 파리에 첫 번째 기독교 왕의 무덤이 있다는 사실은 수도의 권위와 위대함을 더욱 높이는 효과를 낼 것이다. 하지만 프랑스인들의 먼 조상은 왕의 무덤에 큰 경의를 표하지 않았고 그 무덤은 완전히 사라졌다. 언제 어떻게 없어졌는지 누구도 모른다. 몇몇 낙관적인 고고학자가 앙리 4세 고등학교 부지를 파볼 기회를 찾는다면 무덤을 발견할 수 있지 않을까 기대할 뿐이다.

 ## 쥬느비에브의 운명은?

생트 쥬느비에브는 502년 죽었다. 기독교 왕보다 9년 먼저였는데, 두 사람은 몽스 루코티투스(생트 쥬느비에브 산)에 있는 생피에르 에 생폴 교회에 나란히 묻혔다. 생전에 생트 쥬느비에브는 그 교회에서 자주 기도했다. 그녀가 기도를 위해 걸었던 길이 오늘날 라 몽타뉴 생트 쥬느비에브 거리다. 교회의 종루는 앙리 4세 고등학교의 담에 남아 있고 '클로비스 탑'으로 불린다. 생트 쥬느비에브의 무덤과 클로비스, 그리고 그의 부인의 무덤은 현재의 고등학교 입구 아래 있다.

교회는 12세기에 수도원이 되었다가, 1744년에 루이 15세의 명에 따라 생트 쥬느비에브 교회로 바뀌었다. 그것이 오늘날의 팡테옹, 즉 프랑스 역사상 위대한 인물들의 영묘다.

성녀의 유골이 든 성골함은 길을 따라 주기적으로 옮겨졌는데, 성골함이 지나는 곳에서 기적이 일어난다고 믿었기 때문이다. 안타깝게도 성골함은 1793년 파괴되었으며 쥬느비에브의 유골은 그레브 광장에서 태워졌다.

성녀의 시신을 담았던 석관은 혁명의 분노를 피해갈 수 있었는데, 1802년 되찾아 팡테옹 앞 생테티엔 뒤 몽 교회로 옮겨졌다. 이 성물은 오늘날 금과 은으로 만들어진 망토로 덮여 있다.

생미셸 노트르담

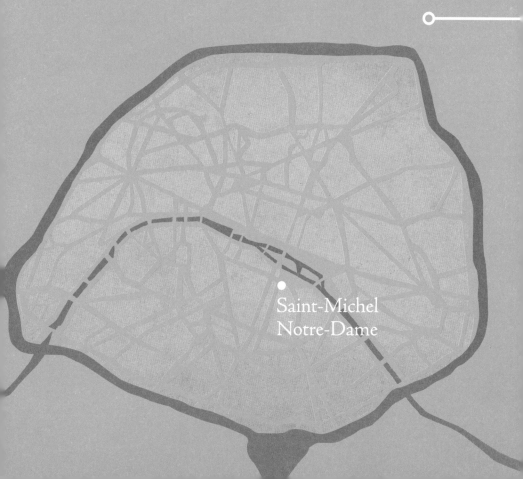

Saint-Michel
Notre-Dame

메로빙거 왕조, 교회의 큰아들

6세기에는 로마의 평화를 기독교가 물려받았
다. 노트르담에는 왕국 최대의 교회인 생테티
엔 성당이 세워졌다. 성당은 수세기에 걸친 위
협에도 옷을 갈아입으며 오늘날까지 서 있다.

노트르담Notre-Dame. 성당. 빅토르 위고의 소설. 1988년에는
거기에 RER(수도권 고속 지하철) 역이 보태졌다. 볼품없는,
맑은 공기를 마시려면 빨리 밖으로 뛰쳐나가야 하는, 그러
면 노트르담 성당 광장이 눈앞에 펼쳐지는 역이다.

우리가 지금 보고 있는 광장은 1865년 오스만 남작의 작품으로 과거
에 비해 여섯 배 넓어진 것이다. 광장 바닥에 원래의 크기가 표시되어 있
고, 옛날 구불구불한 도로들의 흔적을 볼 수 있다.

이 광장에는 프랑스 도로의 시발점이 있다. 그 자리에 유서 깊은 기둥
이 있었다. 죄인들은 형벌을 받기 전 그 기둥 앞으로 사면을 청하러 왔다.
목에는 밧줄을 걸고 손에는 촛대를 잡은 채 자세한 죄목을 적은 판을 앞
뒤로 걸친 맨발의 죄인들이 무릎 꿇고 공개적으로 자신의 죄를 인정하고

용서를 빌었다.

노트르담 지구를 걷다 보면 많은 감동적인 유산과 마주친다. 옛날의 시테 섬 모습을 상상해볼 수 있는 가장 좋은 방법은 라 콜롱브 거리에서 쥐르생 거리를 바라보고 서는 것이다. 그곳 말고도 쥐르생 19번지에 있는 생태냥 예배당은 노트르담 성당을 둘러싸고 있던 23개의 교회 중에서 가장 최근의 유적이다. 그 다음은 샤누아네스 거리다. 18, 20번지에 있던 집 두 채 중 하나는 이발소였고 하나는 제과점이었다. 이발사는 수도원의 수사들을 살해한 뒤 그 시신을 제과업자한테 팔았다. 제과업자는 그것으로 빵을 만들어 수도사들을 대접했다. 이 두 공모자는 1387년 산 채로 화형을 당했다. 오늘날 그 자리를 차지하고 있는 오토바이 교통경찰대 차고 안에서 4세기의 갈로로망 성벽의 일부를 볼 수 있다. 기묘하게 돌출된 돌이 시간을 초월해 요즘도 '백정의 돌'이라고 불리는데, 제과업자가 그 음험한 음식을 나눠주던 자리다.

22, 24번지에서는 16세기에 지어진 아름다운 집들을 볼 수 있다. 26번지에도 들어가 보라. 수세기 전부터 비 오는 날 진흙탕에 발이 빠지지 않게 디딤돌로 이용하고 있는 묘석들을 볼 수 있을 것이다. 하지만 불행하게도 디지털 자물쇠들이 방문객들의 발길을 막아 다행히 숨겨진 옛 파리는 무사히 보존되고 있다.

파리의 생생한 원천을 재발견하려면 511년 클로비스의 죽음 때까지 세기를 거슬러 올라가야 한다. 기독교 왕의 죽음과 함께 나라는 네 아들에게 분배됐다. 티에리에게는 동부 지역, 클로도미르에게는 루아르, 클로테르에게는 북부, 실드베르에게는 피카르디와 노르망디, 브르타뉴 그리고 특히 파리를 비롯한 수도권이 주어졌다. 당시 파리는 인구가 2만 명에 이르는 대도시였다.

역사는 다소 복잡하게, 때로는 혼돈 속으로 흘러간다. 클로비스의 네 아들은 유산 상속을 요구할 수 있는 조카들의 목을 조르고, 자기 몫을 늘리기 위해 서로 전쟁을 치렀으며 어머니 클로틸드의 끊임없는 간청에 다시 화해하는 삶을 반복했다.

유산으로 얻은 왕국의 영토를 넓혀 진정한 왕으로 거듭나기 위해서는 주변의 중소영주들을 제거해야 했다. 그래서 실드베르와 그의 형 클로도미르는 부르공드 족의 왕인 시지스몽에게 전쟁을 선포했다. 그들은 오툉을 포위했지만, 클로도미르는 전투 중 시지스몽에게 사로잡혔다. 시지스몽은 그의 머리를 잘라 창끝에 매달았다. 바보같은 짓이었다. 프랑크 족은 분노했고, 분노는 전투력으로 이어졌다. 승리의 축하 의식은 패배자의 대학살로 이어졌다. 시지스몽과 그의 아내, 아이들은 우물에 던져졌다.

클로도미르의 죽음은 다른 형제들을 조바심나게 했다. 조카들이 유산을 요구한다면? 어머니 클로틸드 대비는 가족 간의 싸움을 원치 않았다. 그녀는 손자들, 즉 클로도미르의 세 아들을 자신의 품으로 데려와서 최악의 상황만은 피했다고 믿었다.

하지만 실드베르가 형 클로테르를 파리로 불렀다. 시테 섬의 왕궁에서 음험한 음모가 꾸며졌다. 실드베르와 클로테르는 사람들에게 자신들의 회합이 결코 클로도미르의 상속자를 왕좌에서 내쫓기 위한 것이 아니라고 안심시켰다. 마음이 놓인 클로틸드는 자기 무릎에 매달려 있는 손자들에게 말했다.

"너희들이 클로도미르의 왕국을 이어받는다면 더 이상 클로도미르를 잃었다는 생각이 들지 않을 거야."

헛된 희망이었다. 시테 궁은 믿을 수 없는 폭력이 난무하는 연극 무대가 됐다. 클로테르는 큰 조카를 칼로 찔렀다. 공포에 질린 둘째 조카는 실드베르의 다리를 붙들고 울며 애원했다.

"살려주세요. 존경하는 숙부님. 형처럼 죽이지 말아주세요."

실드베르는 잠시 망설였다. 클로도미르의 자식 모두를 죽일 필요가 있을까? 그는 클로테르를 향해 몸을 돌렸다.

"형님, 진정하세요. 관용을 베풀어 이 아이의 목숨은 살려주지요."

"뭐라고? 언젠가 가족들에게 칼을 겨눌지도 모를 아이를 살려주라고? 천만에! 죽이고 또 죽여야 해. 클로도미르의 씨를 말려야 한다고."

"그 아이를 이리 내. 그렇지 않으면 내가 너를 죽일 테다!"

실드베르는 아이의 손을 놓았고, 클로테르는 바로 조카의 목을 졸랐다.

클로도미르의 두 아들이 죽은 뒤 티에리의 아들 테오드베르는 두 삼촌이 자기를 죽이려는 음모를 꾸밀 줄 알고, 먼저 실드베르와 연합해 클로테르를 물리치자고 제의했다. 연합의 방향이 바뀌었다. 한 가족 두 군대가 맞섰다. 늙은 클로틸드는 포기하지 않고 또 한 차례의 친족 살해 비극을 피하려 애썼다. 그녀의 애원을 하늘이 들었는지 전쟁터에 천둥과 번개가 몰아쳤다. 하늘의 분노에 감명을 받았을까? 형제들과 조카는 적대를 멈추고 서로 부둥켜안았다.

생 클루는 어디서 이름을 따왔나?

클로도미르의 막내아들 클로도아는 신하들의 도움으로 달아날 수 있었다. 권력의 공포를 가까이서 본 그는 왕권의 상징인 긴 머리를 잘랐다. 그리고 속세를 등지고 신을 찬미하는 데 몰두했다. 그는 센 강변의 어촌에 정착해서 수도원을 지었다. 클로도아는 오늘날 생 클루라는 이름으로 더 잘 알려져 있으며 그를 받아들였던 마을도 그 이름으로 불리게 됐다.

그렇다면 완전 무장한 부대를 어떻게 해야 할까? 비지고트 족이 있는 에스파냐로 가자. 거기에는 우리가 포위할 도시들이 있다!

다시 화해한 실드베르와 클로테르는 팜플로냐를 정복한 뒤 사라고사를 공략했다. 하지만 도시는 굳건히 저항했다. 프랑크 군대의 피해는 엄청났다. 군대를 물릴 때가 온 것이다. 실드베르는 파리로 철수했다.

542년 실드베르가 수도로 돌아왔을 때 초라한 패배자의 모습만은 아니었다. 그는 두 가지 유물을 가지고 왔다. 하나는 황금 십자가였고, 또 하나는 3세기 디오클레티아누스 황제의 기독교 박해 당시 고문을 받고 죽은 에스파냐 성인 생 생상의 튜닉(통으로 된 옷)이었다. 실드베르는 종교에 대한 경의는 조금도 없는 잔인한 왕이었다. 그러나 그는 자신의 조언자이자 가난한 사람들의 보호자였던 제르맹 사제한테는 무한한 우정을 보였다.

실드베르는 프랑크 왕국에 끼치는 종교와 로마의 영향을 잊지 않았다.

교회와 주교들은 골의 마지막 사회적, 행정적 보루가 되었다. 프랑크 족은 늘 자신들의 관계망을 중시했다. 그들은 기독교도가 됐다. 파리는 그때부터 미사의 가치가 있었다. (파리에 대해 앙리 4세가 한 말_옮긴이)

"실드베르, 사라고사에서 가져온 성의를 보관할 수도원을 만들어야 하오."

제르맹 사제가 말했다. 물론 제르맹 자신이 관할할 수도원이었으며, 낮은 성직자에서 주교가 됐다가 다시 존경받는 성자가 되는 여정의 첫 번째 수순이었다. 파리의 담장 밖에 수도원이 생겼고, 제르맹은 파리 주교가 됐다.

메로빙거 왕은 사제를 위해 수도에 성당을 짓기를 바랐다. 실드베르는 로마의 성 베드로 성당에서 영감을 얻은 건물의 건설 총감독을 자임해 교회에 대한 자신의 복종심을 보여줬다.

로마 시대에 시테 섬의 동쪽 끝에는 주피터 신의 기념물이 있었는데 그 유적이 클뤼니 박물관에 보존되어 있다. 기독교 세상이 된 마당에 당연히 폐허가 된 옛 신전이 성소로 바뀌었다. 기독교적 평화가 팍스 로마나의 뒤를 이었으므로 새로운 교회가 옛 로마 성벽 자리에 지어져야 했다. 성벽을 제거하는 일은 보다 강력한 영적인 힘이 로마 군사력을 넘겨받았다는 징표였다.

그래서 지어진 기념물이 생테티엔 성당이었다. 길이 70m, 폭 36m에 5개의 홀을 가진, 왕국에서 가장 큰 교회였다. 노트르담 성당 광장에 당시의 모습을 담은 그림이 있다. 광장의 지하 납골당에 가면 로마 성벽 자리에 세운 남쪽 벽의 기초를 볼 수 있다.

당시 성당은 결코 하나의 건물이 아니었다. 몇 개의 예배 장소가 결합된 곳이었다. 생테티엔 성당 역시 세례 요한의 가호 아래 있는 세례당과 성모(노트르담) 교회가 함께 있었다. 이 조합이 제르맹 주교의 위엄 있는 영지였다. 주교는 신도들을 실망시키지 않고 자선을 베풀기 위해 왕실 금고에서 쉴 새 없이 돈을 꺼내왔다. 그는 가난한 사람에게 주기 위해 때때로 수도사들이 먹고 있는 빵을 빼앗기까지 했다. 사제들은 화가 났지만 기적을 일으키는 성인에게 감히 말하지 못했다.

558년 12월 13일은 파리 주민과 그들의 사제에게 위대한 순간이었다. 10년의 대공사 끝에 강 오른편에 생 뱅상 생트크루아 성당이 봉헌되었다.

중요한 사건을 위해 가톨릭의 고위 성직자들과 왕가의 귀족들이 모두 모였다. 실드베르는 이 순간을 기다려왔다. 그의 군사 원정, 종교적 헌신 그리고 완벽한 국정을 축하하는 영광의 시간이었다.

제르맹은 행사를 위해 소집한 6명의 주교에게 둘러싸여 왕을 기다렸다. 하지만 왕은 오지 않았다. 세상을 떠난 것이다. 그는 승리의 순간에 자신의 도시에서 삶을 마감했다. 슬픈 운명, 하지만 불멸의 영광이었다.

이제 어쩔 것인가? 제르맹은 신중했고 다른 사제들은 고개를 흔들었다. 축성식을 취소해야 하는가? 국장 기간을 연장해야 하나? 제르맹은 축성식과 동시에 장례식을 치르는 단호한 결정을 내렸다.

모든 궁정인이 소집됐다. 왕비 월트로고트와 두 딸이 첫 번째 줄에 섰고, 각료들과 지방장관, 군 장교들이 다음 줄에 섰다. 사제들이 뒤를 이었고 일반 백성이 다음 줄을 채웠다.

어떻게 생테티엔 성당이
노트르담 성당으로 바뀌었을까?

1160년 모리스 드 쉴리 파리 주교는 생테티엔보다 더 크고 아름다운 성당을 짓기로 결정했다. 생테티엔이 70m였다면 새 성당은 120m가 넘었다.

공사 규모 또한 어마어마했으며 공사 기간도 107년이나 걸렸다. '107년을 기다린다'는 표현이 거기서 나왔다. 장인 비스코르네가 성당의 쇠문과 잠금 장치를 만드는 일을 맡았다. 불후의 명작을 만들기 위해 그는 악마에게 영혼을 팔았다. 성수가 있어야만 열쇠는 작동했다. 그 자물쇠는 지금도 정문에 달려 있다. 그는 작업을 완성한 뒤 얼마 안 되어 죽어 비밀을 무덤까지 가져갔다.

수세기가 지나면서 성당은 여러 차례 보수됐다. 격동적인 역사의 흐름은 성당을 자주 위협했다. 대혁명의 소용돌이에서 가까스로 파괴를 면했다. 얼마 뒤 나폴레옹의 대관식이 노트르담 성당에서 열렸다. 하지만 건물의 상태가 형편없어 많은 태피스트리로 벽을 가려야 했다.

1831년 빅토르 위고가 소설 『파리의 노트르담』으로 정부와 여론의 관심을 불러일으켰다. 재건축과 복원 전문가인 건축가 유젠 비올레르가 복구를 맡았다. 공사는 20년 가까이 계속됐고 건물의 중세 분위기를 유지하려고 노력했다.

무엇보다 전면부 세 개의 문 위를 가로지르는 왕들의 갤러리를 복원해야 했다. 유대와 이스라엘 왕 28명의 입상은 예수의 전통적인 선조들을 의미했지만 혁명 당시 사람들은 프랑스 왕이라 생각했고, 쇠몽둥이로 깨뜨려 끌어 내렸다. 원래의 특징과 조화를 살리기 위해 비올레르는 입상들을 새로 만들어 벽감을 채웠다. 굿 뉴스. 원래의 입상 일부가 1977년 쇼세 당탱 거리 공사 때 발견됐다. 클뤼니 박물관에 전시돼 있다.

어깨에 붉은 망토를 걸친 제르맹은 부주교, 사제들에 둘러싸여 예수의 12사도를 상징하는 12개 기둥에 성유를 부었고, 하늘과 땅이 만나는 성스러운 자리인 제단에도 기름을 부었다.

주교는 큰 목소리로 성 요한의 예언을 외쳤다.

"나는 성스러운 도시, 남편을 위해 치장한 아내처럼 장식한 새로운 예루살렘을 보았노라. 나는 왕좌에서 나와 '이곳이 신을 위한 성전'이라 외치는 목소리를 들었노라. 신의 말씀이 그대들에게 예수의 기적을 발현하게 하라. 교회 안에서 너희들의 찬양이 계속되게 하라."

'글로리아 인 엑셀시스 데오.' (가장 높은 자리에 계시는 신께 영광을)

성가대는 합창했고, 제르맹은 성수를 참석자들에게 뿌려 세례했다.

의식이 끝나고 실드베르의 시신은 지하 납골당으로 들어갔다.

실드베르가 묻히자마자 왕위 계승의 미묘한 문제가 고개를 들었다. 원칙적으로 공주가 왕위를 계승하는 데 아무런 법적 문제는 없었다. 하지만 그 누구도 여자가 통치하는 프랑크 왕국을 생각해 본 적이 없었다. 왕은 완벽하게 건장한 남자여야 했다.

클로비스의 네 아들 중에서 클로테르만 남았으므로 이제 모두 그의 차지가 됐다. 그는 죽은 형제들의 땅을 끌어들여 재통일했다. 아버지의 거대한 유산의 유일한 상속자가 됐다. 그 유산은 라인 강 너머 튀링겐까지, 부르고뉴와 미디 지역까지로 넓어진 골 전체였다. 유럽의 거의 대부분을 차지한 클로테르는 제일 먼저 수아송을 떠나 파리로 거처를 옮겼다. 큰 왕국을 통치할 수 있는 곳은 센 강 유역밖에 없었다. 어떠한 규칙과 전통에 얽매여 다른 결정을 내릴 수 없었다. 파리가 이미 대제국의 수도로 자리매김했기 때문이었다.

하지만 클로테르는 이미 환갑을 넘긴 노인이었다. 수많은 군사 원정과 여섯 명의 아내에 지쳐 있었다. 당시만 해도 결혼은 아직 가톨릭 성사가 아니므로 쉽게 이혼할 수 있었으며 중혼 역시 왕가에서 흔히 있는 일이었다. 클로테르는 3년밖에 통치하지 못하고 561년 죽었다.

"이토록 힘센 지상의 왕을 죽게 하는 하늘의 왕은 누구란 말인가?"

눈을 감기 전에 그는 이렇게 물었다.

군주의 시신이 수아송으로 옮겨지는 동안 죽은 왕의 네 아들 중 가장 어린 실페릭은 프랑크 왕국을 자기 것으로 만들려고 했다. 그는 아버지의 보석을 가지고 시테 궁전으로 달려가 각료와 대신들에게 한 줌씩 쥐여주었다. 대신들은 그를 합법적 왕으로 추대하는 데 주저하지 않았다.

메로빙거 왕가의 나머지 세 왕자는 군대를 이끌고 파리로 쳐들어갔고, 실페릭은 달아났다. 얼마간의 다툼 끝에 네 형제는 각각 자기 몫을 나눠 챙겼다. 공트랑은 부르고뉴와 오를레앙을, 시주베르는 라인 강까지의 아우스트라시아(메로빙거 왕조 때 동서로 나뉜 왕국의 동부 지역. 남서 독일과 프랑스 북부에 해당한다_옮긴이)를 양분한 동부를, 실페릭은 수아송을 포함한 네우스트리아(왕국의 서부 지역_옮긴이)를, 카리베르는 파리를 포함한 골 서부 모두를 가졌다.

파리의 왕 카리베르는 평화롭고 절제된 예술 애호가이자 정의의 수호자였다. 561년 당시 왕국의 수도는 두 세기 동안 거의 바뀐 것이 없었다. 센 강 왼편에는 이리저리 얽힌 길들이 이제는 유물로 남은 원형극장이나 공중목욕탕, 포럼 등으로 이어지고 있었다. 달라진 것이 있다면 수많은 교회와 성당, 수도원, 예배당, 성소들이었는데 그것들은 시테 섬과 강 양쪽에 산재해 있었다. 그중 몇몇은 나무판자로 서둘러 지었으나 대부분은 돌로 만든 뾰족탑들이 수도의 하늘을 찌를 듯 솟아 있었다. 그리고 시테 섬의 생테티엔 성당 옆에 교회 권위를 상징하는 주교 궁이 있었다. 파리는 보란 듯 기독교 도시가 되어 있었다.

경건한 건축가들이 교회와 왕궁을 지을 여가가 있었다는 사실도 주목해야 한다. 카리베르의 통치 아래 승리의 행진도, 비열한 음모도 없었다. 그야말로 평화의 시대였다. 게다가 왕이 전쟁을 할 시간이 어디 있겠는가? 그는 눈앞에 뛰어다니는 여인들을 희롱하며 장난치느라 바빴다. 그래도 전쟁광 왕 밑에서 사는 것보다는 난봉꾼 군주의 치하에서 사는 것이 나았다.

파리의 젊은 여성들을 사로잡는 왕의 매력이 성직자의 마음에는 들지 않았다. 사제들이 모여 왕과 왕비들, 특히 왕비 자매와 한꺼번에 결혼한 사실을 강력하게 비난했다. 이는 종교 윤리로서는 근친상간에 해당하는 것이었다. 파리에 전염병이 크게 돌았을 때 사람들은 하늘이 진노했다고 해석했다. 제르맹 파리 주교는 왕에게 파문하겠다는 끔찍한 저주를 퍼부었다. 카리베르는 문제가 된 왕비와 이혼해 존경하는 주교를 달랬다. 왕은 누구나 좋아하는 성녀와 결혼했다. 이는 카리베르의 광기 어린 혼인이 그가 색광이기 때문만은 아니라는 것을 말해준다. 슬하에 딸밖에 없었기 때문에 파리를 다스릴 미래의 왕이 될 사내아이를 원했던 것이다.

불행하게도 이러한 노력은 보상받지 못했다. 그는 567년 남부 영토를 순시하다 보르도 인근에서 사망했다.

싸움이 재개됐다. 그의 형제 세 명, 실페릭과 시주베르, 공트랑은 유산을 놓고 치열하게 다퉜으며 결국 거의 공평하게 나눠 가졌다. 하지만 파리가 문제였다. 세 명 모두 자기가 파리를 차지할 자격이 있다고 우겼기 때문이다.

아, 파리! 프랑크 왕국의 진정한 수도! 그 파리를 차지하는 자가 진정한 왕이 되는 것이었다. 누구도 양보하려 들지 않았다. 따라서 수도를 공동 소유로 하자는 합의가 이뤄졌다. 수도에서 나오는 재정 수익은 셋으로 나누었다. 그리고 누구도 다른 두 형제의 동의 없이는 파리로 들어갈 수 없었다. 생 마르탱, 생 일레르, 생 폴리왹트 세 성인의 유물 앞에서 엄숙하게 맹세함으로써 이 협약을 보증했다. 그렇다면 파리에 세 명의 왕이 생긴 것인가?

17년 동안 누가 파리를 통치하는지 분명하지 않았지만 파리 사람들의 삶은 아무 문제가 없었다. 형제들이 서로 싸우긴 했지만 파리가 아닌 다른 곳에서 싸웠기 때문이다. 시주베르가 동쪽의 야만족을 몰아내느라 바쁠 때, 실페릭이 랭스를 훔쳤다. 자신의 영토로 돌아온 시주베르는 랭스를 되찾는 데 만족하지 않고, 보복 차원에서 수아송까지 빼앗았다. 야만족이 다시 법석거리자 라인 강 너머로 원정을 떠났던 시주베르는 전투 중에 야만족에게 사로잡혀 상당한 액수의 몸값을 치르고서야 풀려났다.

이 기회를 놓칠 리 없는 실페릭이 다시 싸움을 걸었으나 도리어 투르네에서 포위되고 말았다. 그의 유일한 희망은 적군이 철수하게 만드는 것이었다. 그러기 위해서는 시주베르를 암살하는 수밖에 없었다. 왕의 죽음은 적군에게 공포를 유발할 터였다.

575년 12월, 두 명의 하수인이 비트리 앙 아르투아에서 시주베르의 가슴에 독이 묻은 칼을 꽂았다. 메로빙거 왕가의 사람들과 그 하수인들이 즐겨 사용하는 무기였다.

"솔로몬 왕의 입을 빌려 신이 말했노라. 형제에게 함정을 파는 사람은 스스로 그 함정에 빠지리라!"

제르맹이 꾸짖었다.

그의 말대로(하지만 거의 10년이 지난 뒤) 실페릭 또한 암살됐다.

584년 프랑크 왕국의 유일한 왕이 된 공트랑은 시대가 요구하는 것을 다 갖춘 것처럼 보였다. 거만하고 잔인했으며 음흉하고 폭력적이었다. 그는 종교에 푹 빠져 있었고 적당히 독실했다. 주교들은 그를 공트랑 성인이라 불렀는데 물론 아첨의 진수였다.

그러나 그는 영리하게 통치했으며, 조카들이 자신의 배를 가르고, 가족들을 몰살시키는 것을 방지하기 위해 파리에서 성인 가족회의를 소집했다. 공트랑은 그들의 공격성을 비지고트 족에게 돌리는 데 성공했다. 랑그독 지방을 통치하던 이 부족을 공격하는 전쟁이 벌어졌다. 전쟁은 성공하지 못했지만 그것은 중요하지 않았다. 왜냐하면 일시적이나마 메로빙거 왕조를 암살 음모에서 보호했기 때문이다.

공트랑은 593년에 68세의 나이로 죽었다. 그는 침대에서 평화롭게 죽었는데, 그의 가족사에서 흔한 일이 아니었다. 그는 딸 하나만 남겼다. 그녀는 종교에만 관심이 있어 왕국은 둘로 나뉘었다. 시주베르의 아들이자 아우스트라시아 왕인 실드베르 2세가 동쪽, 실페릭의 아들이자 아홉 살에 네우스트리아의 왕이 된 클로테르 2세는 서쪽을 차지했다.

613년에 암살과 질병이 가족의 순서를 정리했다. 클로테르 2세가 프랑크 왕국을 다시 자신의 권위 속으로 끌어들였지만 그것은 네우스트리아, 아우스트라시아, 부르고뉴로 찢어진 왕국이었다. 그래서 그가 파리에 머무르지 않고 시테 섬의 북서쪽에 있는 클리시 궁전을 선호했던 걸까?

그렇다 해도 그가 성직자와 왕족을 다시 구성하는 회의를 소집한 곳은 파리였다. 614년 10월, 70명의 주교와 모든 관리, 귀족들이 생 피에르 에 생폴 교회의 클로비스 무덤에 모였다. 클로테르 2세는 자신의 권위와 왕국의 통합을 유지하기 위해 애썼다.

일주일간의 토론 끝에 칙령이 발표됐다. 왕의 호의로 법적 효력을 가진 성직자의 결정권이 인정됐다. 귀족들은 수 년간의 전쟁과 내부 갈등의 피해를 복구할 수 있게 됐으며 이를 위한 일련의 조치들이 이뤄졌다. 이와 함께 클로테르 2세는 외교적 수완을 발휘해 굳건하고 중앙집권적인 왕권을 유지하는 데 필요한 환경을 조성해냈다.

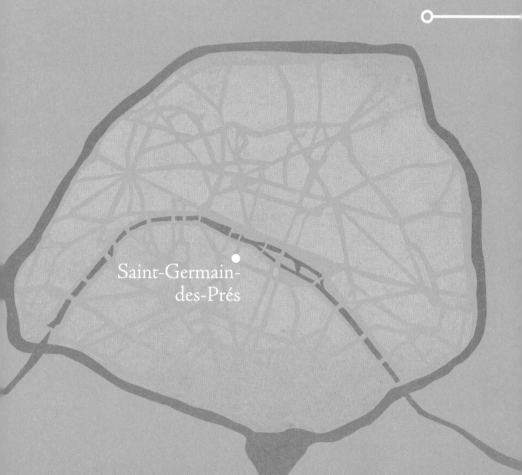

7세기

생제르맹데 프레

Saint-Germain-
des-Prés

수도원에서 다른 수도원으로

7세기 후반에 생드니 수도원은 갈수록 영향력
이 커졌다. 메로빙거 왕가의 왕들이 선호하는
납골당이었던 생제르맹 데 프레 수도원과 거
의 맞먹을 정도였다.

생제르맹 데 프레^{Saint-Germain-des-Prés} 역에 내린 여행자는 실존주
의와 카페 두마고의 난로 옆에 앉아 있는 작가들, 그리고 카
페 플로르의 사랑스러운 연인들을 상상하게 된다. 물론 환
상이다. 장폴 사르트르와 시몬 드 보부아르, 보리스 비앙, 자크 프레베르는
오래전에 사라졌다. 눈을 씻고 찾아봐도 골목 귀퉁이 말뚝에 매달린 우스
꽝스러운 안내판 하나만 발견할 수 있을 뿐이다. 거기에는 '사르트르-보부
아르 광장'이라고 씌어 있다. 파리 시당국의 감동적인 세심함이다. 우리의
시청 관리들은 향수에 젖은 관광객들을 배려해야 한다고 여겨 렌 거리와
생제르맹 대로가 겹치는 복잡한 교차로에 안내판을 달았을 것이다.

생 생포리앙 예배당에서 볼 수 있는 로마식 석조 종루는 1000년도 더
된 것이다. 종루의 토대는 1500년 전 메로빙거 왕조 시대까지 거슬러 올

라간다. 정녕 파리의 최고 연장자라 할 수 있는 종루는 책방들이 고급 옷 가게들로 바뀐 사실을 성난 목소리로 증언하고 있다.

교회를 오른쪽으로 끼고 돌아 생제르맹 대로를 따라가 보자. 가파른 모서리 벽이 눈길을 끈다. 옛 수도원과 인접 건물들로 구성돼 넓었던 종교 지구를 단칼에 잘라낸 것 같다. 실제로 제2 제정 당시 오스만 남작(늘 그 사람이다)의 도끼가 생제르맹 대로를 만들기 위해 이곳을 베었다.

당시 고고학자 테오도르 바케르는 공사장 주변을 발굴해 메로빙거 왕조의 중요한 유물들을 발견했다. 현재 카르나발레 박물관에 보존돼 있다.

좀 더 가면 르네상스의 특별한 아름다움을 발견할 수 있다. 16세기까지 사용하던 남쪽 문이다. 세 개의 옛 종루 흔적을 볼 수 있는데, 그중 하나만이 혁명 때의 약탈 속에서 살아남았다. 실제로 혁명 당시 교회는 초석 저장소로 쓰였다. 그런데 대포의 화약으로 쓰이는 초석이 습기 찬 낡은 벽에 구멍을 냈다. 과격 공화파들이 돌을 갉아먹는 물질을 방치하여 종교 건물의 기초가 자연스럽게 허물어지도록 만든 것이다. 생제르맹 데 프레 교회가 여전히 서 있는 것은 그야말로 기적이다.

이곳과 인근 길에는 생제르맹 데 프레 수도원의 역사를 떠올리게 해주는 것이 많다. 생제르맹 데 프레(프레는 초원, 목초지란 뜻_옮긴이)란 이름은 생제르맹 록세루아와 구별하기 위한 것으로, 수도원이 자기 소유의 넓은 목초지 안에 있었기 때문이다. 현재의 6구와 7구 땅 전체가 수도원 소유였다.

베네딕트 수도원은 비옥한 땅의 주인이었다. 다양한 작물을 재배했고 특히 포도밭은 수도원의 안정적인 수입원이었다. 게다가 그들은 센 강 물

줄기를 끌어들여 만든 호수에서 낚시 허가권을 팔았다. 현재의 고즐랭 거리와 보나파르트 거리가 그런 이유로 17세기까지 물에 잠겨 있었다.

수도원을 끼고 마을이 점점 발달해 주민들이 교회를 지어줄 것을 요구할 정도가 됐다. 그래서 생페르 거리에 생피에르 교회가 세워졌다. (생피에르가 변해서 오늘날 생페르가 됐다) 마을의 경계는 생미셸 대로에서 생페르거리까지, 그리고 생쉴피스 거리에서 센 강까지였다.

카르티에 라탱(라틴 구역. 옛날 라틴어로 수업하던 대학들이 몰려 있던 지역_옮긴이)에서 온 학생들이 떠들어 생제르맹 데 프레의 수도사들이 명상하는 데 방해받지 않았을까? 학생들은 수가 많았다. 부활절 무렵 수도원 근처에서 생제르맹 시장이 설 때는 특히 그랬다. 하지만 베네딕트 수도원은 상인과 소비자들에게 세금을 부과해 적잖은 수입을 얻었기 때문에 그런 혼잡을 잘 감내했다. 생제르맹 시장은 물건 구입은 물론 마술사, 온갖 동물들을 볼 수 있어 남녀노소 모두를 끌어들이는 나들이 장소 역할도 했다. 도박도 있었다. 앙리 4세 국왕 역시 여기에서 3000에퀴(프랑스의 옛 화폐 단위_옮긴이) 가까이 잃었다.

주먹질, 언쟁, 소매치기가 대규모 장터의 일상이었다. 13세기 말 학생들이 크고 작은 소란을 일으키자, 미남 왕 필립은 공공질서를 유지한다는 명목으로 시장을 국유화시켰다. 2세기가 지나서야 베네딕트 수도원이 시장을 되찾아 1762년까지 수입을 올렸다. 그해 3월의 어느 날 밤, 대화재로 시장이 불탔다. 모든 것이 다시 건설됐지만 새 시장은 더 이상 원래의 매력이 없었다. 시장은 명성을 되찾지 못했고 대혁명 때 없어졌다.

파리 시가 부지를 사들여 오늘날의 생제르맹 시장을 열었다. 얼핏 보기에는 19세기 말의 건물들만 눈에 띄지만 옛 흔적들을 찾을 수 있다. 좁고 경사진 마비옹 거리에서 지붕 덮인 시장을 볼 수 있고 낮은 쪽에서는 옛 시장의 포석도 볼 수 있다. 돌계단을 내려가 울퉁불퉁한 포석을 밟으면 옛 상인들의 호객 소리와 학생들의 즐거운 외침이 들리는 듯하다.

생제르맹 수도원 소유의 옛 영지를 돌아볼 수도 있다. 그것은 지금도 흔적이 남아 있는 네 개의 길에 걸쳐 있었다. 동쪽으로는 에쇼데 거리, 남쪽으로는 고즐랭 거리, 서쪽으로는 생브누아 거리, 북쪽으로는 자콥 거리까지다.

이 간선도로 중 첫 번째 길이 자못 흥미롭다. 옛날 주민들이 창밖으로 버린 오물을 치우기 위해 길 한가운데 얕은 수로를 낸 중세의 도로 포장 방식이 남아 있다. 도로 쪽에서 더 잘 보이는데 도로 모양이 참 예쁘다. 특히 건물의 각 벽면이 모두 다른 시대 것이라는 느낌이 든다는 게 놀랍다. 마치 보이지 않는 담벼락이 이 길과 저 길을 시대와 양식에 따라 나누고 있는 것처럼 말이다. 실제로 수도원의 담이 그렇다.

백년전쟁 당시 삼각형 모양의 공간이 로데옹 거리와 도핀 거리에서 몇 m 떨어진 필립 오귀스트의 성벽과 수도원의 담벼락 사이에 끼어 있었다. 전쟁의 위험이 사라지자 성벽의 중요성이 점차 사라졌고, 사람들은 성벽을 허물었다. 에쇼데 거리가 뾰족한 주둥이를 가진 이유다.

에쇼데 거리의 끝, 라베 거리와 만나는 곳에 아주 오래된 집 하나가 600년 동안 당신을 기다리고 있다. 수레가 지날 수 있도록 2층보다 1층의 폭

에쇼데는 무엇인가?

에쇼데 거리의 에쇼데는 아베롱 지역의 특산물인 원추형 과자를 말한다. 달걀과 버터를 넣은 밀가루 반죽을 끓는 물에 데쳐(에쇼데) 만드는 것이다. 옛 이름으로는 '수도원의 해자 길'이었던 이 길에 옛날 과자의 이름이 붙은 이유는 바로 삼각형 모양의 집들 때문이다.

이 좁게 지어진 15세기 특유의 건축 양식이다. 그곳은 수도원 감옥에 갇힌 죄수의 운명을 결정하는 대법관의 집이었다. 왕도, 파리 시도 간섭할 수 없었다. 14세기까지 생제르맹 데 프레 수도원(도시 안의 진정한 국가)은 사법권을 가진 자체 재판관과 재판정, 감옥을 지니고 있었다. 한때 뱅센 성의 주인이었던 드니 디드로(18세기 프랑스의 계몽사상가_옮긴이)도 수도원 감옥에서 밤을 새운 적이 있었다. 현재 생제르맹 대로 교회 오른쪽에 그의 동상이 서 있다.

수도원에는 또한 가장 높은 수도사, 즉 추기경이 있었다. 라베이 거리 3, 5번지에 있는 16세기 말 추기경 궁전은 오랫동안 파리에서 가장 아름다운 건물로 손꼽혔다. 수도원이 얼마나 부유했는가를 잘 보여주는 화려한 르네상스 양식 건물이다.

옛 생제르맹 데 프레 수도원 영지의 중심지였던 라베이 거리 6, 8, 10번지에 또 다른 유적들이 남아 있다. 성모 예배당과 수도사들이 거처하던 건물의 흔적들은 훼손되어 흩어져 있지만, 이 파편들은 13세기의 영화를 웅변하고 있다. 지적인 경쟁심과 청빈, 정결, 복종 같은 베네딕트파 고유의 가치들을 찾기 위해 파리로 사람들이 몰리던 때 말이다. 생트샤펠을 지은 건축가 피에르 드 몽트뢰이가 성모 예배당의 석조 레이스 장식을 디자인했다. 그 일부를 교회 북쪽의 작은 공원에서 볼 수 있다. 원화창(꽃송이 모양의 스테인드글라스 원형 창문_옮긴이)으로 장식된 첨두 홍예문(윗부분이 뾰족한 형태의 아치형 문_옮긴이), 묘석, 우물 흔적 등도 있다. 건물을 지은 건축가 역시 1264년 이곳에 묻혔다. 라베이 거리에 있는 점포 내부 벽에서 그의 작품 일부를 확인할 수 있다. 이 유적들은 수세기 동안 우리를 지켜보고 있다. 돌들은 말을 못하지만, 그곳에서 듣고 보려고 하는 사람들에게 감성과 색깔, 빛과 분위기 등으로 이야기를 건네고 있다. 라베이 거리 14~16번지로 들어가 보면 실망하지 않을 것이다.

차라리 현대식이라 부를 법한 이 건물은 수도원의 옛 벽면을 간직하고 있다. 자동차 통로인 문을 열고 들어가면, 오른쪽으로 고요와 묵상 속에 있던 수도원 기숙사의 유적을 볼 수 있다. 수도사들의 방과 구내식당을 구분하는 중간 벽 위로 막힌 창문은 과거 스테인드글라스가 있던 자리다.

고개를 들어 위를 보면 벽 속에 반쯤 끼어 있는 수도원 건물의 유적이 있다. 아치형 궁륭 밑을 오가는 수도사들을 상상해보라. 그 장엄한 궁륭은 대혁명의 파괴도 미치지 못했을 정도로 높다. 여기에는 중세의 유적과 현대 건축을 조화시킨 완벽한 선례가 있다. 새로 보수한 돌에 햇빛과 흰색 조명이 비춰 옛 돌들과 절묘하게 어우러진다.

라베이 16번지에서 오른쪽을 바라보라. 교회를 마주보고 있는 건물 위로 천사가 보이는가? 그 뒤로 생브누아 15번지를 통해 들어갈 수 있는 둥근 탑이 있다. 그것이 14세기, 백년전쟁이 시작되기 전에 만들어진 생제르맹 데 프레 수도원 성벽의 마지막 유적이다. 하지만 7세기에는 이 지역의 모든 것이 잉태되고 있을 뿐이었다.

○

클로테르 2세가 이룬 중앙집권적 권력은 왕국 전역의 중요한 인물들이 끊임없이 파리를 오가게 했다. 그때부터 왕은 가끔씩 필요한 곳에 특사를 파견할 뿐이었다. 대신 시테 궁전에서 왕에게 청원을 하거나 먼 지방의 소식을 전하는 귀족 자제나 사제들을 맞았다. 점점 더 그는 자신의 클리시 빌라를 떠나 정책 결정의 중심지, 파리에 머무는 시간이 많아졌다.

이때부터 성경에서 예루살렘으로 '올라간다'고 믿었듯, 파리로 '올라간다'는 말이 생겼다. 파리 주민들은 스스로 왕국의 다른 지방 사람들보다 우월하다고 믿었다. 진창길을 걷는다 해도 클로테르 왕이나 베르트뤼드 왕비, 다고베르 왕자와 마주치지 않는가? 왕가와 가깝다는 사실이 파리 주민들의 자존심을 높였다. 최소한 그들은 그렇게 믿었다.

다른 지방 역시 파리를 부러워했고, 왕이 자기 지역에 머물러 주기를 바랐다. 그래서 클로테르는 아들 다고베르^{Dagobert}를 아우스트라시아로 보냈다. 스무 살의 젊은이는 왕의 조언자 역할을 충실히 해왔기 때문에 국가 사무를 잘 알고 있었다. 그는 파리를 떠나 왕국의 동부지역을 다스리기 위해 주도인 메츠로 갔다. 다고베르는 629년 10월 아버지가 45세의 나이로 죽을 때까지 7년 동안 부왕의 역할을 다했다. 선왕의 부음을 듣자

마자 다고베르는 장례식에 참석하기 위해 생뱅상 생트크루아 성당으로 향했다. 선왕의 아버지인 실페릭과 실페릭의 숙부인 실드베르가 잠들어 있는 곳이었다.

교회의 성가대석 아래에서 12세기 왕들의 고딕 양식 묘석들이 발견되었다. 완벽한 형태로 드러난 실드베르의 묘석은 프랑스에서 가장 오래된 것으로 현재는 생드니로 옮겨졌다.

다고베르는 아우스트라시아로 돌아가지 않았다. 시테 궁전에 머물렀고 그가 왕관을 쓰는 것은 당연한 일이었다. 하지만 다고베르에게는 칼리베르 2세라는 이복동생이 있었다. 약간 허약했지만 그 정도의 결점은 메로빙거 왕가에서 아무런 하자가 되지 못했다. 다시 승계를 둘러싸고 내분이 생겼다. 칼리베르의 외삼촌 브로될프, 이 교활하고 야심만만한 인물은 자신의 조카를 위해 왕국의 절반을 요구했다. 이는 죽은 클로테르 왕이 바라던 것이라고 주장했다. 누구도 클로테르가 모자란 왕자에게 왕국을 물려주려 했다는 사실을 믿지 않았다. 그래서 브로될프는 선왕의 참모들이 과거에 그런 얘기를 들었다는 증거를 만들어냈다. 하지만 사실 여부를 추궁당한 참모들은 말을 더듬었고 발을 뺐다. 결국 아니었다. 그들은 들은 바가 없었고 선왕의 의중을 알지 못했다.

속셈이 탄로 나자, 브로될프는 부르고뉴 지방의 사온 강 지역으로 달아났다. 클로테르의 유언에 대한 논쟁이 계속됐는가? 아니다. 다고베르는 악한 신하 브로될프를 없애라고 지시했으며, 그의 요구는 바로 이루어졌다.

하지만 칼리베르는 왕족의 피를 이어받았기 때문에, 그에게도 약간의 몫을 주어야 했다. 다고베르 왕은 그에게 툴루즈를 수도로 하는 아키텐 왕국을 떼 주었다. 사실상 말뿐인 왕위였다. '통치하는 것은 예견하는 것'이라는 격언이 있다. 왕국의 통일이라는 명분으로 이 허약한 아이는 곧 자신의 베개에 파묻혀 질식사했다. 모든 일 처리가 끝났다.

이후 다고베르는 절대군주로 통치했다. 시테 궁전은 권력의 중심지로 공고화되었다. 메츠와 루앙, 리옹의 귀족들은 자신의 아들, 딸을 파리로 보내 궁정의 공기를 맡게 했다. 오늘날 뉴욕이나 런던으로 연수를 가듯, 그들은 유용한 인간관계를 얻으려 파리로 왔다. 다른 어디서 네우스트리아나 부르고뉴에서 온 젊은 귀족들과 사귈 수 있을까? 어디서 프랑크 왕국 수도의 예절을 익히러 온 외국의 귀족 젊은이들을 만날 수 있을까? 노섬브리아(영국의 북동부 왕국)의 군주인 에드윈 왕도 두 아들을 파리에 보내 존경받는 군주의 모델을 배우도록 했다.

지방 귀족들은 파리에서 살아가는 데 필요한 모든 교육을 시켰다. 귀족으로 태어난 사내아이는 무기 사용법과 수사학, 법률 등을 배워야 했다. 귀족 자제들은 훌륭한 군인이면서 동시에 완벽한 행정가로 키워졌다.

감성적인 모험도 흔한 일이었다. 일시적인 사랑이건, 일생을 걸고 맺은 약속이건, 하룻밤의 쾌락에서 영원의 약속을 향해 경쾌한 발걸음으로 넘어갔다. 젊은 청년과 아가씨들이 시테 섬에서 사랑을 찾았으며, 불가능해 보이던 커플들이 맺어졌다. 다른 지역 가문끼리의 결합은 때때로 갈등을 빚었지만, 왕 주변에서 힘을 키우는 데 도움이 되었다. 그래서 귀족 가문들은 자식들을 잘 감시해 이익을 끌어내려 애썼다. 그 이익이란 영지, 금화, 작위 등으로 나타났다. 시아그리우스는 백작 작위를 받고 파리를 떠났으며, 라뒬프는 공작이 돼 북부 국경지역에 파견됐다. 데시데리우스는 카오르 주교 직위를 얻고자 음모를 꾸미기도 했다.

장식을 좋아했던 다고베르는 개인 세공사이자 충복인 엘리지우스가 만든 왕좌를 궁전의 홀에 놓도록 했다. 신임이 어찌나 컸는지 엘리지우스는 왕국의 보석 세공사가 됐다가 다시 주교가 된 다음 생 텔루아라는 이름으로 성인 서품을 받기까지 했다.

당시 엘리지우스는 새로운 왕의 왕좌를 만드는 장인에 불과했다. 의자는 가죽 끈으로 주로 만들어져 편해 보이지는 않지만 금박을 입힌 청동 다리가 윗부분으로 갈수록 굵어져 포효하는 사자의 머리로 변하는 모습으로 왕을 감동시켰다. 이 의자는 국립도서관의 메달관에 보관되어 있다.

 다고베르는 왜 바지를 거꾸로 입었을까?

민요 중에 착한 생 텔루아가 선한 왕 다고베르에게 퀼로트(반바지)를 거꾸로 입었다고 알려주는 대목이 있다. 시대착오적인 얘기다. 왜냐하면 퀼로트처럼 약간 부푼 모습에 무릎까지 내려오는 반바지는 1000년 뒤에나 등장하기 때문이다. 혁명 세력이 왕과 성인들을 비웃기 위해 이런 후렴구를 만들어낸 것이다. 좀 더 외설적인 해석에 따르면, 다고베르 왕과 생 텔루아 사이의 동성애, 즉 바지처럼 뒤집힌 사랑을 비꼬는 것이 아니었을까?

절대 권위를 과시하기 위해 다고베르는 여러 표식이 필요했다. 의자만으로는 충분하지 않았다. 자신의 너그러움을 돌에 새겨야 했다. 파리에는 이미 자신의 수도원이 있었다. 그래서 그는 생드니로 시선을 돌렸다. 아마도 그의 생애에 가장 위대한 작품이 될 것이었다.

미신숭배자였던 다고베르는 생 드니가 자신을 지켜준다고 믿었다. 목이 잘린 성인의 무덤에 다녀오는 길에 꿈에서 그를 봤기 때문이었다. 성인은 훌륭한 무덤을 만들어주면 왕을 보호해주겠다고 약속했다.

생드니 교회는 예전에 생트 쥬느비에브가 만들었지만 한 세기 반이 지나면서 많이 황폐해졌다. 이제 파리 북부에 있는 낡은 성소에 불과했다. 더 이상 많은 순례자를 끌어들이지 못했다. 10년 전쯤 베네딕트 수도원 하나를 지었고 그 주위로 작은 마을이 형성돼 많지 않은 농부와 장인들이 수도원의 수요를 맞추며 소박하게 살아갈 뿐이었다. 다고베르는 무덤을 아름답게 꾸며 성인을 만족시키기로 결심했다.

우선 성인의 전설에 걸맞은, 크고 아름다운 무덤이 필요했다. 또 성당이 노후한 교회를 대체할 것이었다. 세공사이자 각료였던 엘루아는 성골함을 만들라는 지시를 받았다. 엘루아는 뜻을 받들어 금박 가장자리 장식, 은제 문, 대리석 뚜껑이 달린 금과 보석으로 치장한 화려한 작품을 만들어냈다. 이제 생 드니의 혼은 만족할 것이었다. 드디어 그의 유해는 기적을 행하는 성인에게 어울리는 무덤 속에서 쉴 수 있다. 하지만 엘루아는 좀 더 나아가 왕의 맹세를 뛰어넘었다. 그는 은으로 헌금함을 만들어 신도들의 헌금을 걷었다. 신도들의 믿음을 자극하기 위해 석류석과 아름다운 돌로 장식된 거대한 황금 십자가를 만들었다.

다고베르는 또한 여성들의 영적 안녕도 생각했다. 시테 섬의 파리 대주교 재판소 밖에 수녀원을 만들었다. 엘루아는 오르라는 이름의 첫 번째 수녀에게 수녀원의 규칙을 전해주었다. 그곳은 곧 생 텔루아 수녀원이 되었으며, 얼마 지나지 않아 300명의 수녀가 담장 안으로 모여들었다. 수녀들을 위한 교회가 두 개 지어졌다. 하나는 생 마르시알에게 헌정된 것으로 수녀들이 미사와 찬송을 하는 곳이었고, 또 하나는 생 폴을 위한 것으로 수녀들이 때가 되면 묻히는 곳이었다. 여기에 수녀원의 작은 역사가 있다. 수녀들이 근처에 있던 왕궁 수비대 병사들에게 반해 염문이 자주 나는 바람에 교황의 명으로 수녀원이 폐쇄됐다. 하지만 그건 5세기 후의 일이다. 수녀원이 몇 세대에 걸쳐 특별한 방법으로 군부와 교회 사이의 친목을 도모하는 역할을 했던 것이다.

이어 다고베르는 생뱅상 생트크루아 수도원에도 많은 혜택을 베풀었다. 물론 선한 왕이 정치적 속셈이 전혀 없이 수도원에 관대함을 베푼 것은 아니다. 왕은 성인과 순교자들의 위엄에서 취할 수 있는 이득을 완전히 파악하고 있었다. 종교란 왕국의 단합을 유지하는 보증인 아니었던가? 어떠한 언어도, 민족적 야심도, 백성들의 단합도 다고베르 왕국의 산재한 지역을 결합시키는 데 충분하지 않았다. 가톨릭과 성인들의 행렬, 수많은 성물, 풍요로운 교회, 강력한 수도원만이 프랑크 왕국의 넓은 영토를 하나로 묶을 수 있는 힘이었다.

하지만 왕은 때때로 자신의 권위를 표시할 필요가 있었다. 그러기 위해 자금이 필요했고 종교 질서를 그릇된 방향으로 움직이기도 했다.

가톨릭의 엄청난 부가 권력을 자극했다. 왜냐하면 궁정은 늘 금고가 채워져야 했기 때문이다. 인구가 계속 늘어가는 파리를 정비하려면 독립을 요구하는 가스콩과 브르통 지역에 원정을 가기 위해서도, 국경을 위협하는 슬라브 족과의 전쟁을 위해서도 돈이 필요했다. 필요한 돈을 손에 쥐기 위해 다고베르는 국가의 이익이라는 이름 아래 교회의 땅을 몰수했다. 수도사들이 반기를 들었을까? 아니다. 왕은 능수능란하게 일을 처리했다. 그는 사제들을 소집해 자신의 충복인 데시데리우스 카오르 주교에게 총대를 메게 했다. 데시데리우스 주교는 말했다.

"국왕 폐하의 명에 따라 일할 수 있는 영광을 누린다면, 폐하가 교회를 박해하는 게 아니라 정의에 따라 내린 결정임을 알게 될 것입니다."

주교가 선언을 하고 난 뒤 왕은 그 결정이 개인적인 부가 아니라 왕국의 결합과 안보를 지키기 위한 것이라고 설명했다. 주교들은 별수 없이 주머니를 털리고 물러나올 수밖에 없었다.

638년 다고베르는 35세에 불과했지만 노인처럼 보였다. 허약한 몸을 부풀린 바지와 헐렁한 토가로 가렸지만 믿지 못할 정도로 말랐다. 수염은 회색빛으로 바랬고, 아름답던 머리칼은 윤기 없이 덥수룩했다. 점점 더 자주 장염에 걸렸고, 피를 쏟는 치질로 고통받았다.

그해 10월 그는 생드니로 가고 싶어 했다. 허약한 몸으로 여행을 견딜 수 있을까? 왕은 두 마리의 소가 끄는 수레를 타고 천천히 생드니로 갔다. 며칠간의 기도를 마친 뒤 에피네에 있는 빌라로 거처를 옮겼다. 왕의 고향으로 그가 묻히고 싶어하는 생드니에서 그리 멀지 않은 곳이었다. 그는 오랫동안 망설였다. 3년 뒤 첫 번째 유언으로 아버지가 쉬고 있는 생뱅상 생트크루아 교회에 묻히고 싶다고 말했다. 하지만 마음을 바꾸었다. 다시 순교자의 무덤 옆에 눕기를 원했다.

다고베르는 에피네에서 정사를 돌봤다. 그의 아들 클로비스(미래의 클로비스 2세)가 아버지를 보러 에피네로 왔을 때 그는 고작 네 살이었다. 아버지는 소리쳤다.

"죽어가는 사람의 모습은 아이가 볼 만한 게 아니다. 내 아들이 나를 아름다운 모습으로 기억하길 바란다."

이듬해 1월 19일 아침, 다고베르는 침대에서 숨을 거둔 채 발견되었다. 생드니 수도원장은 성대한 장례식을 준비했다. 많은 사람이 사제를 비판했다. 문란한 사생활로 유명한 다고베르에게 기독교적 장례식이라니. 다고베르는 세 명의 부인과 두 명의 동거녀는 말할 것도 없고 하녀와 시종, 그리고 궁정의 아름다운 부인들과 셀 수 없는 모험을 펼쳤다. 하지만 수도원장은 귀를 막았다. 수도원의 부는 물론이고, 존재 자체에 빚을 지고 있는 사람의 장례를 아무렇게나 치를 수는 없었다.

에피네에서 소금업자들이 원시적인 방부작업으로 시신에 소금을 뿌렸다. 그러고는 생 드니의 무덤으로 옮겼다. 수도원의 교회 안에는 왕국 각지에서 온 주요 인사들이 도열해 있었다. 왕의 시신을 실은 상여 마차가 도착했다. 죽은 왕은 왕을 상징하는 붉은 망토를 걸치고 경건한 모습으로 손을 모은 채 누워 있었다.

다고베르의 죽음 이후 프랑크 왕국은 다시 둘로 나뉘었다. 두 아들 중열 살인 시주베르 3세는 동부 아우스트라시아를 차지했고 네 살짜리 클로비스 2세에게는 북쪽의 네우스트리아와 부르고뉴가 주어졌다. 이때부터 오랫동안 실제 권력은 궁중 감독관들의 손아귀에 들어갔다. 그들이 왕국의 모든 일을 결정했다.

클로비스 2세는 파리를 방치했으며 클리시 빌라에서 나오지 않았다. 시테 궁전은 빈 조개껍데기가 됐다. 가엾은 클로비스는 그래도 메로빙거 왕가답게 긴 머리에 왕관을 쓰고 왕좌에 앉아 있었다. 깜냥에 비해 지나치게 무거운 이름을 얻은 얼간이 왕은 순진한 눈을 깜박이며 한마디 말도 없이 국사가 처리되는 것을 바라보고만 있었다.

그가 파리에 입성할 때 파리지앵들은 매우 놀랐다. 지금까지의 모든 군주가 그랬던 것과 달리 그는 말을 타고 들어오지 않았다. 대신 네 마리 소가 끄는 수레를 타고 있었다. 사실 병색이 완연한 젊은 왕은 말을 탈 힘조차 없었으며 그렇게 끌려오듯 올 수밖에 없었다. 파리지앵들은 한눈에 왕에게 어울리는 별명을 찾았다. '게으름뱅이 왕'. 그는 물론 모든 후손들에게 달라붙은 불명예였다.

하지만 클로비스 2세도 한 번은 왕다운 의지를 보여주었다. 파리에 기근이 들자 아버지가 수도원에 주었던 은그릇들을 회수했다. 그는 이 보물을 팔아 밀을 산 뒤 파리로 가져왔다. 그러나 생드니 수도원장은 불같이 화를 냈다. 수도원의 부를 빼앗아가는 것은 죄악이었다.

게다가 왕은 생드니에 불만이 있는 것 같았다. 악마의 유혹으로부터 스스로를 보호할 수 있도록 클리시의 개인 예배당에 성물이 필요하다고 생각한 그는 어느 날 생드니로 가서 성자의 관을 열었다. 그러고는 획! 한 칼에 성자의 한쪽 팔을 잘랐다. 그런 다음 천박하게도 겨드랑이 사이에 성자의 팔을 끼고 나왔다. 몇 달 뒤 22세가 된 클로비스 2세는 의문의 우울증 증세를 보이다가 죽었다. 생드니의 수도사들은 왕이 어린 나이에 미

다고베르의 무덤에는
뭐라고 씌어 있을까?

13세기 생드니의 수도사들은 지극히 예외적인 무덤을 만들어 다고베르에게 경의를 표하려 했다. 하지만 그의 악마 같은 명성이 그들을 주저하게 만들었다. 그래서 그들은 약간 모호한, 즉 만화처럼 읽히는 조각을 생각해냈다. 알몸에 왕관을 쓴 어린아이 모습을 한 왕의 영혼이 악마들에게 이끌려 지옥에 온다. 다행히도 생 드니와 생 마르탱, 생 모리스가 이 영혼을 구제한 뒤 하늘로 보내 마침내 천국으로 들어가는 것을 허락 받는다. 메시지는 명백하다. 다고베르는 지옥에 가야 마땅하나 성인들의 중재로 축복 받은 영생의 문이 열렸다는 것이다. 주제단 가까이에서 볼 수 있다.

쳐 죽은 것은 천벌을 받은 거라고 떠벌렸다. 되찾은 팔은 곧 수도원의 납골당으로 되돌아갔고 클로비스 2세는 아버지 곁에 묻혔다.

7세기 후반에 생드니 수도원은 갈수록 영향력이 커졌다. 메로빙거 왕가의 왕들이 선호하는 납골당이었던 생제르맹 데 프레 수도원과 거의 맞먹을 정도였다.

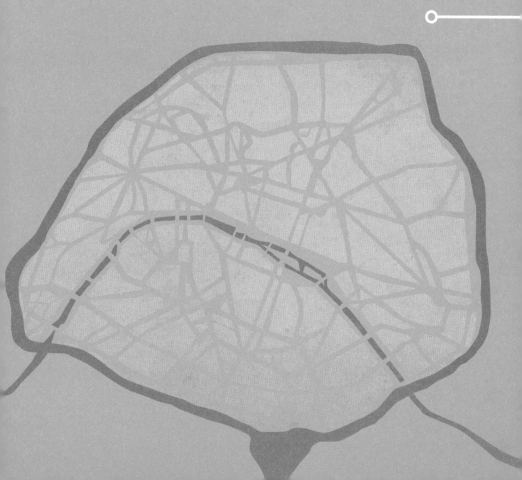

8세기 ○——————

바실리크드 생드니

Basilique de Saint-Denis ●

왕 들 의 마 지 막 사 치

페팽은 환호했다. 교황이 비잔틴 황제가 아닌
자신에게 도움을 요청한 것이다. 이제 로마 가
톨릭 교회의 영속성은 내가 보장한다! 엄청난
승진이었다. 754년 교황 스테파노 2세의 집전
으로 페팽 황제의 대관식이 장엄하게 열렸다.

때때로 지하철은 지름길을 택하기도 한다. 파리의 중심을
벗어나 근교, 즉 미래의 파리로 훌쩍 건너뛴다. 오늘날 그
랑 파리 계획(19세기 이후 파리의 글로벌 경쟁력을 높이기 위
해 주변 위성도시와 연계해 광역도시화한다는 계획_옮긴이)이 진행 중이지만, 지
하철로는 구체화된지 오래된 일이다. 게다가 파리 역사의 주요한 기둥 중
하나가 근교도시 생드니에 세워져 있다. 1998년 프랑스 축구대표팀이 월
드컵에서 우승했을 때 나를 포함한 4만여 응원단이 열광했던 곳, 프랑스
스타디움이다.

보다 진정한 역사적 기둥을 보려면 생드니 도심 안으로 좀 더 들어가야
한다. 그것은 수도원의 심장이었던 성당이다. 성당에 가까이 갈수록 고딕
양식의 파사드는 좀 둔탁하고 무겁게 보인다. 1136년에 만든 프랑스 최

초의 고딕 양식 교회다. 19세기에 대대적으로 보수되었지만, 성당은 건축가인 쉬제르 수도원장이 원하던 모습을 그럭저럭 보존하고 있다.

반대로 내부는 경쾌하다. 원주는 우아하고 발랄하게 궁륭을 향해 뻗어 있다. 스테인드글라스는 영롱한 빛줄기를 뿜어내 기둥에 다양한 형태의 옷을 입힌다. 여기서 고딕은 도약한다. 13세기의 고딕은 찬란하게 빛나는 시기를 맞는데 생드니가 선구자인 셈이다.

스테인드글라스로 스며드는 작은 빛 속에 프랑스의 역사가 우리를 기다린다. 프랑스 대부분의 왕이 거기에 있다. 물론 유해는 오래전에 사라졌지만 우리의 눈 밑에 수세기를 거쳐 왕국의 위대함을 찬양하기 위해 만든 영묘들이 있다. 왕들이 누운 모습을 새긴 묘석과 석회석이나 대리석 관속에 누워 있는 왕들에게 어찌 감동하지 않을 수 있단 말인가? 우리는 영원히 누워 있지만 여전히 자신감 넘치는 그들을 보고, 만지며, 말을 건다.

여기에는 왕들의 납골당을 만든 다고베르와 단신왕 페팽, 루이 5세, 샤를 5세 등이 있다. 70명 이상의 왕이 우리를 쳐다본다. 이 석관들은 대혁명 때 모욕을 당하긴 했지만 기적적으로 보존됐다.

첫 번째 주인이었던 생드니의 무덤은 이전돼 빈 무덤 터만 남았다. 그주위에 8세기 때 수도원장인 퓔라의 납골당 흔적이 그를 추모하기 위해 만든 벽감과 함께 남아 있다. 좀 더 떨어진 곳에 파리 뤼 당주의 공동묘지에서 옮겨온 루이 16세와 마리 앙투아네트 왕비의 관이 놓였던 납골당이 있다. 감동적인 방문이 될 것이다. 프랑스 역사상 가장 상징적인 곳이기 때문이다.

게으른 왕도 소용없었다. 751년 11월 이날은 다시 태어나고 싶지 않은

왕들의 시신은 어디로 사라졌나?

1793년 국민의회는 생드니에 있는 왕조의 사치스러운 무덤을 파괴하기로 결정했다. 검은 정복경찰의 지휘 아래 인부들이 부르봉 왕조의 지하실을 파헤쳤다. 입구를 막고 있던 3개의 무거운 평석을 인부들이 곡괭이로 두들겼다. 벽이 무너지자 인부들은 54개의 참나무 관이 있는 긴 납골당으로 들어가 관들을 차례로 열었다. 루이 13세의 콧수염은 놀라울 만큼 자라 있었고, 루이 14세의 얼굴은 이상하게 검었으며, 부패한 루이 15세의 시신에서는 악취가 뿜어져 나왔다.

로베스피에르와 83년 전 암살된 앙리 4세의 만남이 이뤄졌다. 시간은 군주의 모습을 거의 변화시키지 못했고 덥수룩한 수염만이 빛바랜 회색으로 변해 있었다. 붕대로 감은 몸은 교회의 기둥에 기대어 뻣뻣하게 서 있었다. 긴 칼라에 꼭 끼는 옷을 입고 하얀 고리로 머리를 묶은 로베스피에르는 고집스럽게 감겨 있는 왕의 눈을 세심하게 살폈다. 혁명의 공포를 주도한 사람이 이 만남에서 무엇을 찾기를 바랐을까?

로베스피에르는 갑자기 거부할 수 없는 충동에 사로잡혀 바싹 마른 시신의 수염 두 가닥을 뽑았다. 그리고 지갑 안에 잘 보관했다.

곧바로 함께 있던 사람들이 달려들었다. 한 여인이 시신의 따귀를 때렸고 한 남자가 이빨을 두 개 뽑았다. 군인 한 명은 칼로 수염을 한 움큼 잘랐다. 결국 이 호색한의 유해는 다른 시신들과 함께 현재 피에르 드 몽트뢰이 정원 자리인 교회 북쪽의 공동묘지에 던져졌다. 생석회를 뿌려 부식시킨 왕들의 유해는 복원된 지하 납골당에 경건하게 안치됐다.

날이 될 터였다. 오후에 귀족과 주교 대표들이 프랑크 왕 실데릭 3세 앞에 경의를 표한 뒤 정중하게 말했다.

"프랑크 왕국은 폐하의 치세와 왕조에 종언을 고합니다."

실데릭은 눈이 휘둥그레졌지만 뭐라고 말할 시간조차 없었다. 이 허약한 남자를 건장한 팔이 번쩍 들어 의자에 앉혔으며, 다른 거친 손길이 왕의 권위의 상징인 긴 머리를 가위로 잘랐다. 포석 위에 떨어지는 머리카락 다발은 메로빙거 왕조의 종말을 말해주었다.

사람들은 실데릭을 서둘러 두 마리 말이 끄는 마차에 태워 북부의 작은 섬 '아'에 있는 생 베르탱 수도원으로 옮겼다. 수도원은 최후의 메로빙거 왕에게 훌륭한 은퇴 장소였다. 수도원은 실망한 왕에게 경의를 표하기에 충분할 정도의 부를 지녔기 때문이다. 그렇지만 굳건한 담벼락은 그가 죄수임을 상기시켜 주었다. 수감자는 남은 여생 동안 한 번도 감옥 밖으로 나가지 못했다.

한 왕조를 무너뜨린 쿠데타는 오랫동안 준비된 것이었다. 생드니 수도원장 퓔라는 미리 로마에 가서 교황 자카리아를 만났다. 자카리아 교황은 선했지만, 정치 감각이 있는 인물이었다. 이제 누가 프랑크 왕국의 다음 왕이 되느냐의 문제였다. 생기 없는 실데릭이냐, 사실상 왕국을 10년째 다스리고 있는 페팽 공작이냐.

"누구에게 왕위를 넘기는 게 합당하겠습니까? 이름만 가진 사람에게 주어야 하나요, 실권을 가졌으되 이름은 없는 사람에게 주어야 하나요?"

퓔라가 물었다.

교황은 회색 수염을 천천히 쓰다듬다가 무거운 목소리로 말했다.

"실질적으로 왕국을 다스리고 있는 사람에게 왕좌가 주어지는 게 정당하고 합리적일 것이오."

교황은 페팽이 프랑크 왕이 되는 데 명백한 동의를 한 것이다. 기독교를 왕국의 국교로 삼았던 메로빙거 왕조에게는 배은망덕한 일이었다.

새로운 태양이 떠올랐다. 작은 키 때문에 단신왕이라고 불리던 페팽은 영광과 영예, 권력에 걸신들린 인물이었다.

로마의 동의는 그의 야심을 더욱 불태웠다. 그에게는 늙어가는 교황이 은밀하게 밝힌 몇 마디 말보다 더 확실한 정통성이 필요했다. 새로운 왕의 교활한 참모 보니파스 주교는 이리저리 머리를 굴렸고, 상상에 꼭 들어맞는 대관식을 준비했다. 먼저 성경에서 영감을 얻었다. 『사무엘서』를 보면 이스라엘 왕들의 기름부음 의식이 나온다.

'사무엘은 한 병의 기름을 들어, 사울의 머리에 부었다.' (사무엘 상, 10장 1절)

이어 그는 영불해협 너머 섬나라 영국을 바라보았다. 스코틀랜드 왕들은 고위 성직자에게 축복받고 왕으로 서임된다. 보니파스는 영국의 전통을 교묘하게 버무려 신의 권위와 인간의 신앙이 혼합된 즉위식을 연출했다.

대관식은 수아송 성당에서 거행됐다. 긴 머리에 풍성한 수염, 주홍빛 망토를 어깨에 걸친 왕은 보니파스가 속삭이는 말을 따라 말했다.

"나는 신의 교회와 내 치하의 기독교 백성들을 보호할 것과, 불의를 타파하고 내 모든 판단이 정의와 관용에 발 디딜 것을 맹세하노라."

보니파스는 위엄 있는 자세로 페팽의 이마에 올리브유와 향수를 섞어 만든 성유를 부었다. 그리고 왕의 머리에 왕관을 씌우고 권위의 상징인 홀을 손에 쥐여주었다.

"왕께서 관대하시고 언제나 승리가 함께하시기를! 모든 판단이 공평하고 현명하시기를! 그의 치세가 언제나 평화롭기를!"

귀족과 사제들은 라틴어 문구를 세 번 외치며 화답했다.

"비나트 렉스 인 아에테르눔!"(국왕 폐하 만만세)

이 순간부터 프랑크 왕은 신과 국가를 하나로 묶는 신권을 가진 군주가 됐다. 350년이 지난 뒤 랭스 대주교 잉크마르는 풍부한 상상력으로 클로비스 또한 장엄한 대관식을 치렀다고 주장했다. 비둘기 한 마리가 세례받은 왕에게 부을 성유를 물고 왔다는 것이다. 하지만 클로비스는 결코 기름부음을 받지 못했다. 우선 당시는 대관식 자체가 없었고, 클로비스가 왕관을 쓸 때는 아직 기독교도가 아니었다.

단신왕 페팽의 대관은 파리에 좋은 소식만은 아니었다. 새 왕이 메로빙거 왕조의 수도에 자리 잡겠다는 의지를 보이지 않았기 때문이다. 게다가 그는 자신의 궁정과 권위를 어느 특정한 도시에 내려놓을 생각이 없었다. 페팽은 쾰른 궁에서 티옹빌 궁으로, 보름 빌라에서 콩피에뉴 빌라로 옮겨 다니는 순회 왕이었다. 프랑크의 귀족들은 오로지 왕의 변덕에 맞춰 이런 여정을 따라야 했다.

대관식 직후 페팽이 다시 순회 길에 올랐을 때, 메로빙거 왕조의 종언을 인정했던 교황 자카리아가 하늘나라로 올라갔다. 스테파노 2세가 베드로 성당의 새 주인이 됐다. 교회의 품 안에서 순종하는 신도로 남아 있으려면 그에게 잘 보여야 했다. 그런데 일이 과거와는 아주 다르게 돌아갔다. 정치적 감각을 가졌던 자카리아와 달리 스테파노는 빈자들을 보살피고 병원을 만드는 데 일생을 바칠 정도로 신앙심과 자애심이 넘치는 사제였다. 새 교황은 외교 비밀에 대해 들은 바가 없었다. 사건이 너무 긴박하게 돌아가는 바람에 따라잡는 과외를 받아야 할 정도였다.

한편 롬바르디아 왕인 아스톨프는 권력을 이탈리아 반도 전체로 확대하려고 교황에게 많은 조공을 요구하며 로마를 압박했다. 교회의 보호자였던 동로마 황제 콘스탄티누스 5세는 콘스탄티노플에서 영원의 도시를 구원하러 달려가기보다 더욱 중요한 일이 있었다. 그는 키프로스를 재탈환하는 등 자신의 왕국을 공고히 하는 데 전력했다. 교황과 로마, 로마 주민들의 위험에 대해서는 아무런 관심도 없었다.

스테파노 2세는 어떤 성인에게 기대야 할지 알 수 없었다. 누가 롬바르디아의 탐욕에서 자신을 구해줄 것인가? 갑자기 묘안이 떠올랐다. 페팽! 그렇다. 그는 전임 교황 덕에 왕위에 오른 사람 아닌가? 그런데 그 후임자의 도움 요청을 외면한다면 배은망덕이 아닌가? 교황은 곧 로마에 순례를 온 프랑크 귀족에게 편지를 전했다. 교황은 왕이 자신에게 대사를 보내 네우스트리아로 초대해달라고 부탁했다. 이 초대를 롬바르디아 왕도 반대할 수 없을 것이고, 교황은 위험한 로마를 벗어날 수 있을 터였다.

페팽은 이 상황에서 얻을 수 있는 이점을 바로 간파했다. 두 가지 임무를 띤 대사가 로마에 파견되었다. 교황은 일곱 개 언덕을 가진 도시를 떠날 수 있었지만 로마 주민들은 극도의 불안감 속에 떨어야 했다. 교황이 로마를 떠나다니! 이런 미친 짓이 있나! 일찍이 그처럼 라트란 궁을 오래 비워둔 교황을 사람들은 본 적이 없었다.

753년 12월 스테파노 2세는 아오스트 계곡에 도착했다. 알프스를 넘어 광대한 백색 풍광 속에 회색 돌로 지어진 그랑 생 베르나르 수도원에 머물렀다. 프랑크 왕국의 사절이 퓔라 수도원장과 함께 교황을 만나러 왔다. 퓔라와 일행들은 유명한 스테파노 앞에 경건하게 무릎을 꿇었다.

교황과 수행원들은 여정을 계속했고, 페팽과 베르트 왕비 역시 교황을 맞으러 출발했다. 교황과 프랑크 왕은 샹파뉴 남쪽에서 조우했다. 페팽은 교황의 마차로 달려가 말에서 내린 뒤 무릎을 꿇고 교황의 축복을 간청했다. 유혹 작전은 목적을 달성했다. 교황은 프랑크 왕에게 감사할 뿐이었다.

다음 날 왕의 퐁티옹 빌라에서 회담이 진행됐다. 하지만 분위기는 달랐다. 스테파노가 왕 앞에서 무릎을 꿇고 울며 간청했다.

"롬바르디아의 압박을 멈추게 해주겠다고 약속해 주시오. 아스톨프가 로마 주민에게 부과하는 조공을 줄여주겠다고도요."

페팽은 교황의 정신없는 탄식이 아첨으로 들렸다. 교황이 비잔틴 황제가 아닌 자기한테 도움을 청한 것이다. 이제 로마 가톨릭 교회의 영속성을 보장할 사람은 바로 자신이었던 것이다. 엄청난 승진이었다!

그래. 페팽은 롬바르디아 왕과 철군 협상을 벌일 태세를 갖췄다. 그는 또 교황청이 앞으로 침략에 대비할 수 있을 만큼 충분히 넓은 영토를 확보하기를 원했다. 뒷거래 정도로 충분할 것인가? 확실히 아니었다. 프랑크 왕은 군사 원정을 위해 군대를 일으킬 준비가 끝났다고 천명했다.

안심한 스테파노는 몹시 기뻐했다. 그의 권좌와 도시가 구원받은 것이다. 하지만 페팽은 대가를 원했다. 교황이 집전하는 새로운 대관식이었다. 모든 기독교도들 앞에서 왕과 왕자의 권위를 보여주는 이 의식은 이

론의 여지없이 페팽 가문을 교황청이 보장한 신권 속에 기록할 것이었다. 교황은 이를 받아들였다. 어쨌거나 그에게는 선택의 여지가 없었다.

두 번째 대관식이 준비되기를 기다리는 동안 스테파노 2세는 로마로 돌아가기를 거부했다. 정치적인 이유라기보다 한겨울에 여행하는 고통을 피하기 위한 것이었다.

필라의 공경스러운 접대를 받으며 교황은 생드니에서 몇 달을 머물렀다. 다고베르가 만든 이 수도원은 부와 강력한 힘을 소유하고 있었다. 필라 수도원장은 그것이 낯설지 않았다. 그는 재정적 특권과 팡탱과 라빌레트까지 확대된 영지를 넓히기 위해 투쟁해왔다. 게다가 페팽은 자신의 친구 필라를 위해 생드니에 끊임없이 특혜를 베풀고, 수도원의 영지를 제한하려고 드는 소송인과 불평꾼들을 물리쳤다.

페팽의 새로운 대관식은 생드니 수도원에서 열려야 마땅했다. 하지만 그때 교황은 다른 경건한 의무가 있었다. 생 제르맹 유해의 이전이었다. 파리의 선한 주교는 병자들을 치료하고, 악령에 사로잡힌 사람을 구하고, 노예제도나 이교에 대항해 투쟁하는 등 일생을 통해 끝없는 자비와 기적으로 성인이 됐다. 그러나 그의 유해는 177년째 생뱅상 생트크루아 성당 입구의 허름한 예배당에 누워 있었던 것이다. 경배하는 성인에 걸맞은 이장이 필요했다. 보다 적합한 곳, 생드니 성당의 주제단 바로 뒤 성가대석 아래로 그의 유해를 옮길 때였다.

이장 의식을 위해 교황 스테파노 2세와 페팽 왕, 베르트 왕비, 그리고 미래의 샤를마뉴 대제인 샤를 왕자가 파리에 모였다. 잠시나마 파리는 프

생드니의 보물은 어디로 갔나?

생드니 수도원은 대혁명 때 약탈되는 수난을 겪었다. 하지만 겨우 금과 은 몇 온스가 약탈자들이 찾아낸 전부였다. 하지만 1634년에 실시한 재산목록 조사에서 455개의 보물이 기록되었다. 옛 왕들의 무기, 보석 달린 왕관, 값 비싼 성궤에 보존된 성물, 화려한 복음서 등이었다.

사람들은 생드니의 보물이 어딘가에 묻혀있다고 상상한다. 1939년 르클레르 사령관이라 불리는 고집쟁이가 생드니에서 30㎞ 정도 떨어진 메시 인근의 라디메레스 영지를 사들였다. 그는 집 안에 있던 판매 계약서들을 발견했는데, 그것에 따르면 그 땅이 과거 생드니 수도원 수도사의 소유였다. 자기 발밑에 신비스러운 보물이 묻혀 있을 수도 있다는 말이었다. 수맥 측정가였던 그는 동료들을 불러모아 철사로 땅속을 탐지하는 작업을 했고, 지하 깊은 곳에 금속들이 있는 것으로 탐지되었다. 사령관은 본격적인 발굴에 착수했다. 1954년 지하로 들어가는 계단이 발견됐다. 신문들이 앞다퉈 곧 있을 생드니의 보물 발굴에 대해 보도했다. 하지만 발견된 좁은 통로는 금방 무너질 위험에 처했고, 서둘러서 다시 막아야 했다. 1961년 임종에 앞서 사령관은 자신의 땅에서 마지막 굴착을 실시할 것을 명했다고 한다. 마지막 희망에 재산과 시간을 모두 쏟아부은 것이다. 마찬가지로 마지막 발굴 역시 덧없는 것으로 밝혀졌다.

랑크 왕국의 역사 속에서 가장 중요한 곳이라는 명성을 되찾았다.

기도를 하는 군중 앞에서 납골당이 열렸으며, 생 제르맹의 관이 교회의 성가대석으로 옮겨졌다. 관은 하루 낮밤을 거기서 머물러 추종자들의 경배를 받았다.

다음 날 아침 페팽과 아들 샤를이 보는 앞에서 석관을 옮기는 작업이 시작됐다. 하지만 석관은 바닥에 달라붙은 듯 꿈쩍도 하지 않았다. 지렛대를 가져오고 도르래와 밧줄로 움직이려 했지만 허사였다. 성인이 성가대석을 떠나는 것을 거부하고 있다는 말인가? 주교들은 진땀을 흘렸다. 그들은 페팽에게 말했다.

"영예로우신 폐하, 제르맹 성인이 과거에 주교였음을 아실 것입니다. 따라서 귀중한 성유물은 주교들이 옮기는 것이 옳을 것입니다. 제르맹 성인이 우리에게 말하고자 하는 것 같습니다."

주교들이 관을 들고자 했으나 관은 여전히 움직이지 않았다.

"경건하신 왕이시여, 성인이 관을 드는 영광을 그가 세운 수도원의 수도사들에게 주고자 하는 것 같습니다."

수도사들이 나섰지만 그들 역시 관을 움직이는 데 실패했다. 페팽은 눈물을 참을 수 없었다. 스스로 결정하고 부활을 기다리고 있는 장소에서 성인을 옮기려는 신성모독을 범한 것은 아닌가?

그때 추종자들 사이에서 한 남자가 튀어나왔다. 낯선 인물은 놀라운 직관으로 미스터리를 설명했다.

"관대하신 폐하! 제가 이 믿을 수 없는 저항의 진짜 이유를 알게 된 것 같습니다. 팔레조의 왕궁 빌라와 멀리 떨어지지 않은 곳에 이 수도원은 몇 개의 부속 영지를 가지고 있습니다. 그런데 폐하의 권능을 등에 업은 세금 징수인들이 이곳에서 강압과 독재를 자행하고 있습니다. 그들은 주민들을 죽이고, 포도밭과 수확물, 목초지, 삼림들을 파괴하는 등 그야말로 강도짓을 벌이고 있습니다. 바로 제르맹 성인이 바로잡기를 바라는 불의라고 생각합니다."

사실이었다. 기적은 인간의 본성을 바꾸기 위해 일어난 게 아니었다. 지상에 선함을 가져오거나 고통받는 인간성의 비참함을 완화시키기 위한 것이 아니었다. 기적은 단지 세금 징수인들을 막고, 새로운 영지를 수도원의 재산에 보태주려고 일어났다!

사람들은 수도사들이 그 많은 재산에 얼마나 더 보태려고 저런 짓을 꾸밀까 자문했다. 어쨌든 교묘한 계략은 제대로 작동했고, 페팽은 경건한 성인의 요구에 동의했다. 그는 수도사들에게 자신의 아름다운 팔레조 빌라와 함께 주변 목초지 몇 곳을 얹어 선사했다. 그리고 왕은 간청했다.

"이제 당신의 성스러운 몸을 옮길 수 있도록 은총을 베푸소서."

제르맹 성인의 혼령은 만족한 것 같았다. 관은 어려움 없이 새로운 납골당 안으로 들어갔다. 그리고 신앙심이 깊은 사람들은 하늘에서 내려온 천사들을 보았다. 젊은 왕자 샤를은 기적을 좀 더 가까이서 보기 위해 땅속으로 뛰어내렸다. 하지만 그는 천사를 보지는 못했고 첫 번째 젖니가 부러졌을 뿐이었다.

묘석이 덮였다. 왕의 선물을 돌에 새기는 것보다 좋은 방법은 없었다.

"여기에 생 제르맹이 잠들다. 그의 이장 날, 페팽 왕은 팔레조 영지를 그에게 선물로 주셨다."

이날 사건의 위대함을 표현하기 위해 생뱅상 생트크루아 수도원은 그때부터 생 제르맹 데 프레 수도원으로 불리게 됐다.

이 수도원과 부속 마을의 재산 규모를 설명하기 위해서는 기상천외란 말이 꼭 필요하다. 그 영지는 이시, 보지라르, 샤티용, 티에 그리고 몽트로와 생클루, 팔레조까지 사방으로 널리 퍼졌다. 그것은 일개 도와 맞먹는 규모였다! 수도회의 위상은 점점 커졌고, 예술과 과학, 문학의 친구인 학식 높은 베네딕트파 수도사들이 이곳으로 모여들어 생각하고 일하며 글을 썼다. 수도원 일대가 화산처럼 분출했다. 지적인 풍조가 끊임없이 확산되었다. 오늘날 작가들이 이곳의 유명한 카페에 앉아 노트북 컴퓨터를 두드리며 열정적인 한 페이지를 쓰고 있는 모습을 볼 수 있는데, 오래전에 이곳에 있던 지적 호기심 넘치는 영혼들에게서 영감을 받은 것이 아닌가 생각한다.

스테파노 교황은 이제 페팽의 대관식을 거행해야 했다. 하지만 한 가지 의심이 들었다. 베르트 왕비가 프랑크 왕의 죄악에 대해 고했기 때문이다. 페팽의 합법적 배우자인 베르트가 왕궁의 고독 속에서 고통받고 있을 때, 그의 남편은 색슨 족 미녀의 침대에서 밤을 보냈다. 간음을 저지르면서 하느님을 따를 수는 없는 일이었다. 교황은 곧 왕을 생드니로 소환했다.

"죄악 속에 사는 왕의 대관식을 거행할 수는 없습니다. 은총을 받을 자격이 없을 뿐더러 기독교도들을 다스리는 프랑크 왕국의 왕좌를 더럽히는 일이기 때문입니다."

이런 말도 안 되는 장애물이 있나! 페팽은 곧바로 항복했다. 색슨 족 여인은 수도원에 감금되었고, 일생 동안 나오지 못했다.

754년 7월 말, 예수의 대리인이 거행하는 왕의 대관식이 순조롭게 진행되었다. 그런데 대관식 이틀 전, 스테파노 교황이 위독한 상태에 빠졌다. 교황의 소원은 하나밖에 없었다. 가능한 한 빨리 생드니 교회, 성인의 무덤 곁으로 가는 것이었다. 교황이 자신의 죽음을 받아들이고 있을 때 꿈에 사도 베드로와 바오로가 생 드니와 함께 나타났다.

"우리의 형제가 건강을 원하고 있소."

베드로가 말했다.

"곧 그는 건강해질 것이오."

바오로가 대답했다.

이어 두 손에 종려나무와 향로를 든 생 드니가 교황에게 말했다.

"그대에게 평화를. 형제여, 일어나라. 그대는 치유되었노라."

그러자 환자는 지금까지 짓눌러온 고통이 사라짐을 느꼈다. 감사의 뜻으로 교황은 주교 재판권의 면제, 건물 양도 등의 은전을 퓔라 수도원장에게 베풀었다.

기적과 호의는 정확하게 계승됐다. 스테파노 2세는 7월 28일 생드니에서 페팽의 성대한 대관식을 수행했다. 이마에 부을 성유는 문제가 되지 않았다. 스테파노는 위대함을 추구하는 인물이 아니었다. 오히려 그는 절제하고 간결한 스타일이었다. 그는 사람들이 예상했던 일을 했다. 삼위일체의 이름으로 페팽과 그의 두 아들, 샤를과 칼로만의 머리에 왕관을 씌워주었다. 왕비 베르트는 왕가의 휘장을 걸친 채 성령의 일곱 가지 덕의 이름으로 성 베드로의 축복을 받았다. 마지막으로 교황은 왕자들과 귀족들을 축복한 뒤 이렇게 말했다.

"그대들에게 명하노니, 파문을 피하려거든, 신이 선택하고 성 사도들이 대리인인 교황의 손을 빌려 인정한 페팽 가문 이외의 다른 왕을 섬기지 말며, 그의 가문 안에 왕가의 혼이 영원히 머물게 하라."

페팽은 환희에 가득 찼다. 스테파노는 프랑크 왕국과 생드니를 위해 할 수 있는 최대한의 것을 했다. 그 후 3년 동안 왕은 위엄 있게 부채를 갚았다. 롬바르디아에 세 차례나 원정해 승리를 거두었다. 그리고 정복한 땅, 즉 라벤나와 페루즈를 포함한 22개 도시를 교황에게 바쳤다. 이들 지역에서 '로마 교황령'이라는 새로운 개념이 탄생했다. 교황령의 부와 힘은 경솔하고 야심 많은 교황을 잉태하고 있었다.

○

768년 페팽은 54세가 되었다. 푸아투 지방을 방문할 때 심각한 열병에 걸렸다. 그는 임종이 가까웠음을 알았지만 푸아티에에서 죽고 싶지 않았다. 페팽은 서둘러 도시를 떠났다. 그는 투르의 생마르탱 수도원으로 가서 왕실의 보물을 나누어 주면서 자신을 바로 생드니로 데려다 줄 것을 명했다.

그는 왕국을 두 아들에게 나누어준 뒤 9월 24일 세상을 떠났다. 페팽의 바람대로 그의 유해는 속죄의 뜻으로 수도원에서 가장 미천한 곳, 현관 입구의 흙에 묻혔다.

2주 후, 누아용에서 샤를의 프랑크 왕 대관식이 거행됐다. 동생 칼로만은 수아송에서 아우스트라시아 왕으로 봉해졌다. 파리는 왕의 연대기에서 사라졌다. 그리고 3년 뒤 칼로만이 요절해 랭스의 생레미 교회에 묻혔다. 샤를마뉴는 자신에게 서로마 제국 황제의 왕관을 안겨줄 정복 전쟁을 서서히 시작했다. 그는 자신의 수도를 액스 라 샤펠로 정했다.

파리의 후유증은 만만치 않았다. 파리는 이제 센 강의 작은 항구에 불과했다. 인구 역시 5000명 정도로 줄었다.

샤를마뉴가 옛 수도를 완전히 잊은 것은 아니었다. 779년 로마에서 돌아오는 길에 그는 자신의 제국에 인문과학을 공부하려는 젊은이들을 위한 대학을 설립하겠다는 생각을 해냈다. 그의 명에 따라 몇 개의 교육기관이 파리에 세워졌다. 주교의 궁전과 생트 쥬느비에브 수도원, 생제르맹 데 프레 수도원 안에 만들어졌다. 파리에서 학문이 행해지긴 했지만, 역사의 큰 흐름은 시테 궁전을 비켜갔다. 그곳은 완전히 버림받고 있었다.

페팽과 함께 시작된 카롤링거 왕조의 납골당 개념도 버림받았다. 하지만 오래가지는 않았다. 곧이어 프랑크 왕국의 왕이 된 외드 백작과, 카페 왕조를 연 위그 카페가 지역 패권의 신호로 파리의 수도원에 묻혔다. 하지만 생드니가 공식적으로 '왕들의 공동묘지', 즉 왕가의 납골당이 된 것은 13세기 생 루이 치하의 일이다.

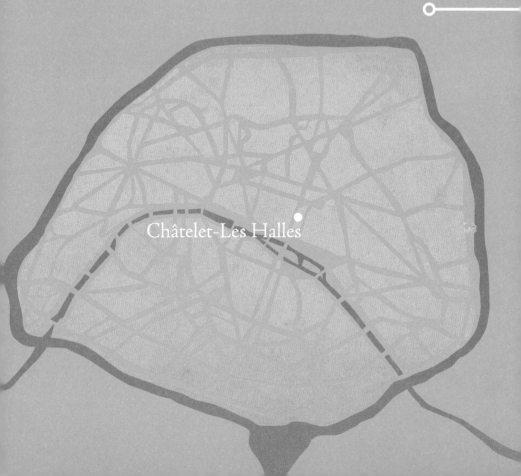

9세기

샤틀레 레알

Châtelet-Les Halles

샤틀레 레알

바이킹의 침략을 불굴의 수비로 맞선 그들이 파리지앵이었다. 역사를 만드는 이도, 왕을 옹립하는 이도 바로 파리지앵이었다. 이제 세계에서 가장 큰 지하철역으로 나가 눈앞에 펼쳐지는 역사를 살펴보라.

RER 샤틀레-레알 Châtelet-Les Halles 역은 지하철 샤틀레 역과 레알 역을 잇는 연결망으로 매일 파리로 출근하는 수도권 승객 50만 명을 토해낸다.

세계에서 가장 큰 지하철역에 오신 것을 환영합니다!

지은 지 30년 만에 낡은 폐허처럼 삐걱거리는 포럼 데 알(파리 도심의 쇼핑몰_옮긴이)을 피하려면 샤틀레 쪽으로 나가야 한다. '움직이는 길'을 타고 끝이 없어 보이는 복도를 지나다 보면 RATP(파리교통공사_옮긴이)에 등록한 거리 음악가들의 기타 소리가 들린다. 밖으로 나가 기념품 또는 짝퉁 상품을 파는 노점상을 지나면 나폴레옹의 이탈리아·이집트 원정을 기념해 만든 '1808 분수' 앞에 서게 된다.

파리 한복판에 있는 샤틀레 광장은 제2 제정 때 오스만 남작의 도시 정비 사업으로 중요한 교차로가 됐다. 파리를 보다 접근하기 쉬운 도시로 만든 것이다. 이 광장을 중심으로 세바스토폴 대로가 강 오른편에서 북쪽으로 뻗어나가고, 왼편에서는 생미셸 대로가 남쪽을 향하며, 리볼리 거리가 동쪽과 서쪽을 잇는다.

이를 위해 샤틀레 분수를 옮길 필요가 있었다. 분수를 약 12m 서쪽으로 미는 작업은 30분밖에 걸리지 않았다. 바닥에 레일을 깔고 분수를 수레에 들어 올려 옮겼기 때문이다.

새로운 파리에서 꼬불꼬불하고 불편했던 골목길은 모두 사라졌다. 길이 넓어진 것뿐만 아니라 두 개의 커다란 극장도 들어섰다. 왼쪽으로는 오랫동안 오페레타가 공연됐던 샤틀레 극장이, 오른쪽에는 연극계에 한 획을 그은 위대한 여배우의 이름을 딴 사라 베른하르트 극장이 있다. 불멸의 작품이었던 '새끼 독수리'는 오늘날 그 이름을 딴 길모퉁이 카페에서만 찾아볼 수 있다. 사라 베른하르트 극장이 테아트르 드 라 빌(시립극장)이 되었기 때문이다. 하지만 철제 계단을 이용해 극장 3층으로 올라가면 여신의 숙소를 발견할 수 있다. 욕조와 병풍, 포스터, 사진 등이 모두 남아 있어 비극의 여배우가 당장이라도 나타날 것만 같다.

우울한 기억의 자리도 있다. 시립극장 자리에 라 비에유 랑테른이란 음산한 골목길이 있었다. 1855년 1월 어느 날 아침, 그 길에서 시인 제라르 드 네르발이 쇠창살에 목을 맨 채로 발견됐다. 그의 친구였던 샤를 보들레르는 "그가 찾을 수 있었던 가장 불결한 구석"이라고 말했다. 네르발이 목을 맨 장소가 극장 무대 아래의 환기 구멍과 정확하게 일치한다는 전설이 내려온다.

9세기 초, 파리는 기억에서 사라진 도시였다. 820년경에는 죽어가고 있다는 표현이 더 옳았다. 모든 불행이 센 강변에 내려앉은 것 같았다. 기아와 홍수, 전염병이 도시를 덮쳤다. 강이 범람해 시테 섬이 잠겼다. 배를 타야만 움직일 수 있었다. 엄습하는 죽음을 막을 도리가 없었다. 부풀어 오른 시신들이 강물에 떠다니거나 남은 땅에 걸려 있었다. 익사한 건지, 아사한 건지, 아니면 악당에게 살해당한 건지 누구도 알 수 없었다. 시신들이 모두 비슷했기 때문이다. 파리는 죽음만을 기다리는 대기소가 되었다.

하지만 곧 희망의 소식이 도시로 날아들었다. 생트 쥬느비에브가 영혼을 신께 바친 장소에서 센 강물이 줄어들었다는 소문이었다. 성녀의 유골은 시테 섬의 생 장 밥티스트 세례당 근처의 수도원에 보존되어 있었다. 그곳에서 물이 빠졌다는 것은 파리의 수호성인이 파리와 주민들에 대한 사랑을 다시 표현했다는 뜻으로 읽혔다. 파리지앵들은 수호성인의 묘지 주위를 행진하며 그녀에게 간청했다. 그러자 기적이 일어났다. 주변까지 차 있던 강물이 서서히 물러나기 시작한 것이다.

경애하는 쥬느비에브야말로 파리의 운명을 지켜보고 있는 유일한 존재였다. 아니 유일하다고 말할 수는 없었다. 유럽의 북쪽 끝에서 한 민족이 배를 타고 발트 해를 건넌 뒤 영불 해협을 지나 센 강을 따라 내려오고 있었다.

샤를마뉴 황제가 죽은 뒤 경건왕 루이가 프랑크 왕국을 물려받았다. 하지만 루이의 아들들은 아버지가 죽을 때까지 기다릴 수가 없었다. 833년 황제의 세 아들은 아버지를 몰아내고, 제국을 나눠가졌다. 반역한 왕자들은 서로를 향해 으르렁거렸고 제국도 갈기갈기 찢어졌다.

스칸디나비아 반도의 전사들이 그 장면을 바라보고 있었다. 처음에는 그들도 본거지에서 멀리 내려오지 않았다. 영국 먼 바다의 셰피 섬이나 라인 강 입구에 있는 도르슈타트 항구, 스켈트 강의 작은 항구도시 안트베르펜을 약탈하는 정도에 그쳤다. 주민들은 이 살인마들을 노르만 족, 즉 '북쪽 사람들'이라 불렀으나 곧 그들이 스스로 뭐라고 부르는지 알게 되었다. 바이킹이었다.

루이의 죽음 이후, 세 아들이 제국을 공식 분할했다. 843년 베르됭에서 조약이 체결되었다. 동프랑크 왕국은 루드비히 2세에게, 중프랑크 왕국은 황제의 지위와 함께 로테르 1세에게, 그리고 서프랑크 왕국은 대머리왕 샤를 2세에게 주어졌다. 동프랑크 왕국은 나중에 독일이 되며 서프랑크 왕국은 프랑스가 된다. 플랑드르 지방에서 이탈리아 북부에 이르는 중프랑크 왕국의 경우 강력한 두 이웃 프랑크 왕국에 야금야금 영토를 빼앗기지만 일부는 오늘날 이탈리아의 선조로 간주할 수 있다.

대머리왕 샤를 2세는 열광적인 기독교 숭배자였다. 그의 별명은 교회에 복종한다는 의미로 가운데 머리를 면도한 모습에서 지어졌다. 독실하지만 전투적이지는 않았던 샤를은 바이킹이 센 강을 따라 접근하고 있다는 소식을 듣자 군대를 파견하고는 자기는 생드니에 숨었다. 왕은 수도원의 높은 담 뒤에서 야만족이 큰 분란을 일으키지 않기를 바랐다.

그 사이 센 강에 도착한 병사들은 눈앞에 펼쳐진 광경에 놀라지 않을 수 없었다. 강을 새까맣게 수놓은 배들이 규칙적인 박자로 노를 저으며 천천히 다가오고 있었다. 주저할 필요도 없었다. 달아나는 것만이 살길이었다. 샤를의 병사들은 서둘러 뺑소니쳤다.

845년 3월 29일 부활절, 파리는 공포에 휩싸였다. 방어태세가 전혀 없었고 낡은 성벽으로는 바이킹을 막을 수 없었다. 파리지앵들 역시 달아났다. 그야말로 각자도생各自圖生이었다. 보석과 가축, 밀가루 등을 챙겨 내륙 깊숙이 숨었다. 수도사들도 교회의 보물, 성배들을 안고 수도원을 떠났다. 무엇보다도 생 제르맹과 생트 쥬느비에브의 유골을 챙겨야 했다. 하지만 그것은 불필요한 짓이었다. 바이킹은 유골 따위는 쳐다보지도 않았다. 그들은 금붙이, 보석, 장신구 등 돈이 되는 것에만 관심이 있었다. 땅을 차지하려고 하지 않았고, 권력 행사를 하거나 영향력을 확대하는 것에도 관심이 없었다. 오로지 부자가 되기를 원했다. 그뿐이었다.

바이킹은 시테 섬의 작은 항구에 배를 댔다. 그들은 배에서 내려 미처 달아나지 못한 주민들을 학살했고 비어 있는 도시를 체계적으로 약탈했다. 우선 수도원을 뒤져서 상당수 숨겨둔 재산을 찾아냈다. 그들은 기독교에 전혀 무지했기 때문에 종교의 유산들을 마구잡이로 다뤘다. 집은 모조리 불태웠고, 처녀나 젊은이들은 노예로 끌고 갔다.

바이킹은 결코 만족할 줄 몰랐다. 그들은 수도원이 막대한 보물을 숨겨놓았을 생드니까지 약탈하려 했다. 대머리왕 샤를은 기사들을 소집했다.

"용감한 기사들이여, 그대들에게 우리의 성스러운 순교자 드니 무덤의 미래가 달렸노라!"

하지만 프랑크 전사들은 얼굴을 찌푸렸다. 전쟁을 하기 좋은 계절이 아니었다. 초봄이어서 아직 풀이 올라오지 않았다. 겨우내 굶주린 말들을 먹일 수가 없었다. 풀이 자랄 때까지 공격을 늦춰야 했다.

　게다가 싸울 수가 없다면 평화를 돈으로 사는 방법도 있었다. 은화 7000리브르! 샤를 2세가 바이킹 두목인 라그나르에게 제안한 액수였다. 거래는 성사됐다. 약탈자들은 배를 가득 채워 떠났다.

하지만 유럽의 북단에서는 또 다른 전사들이 프랑크 왕국으로 떠날 준비를 하고 있었다. 그들도 샤를 왕국의 환상적인 보물에 대해 들었다. 이번에는 고드프레드가 선단을 이끌고 파리를 위협했다. 프랑크 왕국의 몇몇 병사가 생트 쥬느비에브 산에 집결했지만, 이번에도 돈을 줘서 돌려보냈다. 다음엔 시드록이 이끄는 바이킹이 도착했는데, 이번에는 돈으로 매수할 수 없었다. 금고가 바닥났기 때문이었다. 그러자 바이킹은 파리에 남아 있었던 마지막까지 약탈했고, 모조리 불태웠다.

　생제르맹 데 프레 수도원의 연대기 작가 애무앙은 이렇게 썼다.

　'이런 불행이 또 어디 있는가! 프랑크 족은 싸우지 않고 달아났다. 그들은 첫 번째 화살이 날아와 방패에 닿기도 전에 줄행랑을 쳤다. 노르만 족은 프랑크 영주들이 한 줌의 용기도 남아 있지 않다는 것을 알고 있었다.'

　몇 년 뒤, 바이킹은 샤를에게 돈을 뜯어내는 새로운 방법을 터득했다. 그들은 샤를마뉴의 손자인 생드니 수도원장 루이와 그의 동생 고즐랭 파리 주교를 납치했다. 납치범들은 엄청난 몸값을 요구했다. 이번에는 프랑크 왕도 비싼 돈을 지불해야 했다.

　'몸값을 위해 샤를 왕국 교회의 많은 보물이 샤를의 명으로 처분됐다.'

　트루아 주교인 프뤼당스는 『생베르탱 연대기』에서 그렇게 썼다.

끊임없는 침략에도 대머리 왕은 차근차근 대비를 해나갔다. 먼저 부서진 두 다리를 복구해 강둑과 시테 섬을 다시 이었다. 물살이 센 지류에 다리를 놓기 위해 물속에 돌더미를 던졌고 그 위에 나무 판을 깔았다. '대머리 샤를 길'은 나중에 퐁 토 샹쥐가 되어 파리의 얼굴을 바꿔놓는다.

이 바리케이드를 잘 보호하기 위해 왕은 강 오른편에 커다란 방어탑을 세웠다. 왼편의 작은 다리 역시 깊은 총안(총이나 화살을 쏘기 위해 성벽에 뚫어놓은 구멍_옮긴이)이 있는 탑으로 보호했다.

강의 좌우 양쪽에 파리의 심장부, 즉 시테 섬을 보호하기 위한 출입문 같은 두 개의 시설이 만들어졌다. 그것은 진정한 요새였으며 작은 성, 즉 샤틀레였다. 샤를 다리 끝에 있는 것이 그랑 샤틀레, 작은 다리 끝에 있는 것은 프티 샤틀레였다.

885년, 두 샤틀레를 지은 지 10여 년이 지났지만 아무것도 달라진 게 없었다. 바이킹의 위협은 여전히 계속되었다. 대머리왕 샤를은 세상을 떠났고 생드니에 매장되었다. 루브르 박물관에 소장된 9세기 샤를마뉴 동상은 아마도 대머리왕 샤를일 것이다.

왕의 승하 이후 서프랑크 왕국의 섭정권이 신성로마 제국 황제이자 동프랑크 왕국의 뚱보왕 카를 3세에게 넘어갔다. 샤를마뉴의 옛 제국이 일시적이나마 통일된 것이다.

프랑크 왕국의 귀족들은 동·서 프랑크의 군사력을 통합해 북쪽의 야만족을 물리칠 수 있기를 기대했다. 하지만 착각이었다. 카를은 은화 2800리브르로 평화를 샀다. 조용할 수만 있다면 그는 어떠한 재정적 희

샤틀레는 어떻게 되었을까?

12세기에 파리를 보호하기 위해 커다란 성벽을 쌓았다. 필립 오귀스트 성벽이다. 쓸모가 없어진 그랑 샤틀레는 파리 재판소 소유가 됐다. 그 건물은 생류프루아 또는 리우프루아라고 불린 아치형 통로로 이어졌다. 잘 지은 이름이었다.(리우프루아 Lieuffroy의 Lieu는 장소란 뜻이고, ffroy는 춥다는 뜻의 froid와 음이 같다. 따라서 추운 장소란 뜻이 된다_옮긴이) 그랑 샤틀레는 음산한 장소였다. 감옥이자 동시에 시체실이자 고문실이었다. 파리에서 몽포콩의 교수대 다음으로 사람들이 가기를 꺼리는 곳이었다.

광장은 오늘날처럼 넓지 않았고, 좁고 구불구불한 길과 미로로 둘러싸인 음침한 곳이었다. 더구나 10세기 때부터 근처에 도축장이 있어 가축들의 먹따는 소리가 죄수들의 비명소리, 신음소리와 뒤섞였다. 샤틀레의 무시무시한 이미지는 시체 썩는 악취와 비릿한 피 냄새, 더러운 시궁창과 겹쳤다. 1509년 지어진 도살장의 생자크 탑은 근처의 메지스리 강둑(무두질 강변)과 함께 당시의 우울한 추억을 간직하고 있다.

그랑 샤틀레는 1804년 허물어졌다. 기념물이 하나도 남아 있지 않은 이유를 쉽게 짐작할 수 있다. 그래도 샤틀레 감옥과 가장 흡사한 자취를 찾는다면 센 강을 건너 갈랑드 52번지의 '지하 감옥 카바레'에 가보면 된다. 지하로 내려가 보시라. 옛날 죄수들의 낙서가 여러분을 기다린다.

'나는 교수형에 처해질 것이다!'

'마라(프랑스 혁명가_옮긴이)에게 죽음을!'

이곳이 그랑 샤틀레와 마주보고 있던 프티 샤틀레의 지하 감옥이다.

생도 치를 준비가 되어 있었다. 돈이 적다고? 왕은 바이킹 왕 고드프레드에게 프리즈 공작 작위를 주었다. 즉 네덜란드 북쪽의 모든 지역을 떼어준 것이다. 하지만 고드프레드는 그 이상을 요구했다. 라인 강변의 영토까지 달라고 했다. 지나친 탐욕은 뚱보왕을 격노하게 만들었다.

황제는 협상에 임하는 척했다. 발 강이 라인 강과 합류하는 헤리스피치라는 이름의 작은 섬에서 회합이 예정되었다. 자신감 넘치고 탐욕스러운 바이킹 왕은 수행원 몇 명만 대동하고 나타났다. 함정에 빠진 것이다. 매복해 있던 카를의 군사들이 들이닥쳐 단칼에 고드프레드와 경호원들을 살해했다.

○

"고드프레드가 죽었다. 무기를 들라!"

스칸디나비아 전체에 함성이 울려 퍼졌다. 북쪽에서 온 대규모 선단이 프랑크 왕국에 밀어닥쳤다. 885년 가을, 바이킹은 부르고뉴와 프랑크 왕국 전체의 관문인 파리를 공격하기 위해 밀려왔다.

센 강은 셀 수 없을 만큼 많은 적선으로 뒤덮였다. 뾰족하게 튀어나온 뱃머리에 스칸디나비아 신들의 형상을 조각하고 마스트에는 네모난 대형 돛을 단 700여 척의 배가 다가왔다. 마치 소리 없이 전진하는 들소떼 같았다. 강물 대신 꾸불거리며 펄럭이는 긴 띠만 보였다.

도시에서는 샤를에게 기대할 것이 없다는 사실을 알고 있었다. 소심한 군주는 바이킹에게 줄 돈을 세고 있었다. 파리지앙들은 명예를 잃은 황제에게서 등을 돌렸다. 이제 주민들과 병사, 장군들은 자신밖에 믿을 것이 없었다. 파리는 흔들리지 않았고 주민들은 달아나지 않았다. 각자가 자신의 위치에서 전투를 준비했다. 사실 오래전부터 파리지앙들이 기다려온 싸움이었다.

11월 25일 북쪽에서 온 대규모 함대가 시테 섬 앞에 도착했다. 바이킹은 즉시 왼편을 접수했다. 그들은 생제르맹 데 프레 수도원을 포위한 뒤 에벨스 수도원장과 수도사들에게 시테 섬으로 옮기라고 요구했다.

이미 카를의 비겁함에 익숙한 바이킹 왕 시주프루아는 먼저 파리지앙들에게 대화를 청했다. 그는 전투 대신 협상만으로도 황금을 얻을 수 있으리라 믿었다.

프랑크 왕국은 파리 주교인 고즐랭을 파견했다. 고즐랭은 회색빛 금속 갑옷을 입고 단호한 태도를 취했다. 긴 수염을 정성스레 땋고 털이 긴 가죽옷을 걸친 이교도 왕은 허리에 양날 검을 차고 있었다. 그는 시테 섬을 넘어 프랑크 왕국 전체를 약탈하겠노라고 위협했다.

고즐랭은 분노했다.

"신 다음으로 거의 모든 세계를 자신의 법으로 다스리는 샤를 황제는 왕국을 보호하고 평온을 유지하기 위해서 이 도시를 우리에게 위임했소. 만약 당신에게 도시 보호를 위임했다면 당신은 성을 버리고 달아날 수 있겠소?"

바이킹 왕은 대답했다.

"내가 그런다면 내 머리를 잘라 개에게 줄 것이다!"

하지만 시주프루아에게 그렇게 하라고 요구할 수는 없었다.

"너희들은 내가 도시로 들어가는 것을 거부했다. 내 칼이 나에게 길을 열어줄 것이다. 너희들은 나와 내 부하들의 용맹성을 알게 될 것이다. 내일 새벽, 내 전사들의 화살 비는 해가 질 때까지 계속되고 전투는 매일 다시 시작될 것이다. 필요하다면 몇 년이고 끝나지 않을 것이다."

실제로 다음 날 바이킹 병사들이 배에서 내려 그랑 샤틀레의 해자를 둘러쌌다. 바이킹이 쏜 화살 구름은 수비하는 병사들을 쓰러뜨렸다. 고즐랭 주교도 화살에 맞았다. 팔에서 화살을 뽑고 응급처치를 한 뒤 그는 다시 전투를 계속했다. 모든 파리 주민이 전투에 참여했다. 여자들은 상처를 감을 붕대를 준비했고, 남자들은 직접 전투에 나서거나 침략자들에게 던질 돌을 날랐다. 소명의식이 다시 깨어났다. 생제르맹 데 프레로 달아났던 에블레스 주교도 법의를 벗어 던지고 갑옷을 입었다. 밀집대형으로 전진하는 바이킹에 맞서 일류 궁사의 실력을 발휘했다. 사람들은 한 대의 화살로 여섯 명의 바이킹을 꿰는 모습을 목격했다!

하지만 적은 끝이 없었다. 그들은 배에서 널빤지와 바퀴, 로프를 꺼내더니 곧 웅크린 괴물 모양의 투석기를 만들어 무거운 돌을 그랑 샤틀레로 날려 보냈다. 탑은 잘 견뎠다. 하지만 배 한 대가 그랑 퐁(큰 다리)으로 접근해왔다. 그 배에는 바퀴가 달린 이동용 탑이 실려 있었다. 그 탑은 그랑 샤틀레에 바짝 달라붙어 도개교를 공격하기 시작했다. 위험을 느낀 프랑크 병사들은 적의 탑으로 몰려가 칼을 휘두르며 육박전을 벌였다. 바이킹 왕 시주프루아는 프랑크 족의 공세에 얼이 빠지고, 예상치 못했던 저항에 놀랐다. 그는 수많은 전사자를 내버려둔 채 후퇴를 명령했다.

밤이 왔다. 파리는 다음 날 펼쳐질 새로운 공세에 대항할 준비를 했다.

첫날 전투에서 누구보다도 대담무쌍했던 사람이 부상했다. 파리 백작 유드였다. 그에게 전투 지휘권이 주어졌다. 8세기 이후 파리는 백작령으로 유지되어왔다. 최초의 파리 백작은 샤를 마르텔의 아들 그리퐁이었다. 백작령은 이후 왕권에 귀속되었다.

그랑 샤틀레를 더욱 높게 쌓는 것이 급선무였다. 탑이 너무 낮았기 때문에 병사들이 적군의 화살에 노출되었다. 어떻게 탑을 쌓을 것인가? 돌과 벽돌로 쌓기에는 시간이 너무 부족하고 나무로 보강할 수는 있을 것 같았다. 파리지앙들은 그날 밤 분주하게 움직였다. 각자 맡은 일을 했다. 벌채를 하고, 톱질을 했으며, 못을 박고, 들보를 세웠다. 다음 날 시주프루아는 아연실색할 수밖에 없었다. 밤사이 탑이 더 높아진 것이다!

바이킹의 한 부대가 그랑 샤틀레를 파괴하기 위해 탑을 둘러싸고 있는 경계를 헤엄쳐 건넜다. 곡괭이와 도끼로 무장한 이들은 탑의 아랫부분을 두들겨 부쉈다. 탑 꼭대기에 있던 유드 백작은 끓는 기름과 녹은 송진을 퍼붓고 불화살을 쏘도록 명령했다. 공포영화의 한 장면 같았다. 온몸에 불이 붙은 사람들은 살아있는 횃불로 변했다. 그들은 센 강으로 뛰어들었지만 불은 쉽게 꺼지지 않았다. 불타는 시신들이 강물에 떠다녔다.

하지만 사람들은 언젠가 탑을 포기해야 할 것이라는 사실을 알고 있었다. 파리의 모든 교회가 경종을 울렸다. 바이킹은 오고 또 왔다. 결국 그랑 샤틀레에 구멍이 뚫렸다. 유드 백작과 용감한 병사들이 칼을 들고 침입자에 맞섰고 접전이 벌어졌다. 여기서 밀리면 도시 전체가, 나아가 왕국 전체가 무너진다는 것을 파리지앙들은 잘 알았다. 그들은 잘 막아냈다.

바이킹들은 일단 후퇴해서 강 오른편 생제르맹 록세루아 수도원 근처에 진을 쳤다. 그들은 세심하게 새로운 공격을 준비했다. 충분한 시간을 가지고 인근 마을들을 약탈해 식량을 구하고, 새로운 공성용 탑을 만들었다. 파리는 파리대로 그랑 샤틀레를 보강하고 꼭대기에 투석기를 설치했다.

두 달에 걸친 준비기간이 지난 뒤 886년 1월 31일 전투가 재개됐다. 파리에서는 총동원령을 알리는 뿔나팔 소리가 울렸다.

바이킹은 새로운 전략을 시도했다. 짐승 가죽으로 만든 커다란 방패 아래 숨어 탑에 접근했다. 마치 용이 탑 밑에 똬리를 틀고 있는 것 같았다. 또 전사자 시체를 해자에 던져 메운 뒤 그 시체를 밟고 공격을 시도했다.

드라마는 프티 샤틀레 쪽에서 써졌다. 겨울비로 강물이 불어난 탓에 프티 샤틀레는 고립됐고 쉽게 포위당했다. 하지만 남은 12명의 용사는 불굴의 의지로 저항했다. 바이킹은 수적 우세에도 탑을 빼앗지 못했다. 화가 치민 바이킹은 탑에 불을 질렀다. 싸움에 지치고 연기에 숨이 막힌 12명의 용사는 불타는 탑에서 빠져 나와 프티 퐁(작은 다리)으로 몸을 피했다. 육박전이 벌어졌고, 용사들은 최후까지 싸웠다. 11명이 쓰러졌고, 마지막 용사는 포로로 잡혔다. 하지만 그는 침략자의 칼을 빼앗아 마지막 순간까지 적을 베다 쓰러졌다. 바이킹의 분노는 극에 달했다. 그들은 프티 샤틀레 탑을 마지막 돌 하나까지 쓸어버렸다.

12명의 영웅적인 저항은 파리의 애국심과 용감성의 상징이 되었다. 아르드라드, 아르놀드, 에릴랑, 에르망트리드, 에르윅, 에나르, 고스뱅, 고츠베르, 기, 오도아크르, 소티 그리고 포로가 됐던 에르베, 이들은 파리의 역사 속으로 영광스럽게 걸어들어갔다.

봄이 다가왔지만 전사들은 기진맥진했다. 바이킹은 자기 편 희생자 수를 세어 파리에 변상을 요구했다. 명예로운 출구를 찾는 게 시급한 상황이었다. 전투 능력만큼 정치적 감각도 풍부했던 유드 백작은 시주프루아와의 회담을 제안했다. 두 장수는 그랑 퐁에서 만났다. 프랑크 장수는 바이킹에게 은화 60리브르를 제안했다. 이거나 받고 지옥으로 꺼져버려! 그 돈은 터무니없게 적은 액수였다. 하지만 유드 백작은 그 이상 줄 수도, 주고 싶지도 않았다. 몇 달 동안의 전쟁으로 극도로 궁핍해진 상태인 데다, 더 많은 공물을 바친다면 명예와 용기에 목숨 거는 프랑크 왕국 전체가 유드 백작을 죽이려고 달려들 것이 뻔했다.

시주프루아가 포위를 푼다고 해서 불명예가 되는 금액은 아니었지만 바이킹 장군들이 타협을 거부했다. 그들은 많은 대가가 주어지지 않는다면 싸움을 계속하고 싶어 했다. 금전적 야심이 채워지지 않은 데 분노한 그들은 많은 몸값을 받을 수 있는 유드를 생포하려 달려들었다. 하지만 유드는 칼을 휘둘러 바이킹 장군을 쓰러뜨린 뒤 시테 섬으로 귀환했다. 바이킹은 그랑 샤틀레를 점령하기 위해 진격했지만 이미 전력이 크게 약화되었고, 그나마 분열되었기 때문에 쉽게 물리칠 수 있었다.

결국 바이킹은 물러갔다. 하지만 어디로 갈지 몰라 생제르맹 데 프레 근처에 다시 진을 쳤다. 파리는 휴전을 기뻐할 겨를이 없었다. 새로운 재앙이 도시를 덮쳤다. 그랑 샤틀레의 해자를 메운 시신이 페스트를 일으켰다. 칼을 맞고 죽은 시신 위에 전염병에 걸려 죽은 시신이 쓰러졌다. 전염병이 물러가자 이번에는 기근이 찾아왔다. 너무 오래 포위된 탓이었다. 한밤중에 일군의 사람이 시테 섬을 떠나 바이킹의 진영에 숨어들어갔다. 어둠을 틈타 대담한 파리지앙들이 소와 짐승들을 훔쳐 조용히 그랑 퐁을 건넜다. 굶주린 주민들은 덕분에 고기를 먹을 수 있었다.

상황은 이상하게 돌아갔다. 파리지앙들은 감히 섬 밖으로 나가지 못했다. 바이킹은 강둑에서 진을 치고 있었다. 포위가 풀린 것인가, 아닌가? 적을 달아나게 하려면 서둘러 돌파구를 찾아야 했다. 카를 황제가 전투에 참여했다. 유드 백작과 몇몇 용사가 파리를 벗어나 메츠를 향해 말을 달렸다. 황제의 마음을 움직여 바이킹을 파리에서 쫓아낼 강력한 지원을 얻기 위해서였다. 하지만 뚱보왕 카를은 모든 문제가 피곤할 뿐이었다.

하지만 유드 백작의 강력한 요청을 거부할 수 없었다. 카를은 마지못해 앙리 드 삭스 공작이 지휘하는 부대를 파견하기로 동의했다. 황제는 뒤따라 갈 것이었다. 틀림없이, 아마도, 글쎄….

유드 백작은 파리지앙들에게 희소식을 전하기 위해 서둘러 파리로 돌아갔다. 백작은 6월의 태양 아래 몽마르트르 언덕에 나타났다. 도시 전체가 안도의 한숨을 쉬었다. 백작의 귀환이 이로울 게 없다는 사실을 안 바이킹은 길을 막았다. 하지만 누가 우리의 영웅을 막을 수 있겠는가? 유드 백작은 칼을 휘둘러 바이킹을 쓰러뜨리고 대포알처럼 성으로 들어갔다. 우레와 같은 환호가 터졌다.

얼마 후 앙리 드 삭스의 부대가 도착했고, 바이킹을 밀어냈다. 프랑크의 귀족들은 바이킹에게 결정적인 패배를 안길 기회를 발견했다. 이를 위해 증원군이 필요했다. 그리고 그것은 황제의 약속이었다. 황제는 강력한 군대를 이끌고 몽마르트르에 나타나 바이킹을 무찌를 것이다.

하지만 카를은 우물쭈물했다. 샤를마뉴의 증손자인 그는 협상가였으며 교활했지만, 전사는 아니었다. 바이킹이 센 강을 통과하길 원한다고? 그래? 그럼 통과하게 하라! 게다가 황제는 바이킹에게 700리브르의 은화까지 하사했다. 프랑크 귀족들은 "이건 배신이야"라고 울부짖었다. 바로 비겁함 자체였다. 황제는 게르마니아 지방, 즉 동프랑크 왕국의 안위만 걱정했다. 그래서 제국의 중심, 서프랑크 왕국에 발을 담그기보다 북쪽 지방의 왕들과 연대를 맺는 것을 따랐다. 프랑크 왕국의 귀족들은 결코 이런 배신행위를 용서하지 않을 터였다.

파리는 더 이상 황제와 맺은 협약을 이행할 의무를 느끼지 못했다. 황제가 허락한 대로 시주프루아가 그랑 퐁 밑으로 자신의 함대를 통과시켜 프랑크 왕국을 노략질하려 한다면, 이를 막기 위해 무엇이든 할 것이었다. 그랑 샤틀레의 탑 꼭대기에서 주교이자 궁수인 에블레스는 선두에 선 바이킹 배의 항해사 가슴에 화살을 꽂아 넣었다. 바이킹은 더 이상 고집을 부릴 수 없음을 알았다. 그때 믿지 못할 장면이 펼쳐졌다. 바이킹이 배를 뭍으로 끌어올린 뒤 배를 머리에 이고 들판과 숲을 거쳐 파리를 우회했다. 수치가 극에 달했지만 별 수 없었다. 그들은 파리에서 멀리 떨어진 강물에 배를 다시 띄웠다. 그리고 욘의 하천을 따라가 상스(파리 남동쪽 110㎞에 있는 도시_옮긴이)를 공격했지만 실패한 뒤 방어태세가 덜 갖춰진 모(파리 동부 약 40㎞에 있는 도시_옮긴이)를 공격해 약탈하고 주교를 납치해 갔다.

일 년 뒤인 887년 11월, 제국에 대한 불만은 일반적 현상이 되었다. 귀족들을 다독이기 위해 뚱보왕 카를은 마인츠 인근의 트레부르에서 의회를 소집했다. 황제는 변명하고 싶었지만 누가 그 설명을 귀담아 들을 것인가? 단 몇 초 만에 그는 모든 것을 잃었다. 더 이상 신성로마 제국의 황제도, 이탈리아의 왕도, 동프랑크의 왕도, 서프랑크의 왕도 아니었다. 그는 아무것도 아니었다. 조카 아르널프가 동프랑크 왕이 되었지만 서프랑크의 왕좌는 비어 있었다.

이듬해 2월, 프랑크 영주들은 콩피에뉴에서 회합을 갖고 파리 백작 유드를 서프랑크 왕국의 왕으로 선출했다. 시간을 절약하고 다른 후보가 왕위를 넘보는 것을 막기 위해 콩피에뉴에서 대관식이 치러졌다. 서둘러 의식을 열고 부랴부랴 기름부음을 행한 뒤 외쳤다. 국왕 폐하 만세!

새로운 왕은 선언했다.

"교회의 신하들과 세속의 영주들이여! 그대들은 조언과 힘으로 나를 도우며 내게 충성을 다하라. 나는 신의 도움과 그대들의 협조로 필요한 모든 것을 개혁하고, 모든 것을 과거에 존재하던 정의와 공정의 자리에 돌려놓으리라."

시의적절한 선언이었다. 유드 왕은 서프랑크 왕국을 점령하려고 끊임없이 쳐들어오는 바이킹에 맞서 전투를 이끌었다. 적은 결국 파리에 굴복했다. 하지만 파리 역시 심각한 상처를 입었다. 건물들은 폐허가 됐다. 생제르맹 데 프레 성당은 사각형 탑의 일부만 남았다. 생트 쥬느비에브, 생

쥘리앙 르포브르, 생마르셀, 생제르맹 록세루아 등 다른 교회들도 약탈되고 불탔다.

하지만 이러한 유린 속에서도 파리는 성장했다. 스칸디나비아의 약탈자들은 프랑크 왕국을 차지하려면 먼저 파리를 차지해야 한다는 사실을 증명했다. 파리지앙들은 불굴의 수비로 맞선 왕국의 나머지 지방으로부터도 인정받았다. 게다가 유드 백작은 임종에 앞서 프랑크 왕국의 왕관을 샤를마뉴의 직계 자손에게 돌려주었다. 바로 그들이 파리지앙이었다. 역사를 만드는 것도, 왕을 옹립하는 것도 그들이었다.

라
샤
펠

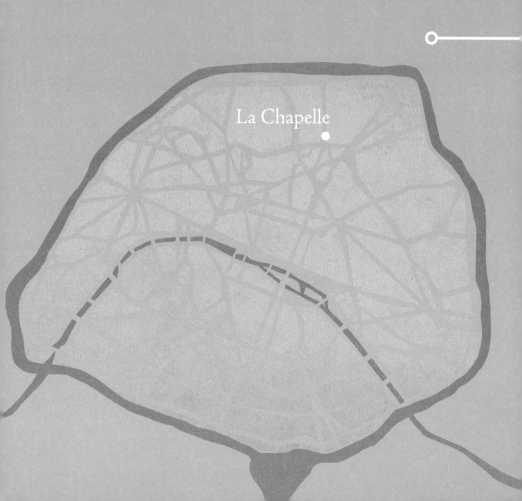

La Chapelle

라 샤펠

카페 왕조의 승리

상인과 학생들이 몰려들어 활기를 띠던 랑디 시장. 시장통의 혼란 속에 생드니 수도원이 자리를 잡았다. 사람들은 시장에서 더 큰 세상을 발견했고 수도원은 자체의 권위만으로 상인과 소비자 사이의 질서를 유지했다.

"샤펠 La Chapelle 역의 이름 없는 기적, 사람들은 전철이 터널 속에서 나오는 것을 보네."

샤를 트레네(프랑스의 상송 가수. 대표곡으로 라 메르가 있다_옮긴이)는 노래할 수 있었다. 그렇다. 전철은 여기서 지상으로 나온다. 마치 신선한 공기를 마시려는 것처럼 보인다. 역 플랫폼 끝에서는 놀랍게도 몽마르트르 성심 성당의 하얀 돔 지붕이 보인다. 하지만 이 역사驛舍는 좀 더 오래된 유적 위에 건설되었다. 그것은 18세기 말까지 거슬러 올라가는 징세 청부인들의 담장이다.

나는 인도와 파키스탄에서 온 향료의 향기가 가득한 이 구역을 산책하기를 즐긴다. 무엇이라도 나올 것 같은 기대감이 드는 일종의 인도 타운이다. 파리의 중심에서는 조금 벗어나 있지만, 몇 걸음만 옮기면 유서 깊

라 샤펠이란 이름은 어디에서 왔을까?

샤를마뉴로부터다. 황제가 성 유물 마니아라는 사실은 앞에서 이미 살펴보았다. 자신의 열정을 위해 그는 정기적으로 팔레스타인에 기사를 파견했다. 기사들은 예수 수난의 마지막 유물이나 초기 기독교 순교자들의 유물을 수집했다. 긴 여행에서 돌아온 황제의 특사들은 나무나 천, 유골 조각들을 가져왔다. 그것은 화려한 금은 세공품으로 장식되어, 신앙의 마법에 씌인 군중이 숭배하고 찬양하는 성 유물로 탈바꿈했다.

황제의 수집품 중에서 가장 아름다운 것 중 하나는 생 마르탱의 망토, 더 정확하게 말하면 망토의 반쪽이었다. 나머지 반쪽은 거지에게 주었기 때문이다. 성자의 은총이 깃든 직물을 보관하기 위해 샤를마뉴는 궁전 안에 신앙과 숭배의 장소, 즉 샤펠을 세우라고 명령했다. 샤펠은 라틴어 카파, 곧 카프(망토)에서 유래한 단어다. 라 샤펠은 고유명사가 되었다.

이후 파리에서 이 단어는 생트 쥬느비에브가 생 드니 묘지로 가는 길에 들러 기도를 올린 작은 예배당을 일컫는 말이 되었다.

은 부프 뒤 노르 극장이 나온다. 영국인 피터 브룩(연극 연출가. 장 콕도, 사르트르 등을 소개했다_옮긴이) 덕분에 예고된 죽음을 피할 수 있었다. 연출가는 극장을 때로는 기이하고 대담하며, 늘 열정적인 연극의 실험장으로 삼았다. 하지만 오늘은 잠시 잊고 역사 속으로 돌아가 보자.

라 샤펠 마을은 몽마르트르와 벨빌 사이에서 예배당을 중심으로 형성되었다. 생트 쥬느비에브가 기도하고, 나중에 생드니 수도원의 일부가 되었으며 그래서 라 샤펠 생드니라고도 불린 예배당이었다. **라 샤펠 마을은 1860년 파리에 편입되어 18구가 되었다.**

교회는 라 샤펠 거리 16번지에 있다. 생 드니의 무덤 자리에 세운 것이라고도 하던 옛 예배당 자리였다.

생트 쥬느비에브 이후 또 한 명의 유명한 고해자가 이 예배당을 자주 찾았다. 바로 잔다르크다. 이 오를레앙의 동정녀가 1429년 9월 7일 여기에서 파리를 영국과 부르기뇽의 속박에서 해방시켜달라고 기도한 사실을 상기시켜주는 동상이 하나 있다. 하지만 당시 시도는 실패로 끝나고, 그녀는 전투 중 엉덩이를 다친다.

오늘날의 교회는 대부분 18세기 때 만들어졌다. 1204년에 지어진 교회(잔다르크의 기도를 지켜보았을)의 원래 유적은 앞좌석 1~4열뿐이다.

옛 마을은 지하철역 뒤, 막스-도르무아 가[注]가 끝나는 지점인 폴 엘뤼아르 광장 자리에 있었다. 도로가 하나뿐인 수수하지만 위엄 있는 마을이었다.

○

10세기에 성황이던 랑디[Lendit] 시장은 생드니를 떠나 파리와 생드니의 중간지점인 라 샤펠 마을에 자리 잡았다. **오늘날 롱푸앵 드 라 샤펠 자리다.**

랑디, 이 모호한 단어는 '고정시키다' '고지하다'라는 뜻을 가진 라틴어 인딕투스[Indictus]에서 유래했다. 매년 6월, 보름 동안 프랑크 왕국 전역은 물론 프로방스, 롬바르디아, 에스파냐, 심지어 콘스탄티노플에서까지 상인들이 모여들어 직물과 양, 향료, 향수, 그리고 가장 귀한 물품인 양피지를 팔았다. 수도원 내 대학 교수들이 라 샤펠로 몰려들었다. 파리 주교의 분노에도 불구하고 생트 쥬느비에브 산에 자리한 사설학원들의 선생들도 시장을 찾았다. 자유 교육이어야 할까, 아니면 종교적 교육이어야 할까? 이미 그 시대 때부터 논쟁이 있었다. 하지만 두 가지 교육 방식 모두 동양에서 수입되는 양피지가 필요했고, 양쪽 모두 랑디 시장으로 장을 보러 나왔다.

라 샤펠 시장은 생필품을 사러 오는 사람 말고도 우아하고 깔끔한 임시 매장을 구경하러 온 사람들로 붐볐다. 시장은 파리의 우중충한 상점들과는 확연하게 달랐다. 시장의 향기는 다른 세계의 공기를 호흡하는 것 같았다. 사람들은 화려한 비단에 놀랐으며, 곡예사에 환호했고, 입으로 불을 뿜는 사람들을 보며 즐거워했다. 생드니 수도원장은 가판대 뒤에서 눈살을 찌푸리며 자제력을 발휘하고 있었다. 그는 상인과 소비자들 사이에 흔히 벌어지는 분쟁을 해결해주기 위해 그곳에 있었다.

금박 신발과 울긋불긋한 다리 장식, 비단 윗도리, 파란색이나 녹색의 짧은 망토를 걸치고 칼을 찬 부유한 신사들도 귀부인들과 함께 시장을 찾았다. 귀부인들은 거리의 먼지와 진흙을 피하려고 짧은 장화를 신었으며, 짙거나 연한 보라색 또는 금수를 놓은 긴 코트와 짧은 코트를 겹쳐 입었다. 머리에는 스카프를 쓰는 것이 유행이었다. 부유한 파리지앙들은 화려한 색깔의 옷을 입은 반면, 농부나 장인들은 회색이나 베이지색, 밤색 같은 무채색 계통을 즐겨 입었다. 보통 사람들은 결코 신사 숙녀들의 사치

랑디 시장은 어떻게 되었을까?

13세기 파리 대학들의 발전과 함께 랑디 시장은(양피지를 살 수 있기 때문에) 축제장이 되었다. 장이 서는 날 새벽부터 생트 쥬느비에브 산에 학생들이 모였다. 그들은 피리와 나팔, 북소리에 맞춰 열을 맞춰 행진했다. 소르본 대학의 정원에 이 즐거운 행렬을 그린 아름다운 프레스코 벽화가 있다.

1444년 랑디 시장은 학생들의 난동 탓에 생드니로 옮겨졌다. 이후 가축 시장으로 변했다가 19세기에 다시 '여름 축제'라 불리는 장터 축제가 됐다. 라 샤펠에서는 유일하게 올리브 시장(롤리브 거리)이 1885년 문을 열어 사라진 추억을 재현했다.

스러운 성향을 따라갈 수가 없었던 것이다.

978년 파리 백작은 위그 카페라 불리는 사람이었다. '카페'는 전임 파리 백작이었던 아버지 위그 르그랑과 구별하기 위해 쓴 말이었다. 카페가 무슨 뜻이었는지는 정확하지 않다. 허약한 몸 위에 얹혀 있는 커다란 머리(라틴어 카푸트^{Caput}는 머리를 의미한다) 때문이었을까? 아니면 그가 투르에 있는 생마르탱 수도원의 세속 수도원장이었으므로 둘로 나뉜 망토(카프^{Cape})에서 유래한 말일까? 아니면 전설대로 그가 병사들 앞에서 신비스러운 치유 능력이 있는 생 마르탱의 망토를 흔들었기 때문일까?

위그 카페는 도시의 행정과 방어 책임을 맡아 파리를 통치했다. 하지만 통치할 파리가 존재하는가? 센 강 양편은 모두 바이킹이 침입해 쑥대밭이 되었다. 파괴된 것을 다시 세우려는 어떠한 시도도 없었다. 수도원들은 파괴되었고, 불에 탄 예배당에서 기도하는 것이 일상이 되었다.

시테 섬도 나을 게 없었다. 대부분 목조 주택이어서 불에 타거나 파괴되었다. 서둘러 보수했지만 기울어진 오두막은 금방이라도 무너질 것 같았다. 길가 건물 1층 상점들이 문을 열기는 했다. 하지만 곰팡이가 슬고 역한 냄새가 났기 때문에, 대부분의 거래는 길거리 행상들과 했다. 장화 장수는 긴 막대기에 신발을 매달고 다녔으며, 와인 장수는 수레를 끌었다. 보부상들은 큰 봇짐을 메고 다니며 싸구려 잡화들을 팔았다.

파리가 아름다움을 잃자 샤를마뉴의 손자이자 프랑크의 왕인 로테르는 라옹(프랑스 북동부 피카르디 지방의 도시_옮긴이)을 거처로 선택했다.

이때 군침을 흘리며 파리를 탐내는 사람이 있었다. 신성로마 제국 황제 오토 2세였다. 978년 서프랑크와 동프랑크 사이의 긴장은 극에 달했다. 로테르는 서프랑크 왕국의 땅이었던 로렌 지방을 신성로마 황제가 훔쳤다고 생각하고 있었다. 미래의 프랑스와 독일이 20세기까지 뺏고 빼앗기기를 반복하는 그 땅이다!

로테르는 무뢰한인 오토를 응징하기로 마음먹었다. 그는 왕국의 영주들을 라옹으로 소환해 징벌 원정을 지원하라고 요구했다. 위그 카페를 비롯한 봉건영주들은 서둘러 자금과 군사들을 지원했다.

초여름이 되었을 때 서프랑크의 병사 2만 명이 엑스 라 샤펠(독일 노르트라인베스트팔렌 주의 광공업 도시. 독일어로는 아헨^Aachen_옮긴이)로 진군했다. 모두 원하는 것이었다. 영주들은 군주에게 봉사한 대가를 기대했으며, 병사들은 새로운 땅을 약탈하는 흥분에 들떴다. 유일하게 언짢은 사람들은 자기들 밭이 엉망이 되는 것을 망연자실 봐야 하는 농부들이었다. 난폭한 병사들의 심기를 건드려봐야 좋을 것이 없었다.

로테르의 군대는 뫼즈 강을 건너 엑스에 도착했다. 병사들은 칼을 휘두르며 뛰어들어갔지만 왕궁은 비어 있었다. 황제와 가족들이 황급히 떠났는지 식탁에는 음식이 차려져 있었다. 옷장에서 고급 직물들을 꺼냈고, 금 식기와 보석을 탈취했다. 영주들과 병사들은 만족스럽게 서프랑크로 돌아왔다. 로테르는 라옹의 평안을 되찾았고, 군대를 해산했다.

그 사이 오토는 엑스로 돌아왔다. 그는 궁전의 피해를 계산해 보았다. 보복이 필요했다. 황제는 3만 명의 기병대를 모았다. 11월 게르만 병사들이 프랑크 땅으로 들어섰다. 무자비하게 파괴하고 유린했다. 아티니와 콩피에뉴의 왕궁이 약탈됐다. 수아송과 라옹의 전답들도 불탔다. 그것으로 충분하지 않았다. 오토는 파리를 원했다. 파리를 쓸어버려야 엑스 라 샤펠에서 당한 치욕을 씻을 수 있을 것만 같았다.

로테르는 라옹을 떠나 에탕프로 피신했다. 그에게는 위그 카페밖에 희망이 없었다. 파리 백작은 틀림없이 자기 도시를 방어할 수 있을 것이었다. 군대를 모집할 시간도 없었다. 파리는 또다시 홀로 싸워야 했다. 게르만 병사들은 이미 도착했다. 몽마르트르 언덕에서 기병대가 일으키는 뽀얀 먼지가 보였다. 적군은 그곳에 신중하게 거리를 두고 진을 쳤다. 오토는 공격을 망설였다. 그는 파리가 과거 바이킹의 포위 공격을 막아낸 사실을 알고 있었다. 자신이 바이킹보다 더 잘할 수 있을까?

이때 황제의 조카가 나섰다. 무모하고 오만한 그는 자신의 부대가 선봉에 서겠노라고 했다. 황제는 정열적 기사에게 파리지앙을 쳐부술 것을 명령했다. 하지만 그의 부대가 성벽에 다가서자마자 카페의 기사들이 성 밖으로 나와 그들을 포위했으며 전멸시켰다. 황제의 조카 역시 예외가 아니었다.

조카의 죽음을 보고도 오토는 공격을 망설였다. 하지만 뭔가를 해야만 했다. 게르만의 존재를 과시하고 파리지앙들의 신경을 자극하기 위해 매일 아침 거인 병사 한 명이 그랑 샤틀레 앞에 섰다. 그는 굵은 목소리로 몇 시간씩 파리와 프랑크 전체를 향한 욕설을 퍼부었다.

위그는 이런 도발에 격노했다. 그렇다고 욕설 때문에 전투를 벌일 수는 없는 일이었다. 한 사람에게는 한 사람이 맞서면 충분했다.

프랑크의 명예를 위해 기사 이베스가 선발되었다. 성문이 열리자 말을 탄 이베스가 거인과 맞서기 위해 달려 나왔다. 아군의 열화 같은 응원과 적군의 비열한 저주 속에서 두 사람은 격돌했다. 게르만 기사의 창이 이베스의 방패를 부수고 그의 가슴에 박혔다. 이베스는 말에서 떨어져 쓰러졌다. 게르만 기사의 승리였을까? 거인은 적의 숨통을 끊기 위해 달려들었다. 파리지앙들은 경악했다. 한탄의 비명까지 들렸다. 하지만 승리감에 도취한 게르만 기사가 마지막 의식을 치르려는 순간, 눈을 번쩍 뜬 이베스가 팔을 뻗어 창을 세워 올렸다. 창끝이 갑옷의 취약한 부분, 즉 복부의 금속과 가죽을 붙인 지점을 꿰뚫었다. 쇠가 깨지는 소리와 함께 거인이 쓰러졌고, 파리지앙들의 환호가 터져 나왔다. 그들은 마치 다윗과 골리앗의 싸움을 직접 눈으로 보는 것 같은 전율을 느꼈다. 전쟁에서 승리하는 데에는 1초면 충분했다.

11월 30일, 오토는 짐을 쌌다. 겨울이 다가와 날씨는 추워졌고, 병사들은 진창 속에서 고전하고 있었다. 고집을 부릴 이유가 없었다. 게르만 군대는 막사를 걷고 몽마르트르 언덕을 떠났다.

파리의 문턱에서 별 공격도 없이 얻은 이 승리는 위그 카페를 왕국의 2인자로 만들어줬다. 그래서 후일 교황 실베스트르 2세가 되는 로베르냐 제르베르 도리악은 이렇게 썼다.

'로테르는 명칭만 프랑크 왕이었으며, 위그가 사실상 왕이었다.'

이후 6년 동안 위그 카페는 개인적 야심에 더 몰두하는 것 같았다. 뛰어난 정치력을 발휘해 때로는 왕에게 맞서면서도 충실한 신하로 남아 미래를 준비했다. 그는 교황을 만나러 로마에 가기도 하고, 로렌 공작과 전쟁

 게르만의 전설은 어떻게 변했나?

프랑크 기사 이베스와 게르만 거인의 기념비적인 결투는 거인 이조레의 전설을 낳았다. 그 전설은 12세기 이후 외적의 침략에 맞선 프랑스 영웅을 찬양하기 위해 새롭게 각색되었다. 거인은 사라센이 되었고, 영웅은 기독교 세계의 보호자이자 샤를마뉴의 기사인 오렌지공 기욤(윌리엄)의 모습이 됐다. 그리고 파리의 통브 이수아르 거리는 이름 그대로 거인의 무덤 자리로 추정되고 있다. (통브 이수아르Tombe-Issoire는 이수아르의 무덤이라는 뜻. 게다가 Tombe는 쓰러지다는 뜻도 있다_옮긴이)

을 벌였으며, 게르만과 연합을 모색하다 로테르 곁으로 돌아왔다. 그러느라 너무 바빠서 파리를 돌볼 틈이 없었다. 파리로서는 유감스러운 일이었다. 오토의 손아귀에서 벗어난 것은 그저 위그 카페의 영광일 뿐이었다.

위그 카페의 앞날이 더욱 환해졌다. 986년 로테르가 서거하고 갓 스무살이 된 아들 루이 5세가 왕관을 물려받았다. 운명의 장난인지, 젊은 왕은 말에서 떨어져 목숨을 잃었다. 장례식을 마친 뒤 귀족들이 상리스에 모였다. 그들은 위그 카페가 왕국을 통치하는 데 가장 적합하다고 의견을 모았다. 환호와 함께 왕관을 그에게 넘겼다. 일은 신속하게 진행되었다. 987년 7월 3일, 위그는 누아용에서 대관식을 했다. 프랑크의 군주는 무릎을 꿇고 위엄 있게 선서했다.

"신의 은총을 입어 프랑크의 왕이 될 위그는 대관식 날에 신 앞에, 그리고 성인들 앞에, 성경이 그대들에게 허락한 특권과, 그것을 규정하는 법을 실현하고 향상시키는 사법적 판단을 보호할 것을 맹세하노라. 짐은 신의 도움으로, 그리고 내 능력이 허락하는 한, 왕이 왕국에서 가질 수 있는 완전한 안녕을 모든 교회와 주교들에게도 약속하노라. 마지막으로 짐은 백성들이 내게 기대하는 대로 그들의 법과 권리를 존중하며 통치하겠음을 약속하노라."

위그는 신성한 대관식을 치름으로써 '프랑크와 브르통, 덴마크, 아키텐, 고트, 에스파냐, 바스콘의 왕'이 되었다. 요란한 타이틀 속에는 불편한 진실이 숨어 있었다. 덴마크 인들은 누에이스트리아의 노르만 족이었고, 고트와 에스파냐, 바스콘 사람들은 남쪽 주민일 뿐이었다. 게다가 왕의 직속 관할령은 콩피에뉴와 오를레앙 사이 '일 드 프랑스' 지역에 불과했다. 하지만 그곳에는 파리가 있었고, 위그는 파리를 수도로 삼았다.

프랑크 왕국의 나머지 영토에서는 왕권이 모호했다. 물론 왕이 주군이었지만 강력한 봉건영주들을 어떻게 부릴 수 있단 말인가? 위그에게 허용된 것은 한정된 군사력과 빈약한 자금뿐이었다. 그나마 재정적으로 수도원 네트워크의 덕을 볼 수 있다는 게 다행이었다. 수도원 중에서도 특히 생제르맹 데 프레와 생드니 수도원은 강력한 자금줄이자 싱크탱크였다.

위그 카페는 이 네트워크를 믿었다. 국립문서보관소에 보존되어 있는 989년 생모르 데 포세 수도원의 토지문서는 교회에 대한 왕의 노련한 전략을 엿볼 수 있는 훌륭한 증거물이다. 정치적 관점에서 위그는 신중한 만큼 허약했기 때문에 절대적으로 교회의 힘이 필요했다. 그는 커다란 변화를 추구하거나, 대규모 계획이나 단호한 개혁을 추구하는 인물도 아니었다. 위그 왕의 유일한 관심은 카롤링거 왕조를 누르고 세운 왕조를 유지하는 것뿐이었다. 그의 노력은 곧 보상을 받았다. 대관식 후 불과 6개월 만에 그는 자신의 유일한 아들 로베르에게 왕위를 물려줄 수 있는 권한을 얻었으며, 곧바로 오를레앙에서 왕관을 물려주었다.

위그 카페의 관심이 미래였다면 그는 성공했다. 카페 왕조는 987년부터 1328년까지 통치했다. 비록 중간에 대혁명과 제국이 끼어들긴 했지만 1328년부터 1848년까지는 방계 혈족의 통치로 이어졌다. 위그는 파리를 크게 변화시키지 않았지만 그의 후손들은 파리에 빛을 가져다주었다.

파리 최초의 증권시장은
어디 있었을까?

그곳을 찾으려면 중세 때 센 강을 어떻게 건넜는지 알아야 한다. 10세기 말 '대머리왕 샤를 길'은 틀림없이 위그 카페의 아들, 로베르가 재건했다. 그것은 고대 로마 때 만들어졌다 버려진 다리를 대체하기 위함이었다.

강 오른편의 주요 도로 축은 생마르탱 거리에서 생드니 거리로 옮겨졌다. 시테 궁전에서 수도원을 잇는 새로운 다리가 생드니 거리로 이어지기 때문이었다.

대형 교각은 12세기 이후 '쿠라티에Courratier', 즉 왕국 내 농경공동체들 사이에 금융거래를 담당하는 거간들이 모여들기 시작하면서 퐁 토 샹쥬(샹쥬Change는 교환, 거래, 증권의 뜻)로 불리게 되었다. 따라서 파리 최초의 증권시장은 곧 퐁 토 샹쥬에 있었다고 말할 수 있다.

생드니 거리를 거슬러 올라가면 그랑 대로에 있는 장엄한 생드니 개선문을 볼 수 있다. 1672년 루이 14세가 파리의 옛 성벽 자리에 만들었다. 동쪽으로 200m 정도 떨어져 있는 수수한 생마르탱 개선문과 비교가 된다. 고대의 도로 축보다 중세의 도로 축이 훨씬 우월한 지위를 차지한 것이다.

500년 동안 파리에는 좌우에 하나씩, 두 개의 다리밖에 없었으며 그것들도 서로 연장선상에 있지 않았다는 사실이 재미있다. 시테 섬을 통과해 센 강을 건너는 두 개의 다리는 15세기에 이르러 생겼다.

현재 이 다리들의 모습은 19세기에 다시 만들었다. 1607년 완공된 퐁뇌프는 아홉 번째가 아닌 다섯 번째 다리이며, 가장 최근이 아니라 가장 오래된 다리다. (뇌프Neuf는 '9'란 뜻과 '새로운'이란 뜻을 가지고 있다_옮긴이)

아 르 에 메 티 에

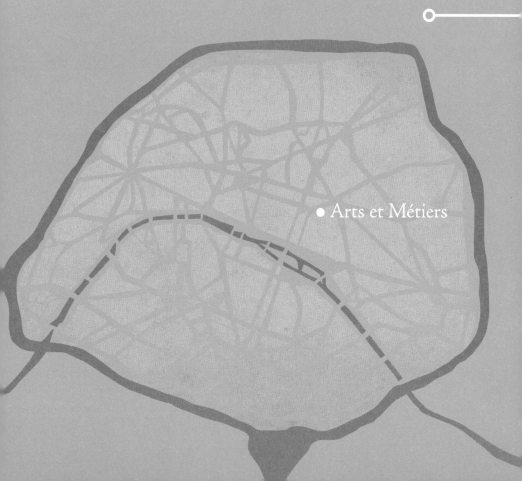

● Arts et Métiers

아르 에 메티에

천 년 의 신 화

묵시록의 공포가 있건 없건, 서기 1000년은 종교적 열정이 고무된 시기였다. 힘이 커진 로마 교황청은 더 이상 귀족들의 장난감이 되고 싶지 않았다. 주의 것은 주에게 돌려주라!

아르 에 메티에 Arts et Métiers 역은 아름답다. 번쩍이는 구리로 덮인 모습은 마치 쥘 베른의 잠수함처럼 우주적 상상력을 가진 과학자의 머릿속에서나 튀어나올 법하다. 잠수함을 타고 과거의 이곳으로 시간여행을 떠나고 싶다.

하지만 곧 실망하고 만다. 이 지하 타임머신은 움직이지 않는다. 국립예술직업학교 주위를 돌아보려면 나무 발판이 달린 낡은 에스컬레이터를 타고 밖으로 나가야 한다.

대혁명 때까지 이곳에는 생마르탱 데 샹 소수도원이 있었다. 마르탱 주교가 나병 환자를 낫게 한 자리에 세워진 작은 예배당은 소성당으로 바뀌었다가 다시 11세기에 수도원으로 변모했다. 수도원은 현재의 생마르탱, 베르부아, 몽골피에, 바이 거리 사이에 있었다.

서기 1000년으로 돌아가 보자. 이 동글동글한 해에 파리의 몇몇 교회의 음험한 수도사들은 안티크리스트의 강림을 예언했다. 이를테면 당시의 파코 라반Paco Rabanne(스페인의 전위적인 패션 디자이너_옮긴이)이었던 셈이다. 하지만 명석한 신학자들은 이런 믿음을 일축했다. 성서의 진실은 그런 예언이 아니며 아무도 종말의 날짜와 시간은 모른다고 깨우쳤다.

사실 서기 1000년은 성경이나 최후의 심판이 말하는 공포와 화염이 휩싸인 시기가 아니었다. 1000년의 신화는 19세기에 낭만주의자들과 쥘 미슐레 같은 역사가들에 의해 프랑스에 널리 퍼졌다.

묵시록의 공포가 있건 없건, 서기 1000년은 교회의 부흥으로 종교적 열정이 고무된 시기였다. 힘이 커진 교황청은 잘못된 관행을 개혁할 수 있는 날개가 돋는 것을 느꼈다. 그때까지는 종교가 봉건체제에 완전히 통합되어 있었다. 주교의 관심사는 영지 관리, 특전, 세금 할당 같은 귀족계급의 관심사와 겹쳤다. 간단히 말해 영적인 것이 세속적인 것과 혼동되었다. 무엇보다 소명의식 없는 영주들이 종교 임무를 독점하고, 성직을 가문의 막내아들에게 예정된 세습재산으로 인식하는 것이 큰 문제였다.

이제 교회를 세속권력에서 구출해 신의 길을 되찾게 해야 할 때가 도래했다. 로마 교황청은 더 이상 귀족들의 장난감이 되고 싶지 않았다. 주의 것은 주에게 돌려주라!

이러한 부흥의 기운은 부르고뉴의 베네딕트파 수도원인 클뤼니에서 구체화되었다. 그들은 세속적인 지배에서 벗어나 오로지 교황의 권위 아래 있기를 바랐다. 라울 글라베르와 아데마르 드 샤반이라는 두 수도사가 앞장섰다. 클뤼니 소속 수도사들은 세계 평화와 안녕을 위해 신에게 귀의

하라고 주민들을 설득하고 다녔다. 로마 교황청은 그들대로 수도원을 키우기 위해 신도들을 고무했다.

클뤼니 수도원과 그 부속 수도원들이 따르는 규칙은 기본적으로 생 브누아의 것이었다. 노동이 기도와 작문, 찬송, 필사 등 영적인 것에 우선순위를 내줬다.

1079년 생마르탱 데 샹 수도원이 클뤼니 수도회에 편입되면서 이 강력한 수도회는 파리에 자리를 잡았다. 신의 은총 속에서, 클뤼니의 빛은 파리와 경건한 신도들을 비추었다.

하지만 이에 앞서 교회와 왕권 사이에 심각한 분쟁이 벌어졌다. 위그 카페의 아들이자 계승자인 로베르 2세는 난잡한 사생활 때문에 교황의 분노를 샀다.

문제는 로베르 왕자가 16세 때 플랑드르 백작의 미망인이자 이탈리아 왕의 딸인 33세의 '늙은' 로잘라와 결혼하면서 시작되었다. 순전히 정략적인 결혼 지참금으로 퐁티외 백작령을 얻으려는 속셈이었다.

무미건조한 결혼생활 10년째, 로베르는 이상적인 여성을 만났다. 그녀의 이름은 베르트였으며 아이들이 줄줄이 딸린 32세의 블루아 백작 미망인이었다. 26세의 젊은이를 사로잡은 이 여인은 부르고뉴와 프로방스 영주의 딸이었다. 상황을 복잡하게 만드는 관계였다. 그녀의 어머니가 카롤링거 왕조의 마지막 왕 로테르의 누이였기 때문이다. 친족관계를 따져보면 베르트는 로베르의 손녀 뻘이었다. 교회는 아무리 촌수가 멀어도 부계 혈족 사이의 결혼은 결코 용납하지 않았다.

로베르는 왕좌에 오르자마자 로잘라와 일방적으로 이혼하고, 베르트와의 결혼을 축복해줄 대주교를 찾았다. 젊은 교황 그레고리 5세는 분노를 감추지 않았다. 프랑크 왕의 결혼은 교황의 권위와 신성한 교회법을 우롱하는 것이었다. 로베르는 자신이 여전히 교황에게 복종하고 있다는 것을 보여주고, 사태를 진정시키기 위해 사절을 보냈다.

"그레고리 5세에게 결혼 문제만 눈감아 준다면 모든 것을 다 들어주겠다고 말하라."

교황은 기가 막혔다. 자신의 요구만 빼고 다 들어주겠다니. 교황은 꿈적도 하지 않고 두 사람이 헤어질 것을 고집했다. 당황한 사절은 파리로 돌아와 교황의 메시지를 전했다. 프랑크 왕은 소리쳤다.

"결코 아내와 헤어지는 일은 없을 것이다. 그녀는 세상에서, 내가 아는 한 온 우주를 통틀어 내게 가장 소중한 존재다!"

교황은 파비에서 공의회를 열고 결론을 내렸다.

"혈족과 결혼한 프랑크 왕 로베르는 사도들 앞에 출두해야 한다. 출두를 거부한다면 교단에서 배제될 것이다."

최고의 위협, 파문이었다.

하지만 행복에 겨웠던 로베르는 소환에 응하지 않았다. 교황은 다시 로마에서 공의회를 열었다. 토론 끝에 엄격하고 위협적인 교회법이 적용되었다.

"로베르 왕은 법을 어기고 결혼한 혈족 베르트를 떠나야 한다. 그는 근친결혼에 대한 교회의 벌칙을 엄수해 7년 동안 고행해야 한다. 만약 이를 거부한다면 파문될 것이다."

로베르는 복종하지 않았다, 그는 파문되었으며 교회에서 쫓겨났다. 곧 시테 궁전은 텅 비었다. 시종들, 영주들과 자문관, 성직자들이 하나 둘 그의 곁을 떠났다. 천국을 약속하는 교황과 지상에서의 안녕만을 줄 수 있는 왕 사이에서 할 수 있는 선택은 자명했다. 마지막까지 남은 신하들도 무서운 파문의 형벌이 전염되는 것을 막기 위해 왕의 식기들을 불태우고 기도를 드려 정화했다.

왕과 왕비는 서기 1000년을 보냈다. 시테 섬에서는 왕이 자신의 성에서 포로가 된 우스꽝스러운 상황이 계속됐다. 결국 베르트 왕비가 결단을 내렸다. 사실 그녀는 프랑크 왕국의 왕비 자리에 매력을 느끼지 못했다. 평생 성벽 속에 갇혀 지내야 한다는 사실이 공포 그 자체였다.

1001년, 로베르와 베르트는 4년간의 결혼생활에 종지부를 찍었다. 베르트는 네 마리 말이 끄는 마차에 올라 그랑 다리를 건너 강 왼편으로 나왔다. 그녀가 탄 마차는 생자크 길을 달려 생트 쥬느비에브 산을 넘어, 아버지의 왕궁이 있는 비엔으로 향했다.

로베르는 경건한 마음으로 참회했다. 그는 눈물을 흘리며 한탄했다. 매일 파리에 있는 교회에 나가 누구보다도 더 큰소리로 찬송가를 불렀다. 축제 때에도 밤을 새워 기도했다. 참회의 표시로 바닥에서 잠을 잤다.

그것으로 충분하지 않았던 그는 거의 모든 곳에 수도원을 세웠다. 바이킹에게 파괴됐던 파리의 생제르맹 록세루아 교회와 생제르맹 데 프레 수도원을 개축하도록 했다. 신을 자기편으로 만들기 위해 자신의 왕궁에도 생 니콜라에게 헌정된 예배당을 지으라고 명했다. 150년 후 그 예배당은 생트 샤펠이 된다.

그는 시테 궁전 옆에 왕궁 관리인(콩시에르주Concierge)들의 거처인 콩시에르주리를 지어 왕궁을 확대했다. 콩시에르주! 고위 공직을 의미하는 보통명사였다.(오늘날 콩시에르주는 건물 관리인을 일컫는다_옮긴이) 대법관의 판결을 집행하는 그들에게는 포도주와 귀리에 세금을 부과할 수 있는 과도한 특권이 주어졌다.

여담이지만 일반적인 지식을 약간 비틀어보자. 콩시에르주는 궁정의 시에르주들을 관리·감독하는 '콩트 드 시에르주'(시에르주 백작)에서 유래한 말이 아니다. 그것은 라틴어 '콘세르비우스Conservius', 즉 노예 동료에서 왔으며 궁정 관리자를 지칭했다.

로베르 왕은 시테 왕궁을 보수하면서 파리를 수도로 확고히 했다. 하지만 파리는 아직도 사회적, 지정학적으로 미미한 존재였다. 파리 백작령은 왕실령이 되었다. 하지만 파리는 어디에 있었는가? 성벽으로 둘러싸인 시테 섬 안이었는가? 거주자들은 많았지만 늪지 때문에 확장하는 데 한계가 있었던 강 오른편인가? 아니면 수도원과 교회, 그리고 그들의 과수원들이 들어찬 왼편인가?

1003년, 로베르의 기도는 보상을 받았다. 첫 번째 아내 로잘라가 플랑드르에서 숨을 거둔 것이다. 교회법상으로 이제 로베르는 자유였으며 다시 결혼을 할 수 있었다. 후계자가 급했던 그는 1순위로 재혼을 했다. 로베르는 아를의 콩스탕스와 혼인했는데, 그녀는 과부도 중년 여인도 아니었다. 이제 갓 17세가 된 처녀였다.

왕은 31세였지만 콩스탕스의 눈에는 늙은이였다. 그녀는 고향에서 한 무리의 젊은이들을 데려왔다. 그들은 짧은 머리의 젊은 귀족들로 수염을 기르지 않았으며 광대처럼 과장된 옷을 입고, 구부러진 코의 우스꽝스러운 장화를 신고 있었다. 이들을 그대로 두면 프랑크 왕국의 모든 젊

 ## 콩시에르주리는 어떤 운명을 맞았나?

로를로주 강둑에 면한 4개의 탑과 생트 샤펠, 부엌, 콩시에르주리 경비대와 헌병대 숙소가 현재 남아 있는 중세 왕궁의 흔적이다. 나머지는 오스만 남작의 작품과 그레뱅 박물관(유명인들의 밀랍인형으로 유명한 파리의 박물관_옮긴이)에나 어울릴 법한 모작들이다. 이 유적들은 샤를 5세가 왕궁을 버린 1392년 이후 1914년 폐쇄될 때까지 그 자리를 차지했던 감옥 분위기를 재현했다. 감옥은 로를로주 강둑에 맞붙은 건물의 1층에 있지만 당시의 유적은 별로 없다. 현재의 모습은 18세기, 대혁명 때의 것이다.

먼저 여자들의 분수 정원이 있는데 이곳에서 여죄수들이 세탁을 했다. 남자 죄수들과는 창살로 분리되어 있었다. 이어 지롱댕 예배당으로 남자 죄수들이 1793년 10월 29, 30일 마지막 밤을 보낸 곳이다. 마리 앙투아네트 예배당도 있다. 왕비가 최후의 순간에 머물렀던 장소를 기념하기 위해 루이 18세가 만들었다. 두 예배당 사이의 방은 로베스피에르가 처형을 기다리던 곳이다.

파리 최고재판소의 18세기 양식 전면부 앞에 서서 간이식당으로 들어가는 오른쪽의 작은 계단을 보라. 대혁명 때 콩시에르주리에 갇힌 귀족들이 단두대로 가기 위해 밟았던 계단이다. 무시무시한 감옥의 감동적이고 비밀스러운 증거다.

은이가 이 기이한 복장을 따라 할 위험이 있었다. 수도원장들은 왕에게 "요즘 젊은 것들은 쾌락과 방탕한 짓만 생각한다. 이러다 파리 전체가 물들겠다"는 말을 되풀이했다.

로베르의 걱정거리는 왕비 친구들의 장화가 아니었다. 그는 왕국의 후계자를 만드는 임무에 전념했고, 콩스탕스는 나중에 7명의 아이를 낳는다. 하지만 그의 행복은 다른 곳에 있었다. 사랑하는 베르트가 왕궁으로 돌아온 것이다. 물론 아주 은밀히! 성가신 간섭을 피할 수 있을 정도로 궁정은 충분히 넓었다.

콩스탕스는 파리에 머물고 싶은 생각이 전혀 없었다. 성직자와 영주들은 그녀의 교만과 돌출 행동을 책망하는 등 결점만 지적했다. 그것만이 아니었다. 왕비는 남편이 궁정에 데려와 재우고 먹이는 거지 떼를 헤치며 걸어야 했다. 화려한 생활을 원했는데 늘 불행과 비참함과 마주쳐야 했다. 어떤 날은 거지들이 1000명에 달할 때도 있었다.

부활절 직전 최악의 순간이 벌어졌다. 성 목요일에 300명의 거지가 왕궁으로 밀려들었다. 그들은 식탁에 앉아 소란을 떨었고, 왕은 시종들과 함께 그들의 시중을 들었다. 식사를 마친 뒤 부사제가 요한복음에서 예수가 제자들의 발을 씻겨주는 장면을 낭독하는 동안 왕이 몸소 거지 몇몇의 발을 씻어주었다.

"저녁 잡수시던 자리에서 일어난 그리스도는 겉옷을 벗고 수건을 가져다가 허리에 두르셨다. 대야에 물을 담아 제자들의 발을 씻기시고 그 두르신 수건으로 닦기를 시작하여…"

거지들만 있었다면 아마 콩스탕스도 체념하고 받아들였을 것이다. 하지만 그곳에는 나병 환자들도 있었다. 로베르는 나병 환자들을 좋아했다. 그들은 왕이 헌신적이며 자비롭다는 것을 증명해줄 수 있는 최고의 조력자였다. 그는 나병 환자들의 손에 키스를 한 뒤 거만한 어조로 말했다.

"예수 그리스도도 나환자의 모습으로 나타나셨다."

성경에 따르면 예수는 나환자를 치유했다. 그리고 곧 왕도 겸손을 떠벌리며 같은 기적을 행할 터였다. 왕이 나환자에게 성호를 긋기만 하면 병은 사라졌다. 사람들은 이 기적을 믿거나 믿는 척했다. 로베르 이후 루이 16세에 이르기까지 왕들은 나력, 즉 모든 종류의 화농성 질병을 치유하는 능력을 얻었다. (과거 영국이나 프랑스에서는 왕들이 대관식을 통해 치유의 능력을 갖는다고 믿었다_옮긴이)

로베르는 행복의 절정을 맛보았다. 베르트와 함께 죄악 속에서 살면 살수록 그는 점점 더 착하고 수수하며 너그러운 기독교인이 되어갔다. 결국 콩스탕스는 왕궁을 버렸다. 그녀는 로베르를 거지와 나환자 곁에 놔두고 에탕프로 갔고 자신의 삶 중 가장 빛나는 시기를 보냈다.

1031년에 '경건왕'(그를 달리 부를 방법이 없었다) 로베르는 59세가 되었다. 당시로서는 많은 나이였으나 정정했다. 6월 29일까지는 모든 것이 잘 되어갔다. 그런데 개기일식이 모든 것을 뒤흔들어놓았다. 일식은 죽음을 예언했고 모두가 그렇게 믿었다.

실제로 왕은 고열로 쓰러졌고 3주 후 숨을 거뒀다. 시신은 선왕인 위그 카페 곁에 묻혔다.

생드니의 수도사들은 로베르에게 큰 은혜를 입었기 때문에 '성인전'에 그의 죽음을 천재지변과 함께 기록했다. 마른 하늘에 혜성이 지나갔고,

하천이 넘쳤으며, 집이 무너지고, 아이들이 익사했다. 경건왕 로베르의 서거에 눈물을 흘렸다는 사실을 보여주는 방법이었다.

신앙심은 파리에 유리하게 작용했다. 바이킹 침입 이후 처음으로 군주가 도시를 재건하는 데 앞장선 것이다.

○

로베르의 아들 앙리 1세의 즉위는 고난의 시대의 서막을 알리는 신호였다. 기근과 질병, 화재가 꼬리를 물었다. 게다가 파리가 둘로 갈라졌다. 한쪽은 앙리를 환호했으나 다른 쪽은 그의 막내동생 로베르가 왕위를 이어야 한다고 주장했다. 위협을 느낀 앙리는 노르망디 공작의 영지인 페캉으로 피신했다.

잘한 일이었다. 파리에는 더 이상 먹을 것이 없었다. 시장에서는 개와 쥐고기를 팔았고, 심지어 무덤에서 파낸 시체까지 판다는 소문이 나돌았다. 굶주린 난민들이 교회로 몰려들었다. 영적인 구원, 즉 죽음을 맞기 위해서였다. 1034년 대화재가 발생해 집들을 집어삼켰다. 1035년에는 기근과 함께 페스트의 일종인 전염병이 돌았다.

이런 와중에 앙리 1세는 파리의 반란을 진압했다. 그가 파리로 돌아올 기회가 거의 없다는 의미였다.

교회는 권위를 찾기 위해 모든 무질서를 바로잡아야 했다. 1049년 알사스 출신 교황 레오 9세는 선출되자마자 성직 매매를 근절하는 데 앞장섰다. 사실 프랑크 왕국, 특히 파리의 성직자들은 왕에게서 성직을 살 수 있는 사람들이었다. 이런 관행은 야심 있는 부유층뿐 아니라 성직 판매로 수입을 챙기는 왕을 만족시켰다. 고위 성직자는 군주의 채무자가 되어, 전쟁이 벌어질 때 전비 부담을 거부할 수 없었다.

교황의 의도가 무엇일까? 앙리 1세는 생각했다. 몇몇 나쁜 관행을 없애고자 노력하는 척하면서, 기독교 국가에 영향력을 행사하려고 하는 것이다. 이는 받아들일 수 없었다. 프랑크 왕국의 모든 주교는 레오 9세가 초대한 회의에 참석하지 않았다.

교황은 끊임없이 프랑크 왕에게 싸움을 걸었다. 교황은 라티스본(독일 남부 도시 레겐스부르크의 옛 이름_옮긴이)에 머물 때 생테메랑 수도원을 방문했는데, 생 드니의 유해를 모신 석관이 있다고 주장하는 수도원이었다. 하지만 모든 사람이 알고 있듯, 생 드니는 파리 근교에서 영면하고 있었다. 그런데 교황은 게르만 제국에 있는 수도원이 생 드니의 유해를 모신 곳이라고 일방적으로 선언해버렸다.

앙리 1세는 교황의 선언을 거부했다. 파리 군중 앞에서 앙리 왕은 공식적으로 생 드니의 석관을 열라고 명했다. 석관에서 부드러운 냄새가 새어나왔기 때문에 모두가 성인의 유해에나 어울리는 향기라고 동의했다.

하지만 앙리 왕은 그 이상을 원했다. 교황을 더욱 세게 몰아붙여 권력을 약화시키려고 했다. 그는 파리에 화려한 수도원을 세워 수도원 주인으로 행세할 작정이었다.

앙리 1세는 생 마르탱에게 헌정된 예배당 자리에 생마르탱 데 샹 수도원을 세웠다. 왕은 이 수도원에 토지를 제공하고, 수입권과 형벌권, 면세

혜택 등 각종 특권을 부여했다. 공사 규모는 거대했고 앙리의 아들, 필립 1세 때가 되어서야 완공됐다. 1067년 봉헌식 때 생마르탱 데 샹 수도원은 18개의 망루, 4개의 감시탑, 총안이 있는 성벽으로 둘러싸인 광대한 구역이었다.

이 유명한 수도원은 1079년 클뤼니 수도회의 소유가 됐다. 당시의 표현에 따르면 '클뤼니의 넷째 딸'이었다. 클뤼니 수도회는 스위스와 에스파냐, 잉글랜드에 이미 수도원을 가지고 있었기 때문이다.

이 같은 제스처로 필립 1세는 교황과 어느 정도 화해하고자 노력했다.

금지된 사랑으로 시작한 11세기는 금지된 사랑으로 끝났다. 1092년 필립은 늙은 앙주 백작의 약혼녀인 젊은 베르트라드에게 빠져 제정신이 아니었다. 베르트라드와 결혼하기 위해 필립은 왕비와 일방적으로 이혼한 뒤 그녀를 몽트뢰이 쉬르 메르의 성에 가둬버렸다. 그런데도 베르트라드는 앙주 백작과 결혼했다. 그렇다고 사랑하는 여인을 포기할 수 없었다. 베르트라드를 납치하라. 작전은 어렵지 않았다. 앙주 백작이 납치에 동의 (?)했기 때문이다. 22세의 젊은 처녀는 프랑크 왕국의 진짜 왕비로 대접받는 데 만족하여 곧 30세가 되는 왕의 사랑을 받아들였다.

파리 주민들은 이 결혼에 동의했다. 왕궁 밖에 그녀가 나서면 환호가 넘쳤다. 그렇다고 여론이 늘 같은 뜻은 아니었다.

교황 우르바노 2세는 경악했다. 그는 필립에게 편지를 썼다.

'이 결혼은 명백히 왕국 전체의 타락을 의미하며, 당신의 교회가 곧 무너진다는 것을 알리는 신호입니다.'

아르 에 메티에는 무엇인가?

역대 프랑스 왕들은 생마르탱 데 샹 수도원에 상당한 기부를 했다. 수도원 장 자리는 누구나 탐내는 자리로 4만5000리브르의 연금을 받았다.

이곳에는 감옥도 있었는데 16세기에 왕립 생마르탱 감옥이 된다. 대부분 길에서 체포된 창녀들이 투옥됐다. 엄격한 수도사들과 창녀의 동거가 어땠 는지 상상하기 어렵지 않다.

1702년에 낡은 종루를 허물고 새로운 종루가 만들어졌다. 건물은 31개 의 교차면을 가지고 있었으며, 현관은 가로 10m, 세로 12m 크기였다. 하지 만 모든 것이 부실시공이었다는 사실이 드러났다. 겁이 난 목수들은 잘못을 고백하고 가격을 2만5000리브르나 깎아주었다.

당시 파리 외곽에 있던 수도원은 자체 담을 갖추고 있었다. 오늘날의 모 습은 1273년에 보수한 것이다. 수도원 마을은 14세기 때 파리에 편입됐으 며, 담벼락은 샤를 5세가 만든 성벽의 일부로 통합됐다.

대혁명은 수도원을 국립예술직업학교로 변모시켰는데 지금도 생마르탱 292번지에 있는 학교를 방문할 수 있다. 학교의 외부도 돌아볼 만한 가치 가 있다. 무엇보다 서기 1000년의 로마 양식 건축에 경탄하지 않을 수 없 다. 남쪽 종루의 기초와 여러 색깔의 기와로 만든 지붕, 벌집 모양의 후진 (성당 제단 뒤 반월형 부분_옮긴이)은 11세기의 로마네스크 양식을 보여준다. 1067년에 지은 성가대석도 볼 수 있는데 오늘날의 모습은 12세기 초의 것 이다. 로마네스크 양식의 아치와 고딕 양식의 첨두가 뒤섞여 있다.

수도원의 옛 영광은 지금은 도서관으로 바뀐 구내식당에 있다. 12세기 고딕 예술의 탁월한 증거물이다. 당시의 작은 탑과 성벽이 부분적으로 보수 되어 베르부아 거리에 남아 있다.

하지만 두 연인은 이성에 귀를 기울이지 않았고, 교황은 두 사람을 파문했다. 왕과 그의 아름다운 부인은 교회에 들어갈 수 없었고, 수도원 문도 그들 앞에 굳게 닫혔다. 하지만 원칙적으로만 그랬다. 대부분의 수도원은 왕에게 우호적인 감정을 갖고 있었기 때문이다.

상황은 12년 동안 계속됐다. 화해와 협상, 지켜지지 않은 약속들이 이어진 시간이었다. 그동안 열정적 스캔들은 시테 궁전에 숨어 있었다.

1104년 갑자기 베르트라드의 신앙심이 깊어진다. 그녀는 참회를 하고 누더기를 입은 채 푸아투의 한 산장에 은거하길 원했다.

필립 왕은 어리둥절했지만 베르트라드의 의지를 꺾지는 않았다. 파리에서 소집된 공의회에 맨발로 나타난 왕은 이미 잃어버린 사랑을 거부한다고 선언했다. 필립은 혼자 왕궁에 돌아왔다. 파문은 취소되었고 세상은 다시 돌아가기 시작했다.

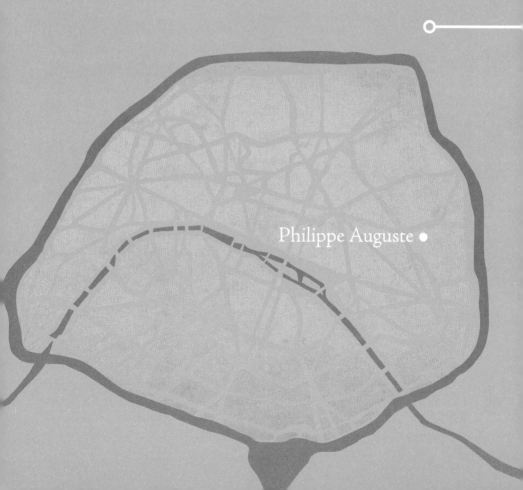

12세기

필립 오귀스트

Philippe Auguste ●

프 랑 스 의 수 도 파 리

필립 왕은 십자군 원정을 떠나기 전 무방비 상태의 파리를 보호하기 위해 도시 전체를 감싸는 성벽을 세웠다. 이 성벽은 200년간 파리의 경계가 되었다. 파리는 이제 명실공히 서양에서 가장 강력한 왕국의 수도였다.

나시옹 광장 근처에 있는 필립 오귀스트^{Philippe Auguste} 역은 12세기 파리의 성벽에서 많이 벗어나 있다. 그럼에도 불구하고 이곳은 필립 오귀스트 왕이 통치하던 시절의 기억을 간직하고 있다. 그의 이름을 딴 길, 필립 오귀스트 거리와 게르만 황제에 맞선 승리의 추억이 담긴 부빈 가^街(프랑스 북부 도시 릴 교외의 부빈에서 필립 오귀스트가 신성로마 제국의 황제 오토 4세의 연합군을 물리친 전투를 기념한 길 이름_옮긴이)가 그렇다. 특히 4m 높이의 동상이 대표적이다.

왕좌에 앉기 위해 전투에 전투를 거듭한 전사인 필립 오귀스트 왕의 흔적은 도시 전체에 새겨져 있다. 가장 큰 흔적은 파리를 보호하는 단단한 성벽이다. 필립 오귀스트의 성벽은 폭이 거의 3m였고 높이는 9m에 달했다. 게다가 일정한 간격마다 탑이 있었는데, 어떤 것은 높이가 25m나 됐다. 이 훌륭한 성벽은 거의 200년 동안이나 파리의 경계를 견고히 했다. 성벽의 상당 부분을 오늘날에도 볼 수 있다.

성벽의 흔적을 살펴보려면 센 강 오른편에서 여행을 떠나야 한다. 오른편이 더 위험했기 때문에 성벽은 여기서부터 시작됐다. 서쪽에는 무거운 쇠사슬로 센 강을 가로막았다.

강가에는 루브르 요새가 버티고 있었다. 그때에도 강을 따라 이어지는 성채가 있었다. 하지만 필립 오귀스트는 요새를 출발점으로 도시, 나아가 왕국 전체를 지킬 수 있는 보호막을 만들고자 했다.

먼저 32m 높이의 튼튼한 동종을 지어 건물의 주요 골격을 마련했다. 동종은 사각형이라는 군사 건축의 상식을 뒤집고 원형으로 세워졌다. 망을 보고, 화살을 쏘기에 적합한 형태였다.

그 주위에 성이 들어섰다. 튼튼한 성벽으로 만들어진 거대한 사각형 모양이었다. 벽의 중간마다 탑이 있었고 각 모서리에도 탑이 세워졌다. 벨빌과 메닐몽탕의 시냇물 줄기를 틀어 성 주위를 감싼 해자에 물을 채웠다. 출입구는 동쪽에 있었다. 상대적으로 좁은 출입구 양쪽에 또 다른 탑이 있었다. 부대나 마차가 해자를 건너 성 안으로 들어갈 수 있도록 도개교가 설치되었다. 도개교는 잠시 내려졌다가 곧바로 들어 올려졌다. 루브르는 거의 난공불락의 요새가 되었다. 루브르는 파리를 보호하고 폭동이 일어날 경우 왕의 피난처가 될 요량이었다. 게다가 동종 안에서도 정중앙, 가장 요새화된 곳에 비상시에 대비해 필립 오귀스트와 가족이 거처할 방이 있었다.

루브르 요새의 흔적은 어디 있나?

'뚱뚱한 탑'이라 불렸던 동종은 단 한 번도 왕의 거처로 사용되지 않았다. 대신 1295년 이후 감옥과 왕실 보물창고로 쓰였다. 1527년 프랑수아 1세는 동종을 허물게 했다. 중세의 요새는 르네상스의 궁전으로 탈바꿈했다.

1984년부터 89년까지 이어진 루브르의 카루셀 이전 공사 때 고고학자들은 정원에서 필립 오귀스트가 만든 성채의 흔적을 발굴했다. 탑과 성벽의 기초는 루브르 박물관의 지하 고고학관에서 볼 수 있다. 거대한 돌들이 당시 방어시설로서 루브르의 모습을 짐작하게 해준다.

화려한 생 루이 방은 필립 오귀스트 성의 중세풍 실내 인테리어를 한눈에 보여준다. 동종이 있던 자리에서도 옛 성채의 흔적인 우물과 지하 감옥 등의 잔해를 볼 수 있다.

루브르는 1360년 샤를 5세 때에 이르러서야 왕궁이 된다. 그때부터 대부분의 왕이 루브르를 자기 취향에 맞게 고쳤다. 이는 1854년 왕궁 주위의 집들을 허물고 대규모 개축 공사를 시작한 나폴레옹 3세 때까지 계속되었다. 오늘날 우리가 알고 있는 루브르의 모습은 대부분 나폴레옹 3세의 작품이다. 마지막 변신은 프랑수아 미테랑 대통령이 고르고, 건축가 밍 페이가 만든 유리 피라미드다. 이 선택은 세계에서 가장 큰 박물관의 명성에 걸맞은 출입구를 선물했다.

성벽은 현재의 퐁 데 자르 위치에 있던 모퉁이 탑에서 출발해, 로라투아르 거리를 통해 루브르를 지난다. 그 길에 다다르면 새로 만든 사원의 난방 장치 사이에서 탑의 잔해를 볼 수 있다. 계속해서 생토노레 거리를 건너자. 그곳 148, 150번지의 굴뚝은 당시 건물이 성벽에 붙어 있었음을 알려준다.(게다가 148번지의 구조물을 통해 성벽의 두께를 알 수 있다)

여기에 생토노레 문이 있었다. 우리는 루브르 거리에 도착했다. 11번지에 또 다른 탑의 기초가 남아 있다. 건물 중간의 원형 모습이다. 증권거래소를 지나면서 성벽은 주르 거리를 따라 이어진다. 그 길은 성벽의 내부 순찰로 자리에 만들어졌다. 9번지에 탑의 일부가 완벽하리만치 보존되어 있다. 다시 옛 몽마르트르 문을 지나게 되는데 몽마르트르 30번지의 안내판이 문이 있던 자리를 상기시킨다. 이제 에티엔 마르셀 거리로 들어선다. 역시 성벽의 내부 순찰로였던 곳이다. 다시 아주 중요한 유적으로 나아간다. 장 상 푀르^{Jean Sans Peur}('겁 없는 장'이라는 뜻. 부르고뉴 공작으로서 정신적으로 문제가 있던 사촌 샤를 6세의 섭정이었다_옮긴이) 탑이다. 1409년 성벽 외부에 맞대 지은 동종으로 부르고뉴 공작의 파리 저택 일부다. 1층에 필립 오귀스트 탑의 둥근 부분이 남아 있다. 탑 안에 또 탑이 있는 구조다.

생드니 135번지에 있는 생드니 개선문까지 나아가 보자. 성벽이 랭파스 데 팽트르(화가의 길, 랭파스는 출구가 없는 막다른 길을 말한다_옮긴이) 오른쪽으로 이어진다. 성벽의 외부 순찰로다. 다시 생마르탱 199번지에 있는 생마르탱 개선문까지 간다. 여기서부터 성벽은 다시 닫히기 시작한다. 랭파스 보부르 쪽을 따라 파사주 생타부아를 따라 남동쪽으로 내려간다. 파사주 생타부아는 우리를 사르시브 거리로 이끈다. 그리고 대부분이 성벽의 외부 순찰로였던 프랑크 부르주아 거리로 이어진다. 프랑크 부르주아 55~57번지에는 보다 새로운 기술로 더 높게 쌓아 올린 탑의 기초가 있다. 땅바닥의 포장을 보면 성벽이 있던 자리임을 알 수 있다. 오스피탈리에르 생제르베 10번지에도 성벽의 흔적이 있다. 로지에 10번지에는 성벽의 탑이 남아 있다. 성벽은 이 축에서 세비네 거리까지 올라가다 남쪽으로 굽어 보데 문을 지난다. 생탕투안 거리와 교차하는 지점에서 오른쪽으로 뻗는다. 그곳에 있는 교회에서 두 배나 두꺼운 벽을 볼 수 있다.

이제 우리는 현존하는 가장 아름다운 성벽의 일부를 보게 된다. 자르댕 생폴 거리에 있는 샤를마뉴 고등학교에 60m 이상의 성벽과 몽고메리 탑이 남아 있다. 스코틀랜드 용병 대장인 몽고메리는 1559년 마상 경기 도중 앙리 2세에게 치명적인 상처를 입혀 그 탑에 갇힌다. 투르넬 호텔의 정원에 있는 다른 탑에서 '마크 드 타슈롱', 즉 석공의 사인을 볼 수 있다. 성벽은 셀레스탱 강둑 30~32번지 자리의 센 강가에서 끝난다.

왼편으로 넘어가려면 당시 무인도였던 생루이 섬의 풀르티에 거리를 통과해야 한다. 두 섬 사이를 메운 자리에 길이 만들어졌다. 성벽이 있던 시기에는 야간에 무거운 쇠사슬이 걸려 센 강의 통행을 막았다. 왼편에서는 투르넬 강둑 1번지에서 성벽이 출발한다. 투르넬은 모퉁이 탑을 말한다. 생제르맹 대로 7bis 번지의 좁은 건물이 성벽이 있던 자리다. 마찬가지로 샹티에 7번지의 안마당에서도 유적을 발견할 수 있다. 성벽 모퉁이 탑 아래에는 석공들의 가마가 돌출되어 있다. 성벽은 제콜 거리까지 이어진다. 길가에 있는 우체국 지하에 들어가면 성벽에 뚫려 있던 큰 아치를 볼 수 있는데 비에브르 강(지금은 사라진 센 강의 지류_옮긴이) 지류의 운하가 지나는 통로였다.

카르디날 르무안 거리에 가면 제콜 거리에서부터 해자가 있던 성벽의 외부 흔적이 있다. 48~50번지의 소방서에 붙어 있는 조각들을 볼 수 있다. 다라스 9~11번지의 정원에도 있다. 카르디날 르무안 60~64번지, 68번지에서도 아름다운 성벽을 볼 수 있다. 투앵 4번지와 6번지, 클로비스 1번지와 7번지에도 있다. 특히 데카르트 47번지에서는, 인내심을 가지고 도어록의 세 자리 숫자의 관문을 통과한다면, 성벽 지붕에도 올라갈 수 있다. 데카르트 50번지에서는 보르델 문 또는 생마르셀 문의 안내판을 볼 수 있다.

우리는 이제 포세 생자크 거리에 있다. 역시 성벽 외부의 해자가 있던 자리다. 생자크 151번지에는 왼편에서 가장 중요한 문인 생자크 문이 있었다. 성벽은 수풀로 거리로 내려가 빅토르 쿠쟁 거리에 이른다.

생미셸 문은 생미셸 대로 56번지 위치에 있었다. 이어 성벽은 무슈 르 프랑스 거리 오른쪽을 따라 이어진다. 40번지에 '과거의 포세 거리'라는 안내판이 보인다. 이 길에는 성벽 자리인지 알았는지는 모르겠지만, '만리장성'이라는 간판이 붙어 있는 중국 음식점이 있다. 이 음식점의 뒤쪽 벽이 필립 오귀스트의 성벽이다. 라신 거리까지 이어지는 벽들은 모두 그렇다.

성벽은 생제르맹 대로에서 잠시 끊어졌다가 다시 계속된다. 탑 하나가 생탕드레 데 자르 거리와 랑시엔 코메디 거리 쪽의 메종 드 카탈로뉴 안에 남아 있다.

마자린 거리는 센 강까지 이어지는 성벽 외부의 해자 위에 만들어진 길이다. 35번지의 작은 정원과 27번지의 지하주차장에서 흔적을 찾아볼 수 있다. 파사주 도핀 13번지에 있는 어학원 2층 테라스에서 탑의 꼭대기를 제일 잘 볼 수 있다.

마자린 거리는 느베르 거리와 이어졌어야 한다. 하지만 벽 하나가 두 길을 가로막아 막다른 길로 만든다. 바로 필립 오귀스트의 성벽이다. 마자린 거리로 돌아와 다시 게네고 거리로 들어서서 29번지에 있는 쇠이 출판사 건물로 잠시 들어가 보자. 안마당 끝에 또 하나의 탑을 볼 수 있다.

성벽은 센 강가에 있던 유명한 넬 탑에서 끝난다. 그 탑은 콩티 강둑에 있는 현재의 프랑스 학사원 자리에 있었다. (학사원의 왼쪽 날개에 안내판이 있다)

더 많은 성벽의 흔적들이 틀림없이 개인주택 안이나 건물들의 기초에 남아 있을 것이다. 애호가들에게는 진정한 보물찾기다.

내 유적 찾기의 첫 번째 기쁨은 필립 오귀스트의 성벽 흔적을 재발견한 것이었다. 다소 길고 복잡한 발자취 놀이에 독자들을 초대했다면, 이는 나를 이끈 열정과 내가 여전히 계속하고 싶어 하는 도전을 독자들이 더 잘 이해했으면 하는 바람에서였다. 파리는 매력적인 수수께끼다.

○

성벽처럼 필립 오귀스트는 매력적인 인물이었다. 그는 스스로 모든 것을 상상했고 모든 것을 재창조했다. 또한 제왕의 권위를 확립했으며 국토를 넓혔고 파리를 새롭게 만들었다.

1179년 왕좌에 올랐을 때 필립 2세로 명명된 그는 고작 15세였다. 고작해야 일 드 프랑스 지방(프랑스 주의 하나. 우리나라의 경기도에 해당한다_옮긴이)을 통치하는 어린 왕에 불과했다. 하지만 그는 스스로의 운명을 개척했다. 정복을 계속했고, 왕국을 하나의 역사, 하나의 언어, 공통된 목표로 일체감을 이끌어냄으로써 프랑스의 왕으로 인정받았다. 그와 함께 파리는 새롭게 도약하는 왕국에 걸맞은 수도의 모습을 갖췄다. 필립 2세는 필립 오귀스트라는 로마 황제의 권위로 승화되었다.

왕의 일 처리 방식은 거칠고 신속했다. 솔직하게 말하자면 때때로 끔찍했다. 왕좌에 오른 뒤 재정 압박에 시달리자 그는 유대인 사회의 돈을 뜯어내기로 결심한다. 1181년 어느 토요일 아침, 파리의 유대인들은 모두 투옥되었다. 풀려나기 위해서는 왕에게 재산의 일부를 바쳐야 했다. 그것으로도 충분하지 않았던 필립은 이듬해 기독교도들에 대한 유대인들의 채권을 완전히, 그리고 간단하게 없애버렸다. 공공재정을 위한 일이었다. 채무자들은 면제된 부채의 5분의 1을 국고에 바쳐야 했다.

1182년 6월 24일 추방령이 떨어졌다. 역사상 처음으로 기독교 왕국이 공식적인 칙령으로 자국 내 거주하는 유대인 전체를 추방했다. 오른편의 라타슈리(현재의 라 타슈리) 거리에 있던 파리의 유대교 회당은 교회로 바뀌었다. 유대인의 집들은 왕명에 의해 처분되었다. 그렇게 모인 돈으로 왕은 캉포 유대지구에 시장을 건설했다. 그는 두 개의 건물을 지으라고 명했다. 건물들은 담으로 둘러싸였으며 밤에는 문을 닫았다. 시장은 혁신적으로 상인들의 물건을 비와 도둑으로부터 보호해주었다. 캉포 시장은 문을 열자마자 수도에서 가장 활력 있는 시장이 되었다. 규모가 큰 만큼 생필품에서부터 값비싼 직물까지 없는 물건이 없었다. 왕은 바로 그 자리에 거의 800년 동안 존재한 레알의 기초를 닦은 셈이었다.

필립 오귀스트는 파리의 모든 것을 알았다. 즉 도시가 발전하고 더 커져야 한다고 믿었다. 레알 인근의 오래된 무연고자 묘지가 도시를 어두운 이미지로 만들었다. 무덤과 묘혈 사이에 쓰레기가 쌓였다. 돼지들이 우글

레알은 어떻게 사라졌을까?

취급 물품이 늘어나면서 시장은 점점 커졌다. 16세기에 프랑수아 1세는 시장의 개축을 도모한다. 이에 따라 '레알의 기둥'이라 불리는 특수 건물들이 세워졌다. 1층에는 상가들이 들어선 아케이드형 갤러리가 있었다. 가운데는 빵과 크림 등을 파는 노점상들이 있었다.

레알은 19세기에 다시 새 모습을 찾는다. 1848년에 실시된 재건축 공모전에 당선된 빅토르 발타르는 1852년과 1870년에 유리 벽, 주철 기둥으로 이루어진 10개 동의 유리 지붕 건물을 지었다. 1936년에는 두 개 동이 보태졌다.

20세기가 들어서면서 낡은 레알은 희생되었다. 파리 인구가 늘어나고 위생관념이 높아지면서 시장을 옮겨야 한다는 여론이 들끓었다. 결국 레알은 1969년 파리 근교의 렁지스로 옮겨졌다.

1971년에서 73년 사이 발타르의 건물이 헐리고 말았다. 파리로서는 슬픈 기억이었다. 레알을 파괴하고 몽파르나스 타워를 세웠다. 건물 10개 중하나가 살아남았지만 그것 역시 노장 쉬르 마른(파리 동부의 위성도시_옮긴이)으로 옮겨졌다.

또 새로운 변신이 계획되어 있다. 현재의 포럼 데 알은 곧 헐리고 건축가 파트릭 베르제와 자크 안지우티가 설계한 '유리 숲'으로 덮일 예정이다.

거리고, 창녀들이 부끄럼 없이 몸을 팔았다. 왕은 담벼락을 세워 혼란을 종결시켰다. 창녀들은 장소를 옮겨 돈벌이를 해야 했으며, 돼지들은 우리로 돌아갔고, 쓰레기는 치워졌다. 묘지 참배나 매장은 낮에만 가능했고 밤이 되면 문을 닫아걸었다.

왕은 질서와 청결을 추구했다. 수도가 사방으로 열린 시궁창인 것은 곤란했다. 어느 날, 그는 시테 궁전의 창가에서 센 강의 배들과 거리의 마차들의 움직임을 지켜봤다. 마차들은 진창에서 허덕였다. 말들은 발을 구르고 바퀴는 헛돌며 진흙을 튕겨댔다. 오물에서는 악취가 풍겼다.

이 문제를 어떻게 해결할 것인가. 왕은 고심했다. 옛날에 로마인들은 도로를 포석으로 세심하게 포장했다. 하지만 시간이 지나면서 쓰레기와 흙이 쌓였다. 포석들은 땅속 깊이 박혀 아득한 추억이 되었다. 필립 왕은 부르주아들과 도시의 관리들을 소집했다. 비용이 얼마가 들더라도 오물을 엎지르지 않고 마차가 달릴 수 있도록 모든 지역의 주요 도로를 가능한 한 빨리 포장해야 했다.

○

1187년 예루살렘의 라틴계 대주교인 헤라클리우스가 온몸에 부상을 입고 파리에 도착했다. 그가 가져온 소식은 기독교 사회의 가슴을 찢고 눈물의 격류를 열어놓았다. 이집트의 술탄인 살라딘이 예루살렘을 점령했다는 것이었다! 하느님의 계시를 받은 도시가 사라센인들의 손아귀에 들어갔다. 이 소식을 들은 교황 우르바노 3세는 공포에 질려 그 자리에서 숨을 거두었다. 하지만 헤라클리우스는 성스러운 도시를 구하기 위한 방법을 알았다. 바로 프랑스와 잉글랜드, 게르만 등에서 군대를 일으켜 원정하는 것이었다. 대주교는 3차 십자군 원정을 설득하기 위해 말하고, 반복하고, 못을 박았다. 예루살렘을 해방시켜야 한다!

그는 공사 중인 노트르담 성당에서도 외쳤다. 생테티엔 성당은 너무 낡았고, 확대일로로 치닫던 파리 인구에 비해 너무 협소했다. 따라서 모리스 드 쉴리 주교는 생테티엔을 버리고 25년 전 새로운 성당을 짓도록 했었다.

하지만 완공이 되려면 아직 먼 상황이다. 그래서 헤라클리우스는 예배당뿐만 아니라 건설 공사장에서도 설교를 했다.

석공들과 목수, 미장이, 대장장이, 마차꾼들이 감독관의 지휘를 받으며 작업했다. 감독관은 커다란 양피지에 상상할 수 있는 한 가장 큰 교회를 설계하고 스케치했다. 일을 재촉하는 주교의 성화에도 불구하고 공사는 절망적일 정도로 느리게 진행되었다. 매년 10월이 되면 공사는 동면에 들어갔다. 동절기에는 회반죽을 망칠 우려가 있었다. 석공들은 도구를 내려놓고 작업물을 밀짚으로 덮어놓은 채 봄이 될 때까지 기다렸다. 돌을 자르는 인부들만이 겨울에도 작업을 계속했지만 작업장 안에 바람막이를 설치해놓고 느릿느릿 일했다.

그 바람막이 안에서 헤라클리우스는 예루살렘이 해방되지 않으면 하늘의 문이 열리고 묵시록의 불기둥을 보게 될 것이라고 울부짖고, 외치고, 위협했다. 청중은 흔들렸다. 존경하는 대주교의 말에 귀족들은 근심했고, 평민들은 몸을 떨었다.

필립 오귀스트는 신성한 땅과 영묘를 해방시킨다는 신성한 동기에 참여할 수밖에 없었다. 게다가 유럽의 정세도 전에 없이 호전적이었다. 왕국 전체, 그리고 영국과 마찬가지로 귀족, 농민 할 것 없이 모두 원정에 참여하고자 했다. 프랑스 왕은 선택의 여지가 없었다. 원정을 떠나야 했지만 당장은 아니었다. 같이 원정을 떠날 영국의 사자왕 리처드와 사전 평화협정을 맺을 필요가 있었다. 두 왕은 친선조약을 맺었다.

"우리는 신의 영도에 따라 함께 이스라엘 원정 임무를 마칠 것이다. 우리는 서로에게 신뢰와 우호관계를 지킬 것을 맹세한다."

1190년 3월 15일 필립 오귀스트의 아내인 이사벨 왕비가 쌍둥이를 사산하고 세상을 떠났다. 20세도 안 된 나이였다. 10년 전 필립은 어린아이에 불과한 에노의 이사벨과 정략결혼을 했다. 그녀는 결혼 지참금으로 아르투아(프랑스 북부의 옛 주_옮긴이) 지방을 가져왔다. 필립은 말라깽이에다 울보인 왕비를 결코 사랑하지 않았지만 그녀의 죽음은 모든 감정을 씻어줬다. 죽은 왕비를 위해 장엄한 장례식이 거행되었다. 장례식은 노트르담 성당의 성가대석에서 열렸다. 왕비의 시신은 새로 만든 성가대석 아래 지하 현실玄室에 묻혔다.

프랑스 왕은 십자군 원정을 떠나기 전 할 일이 또 있었다. 그는 파리가 무방비한 도시라는 사실을 알았다. 시테 섬에 오래된 성벽이 있기는 했지만 인구 밀집지역이 강 양편으로 크게 확대되어 있었다. 침략을 받을 경우 도시를 보호할 어떠한 방어막도 없었다. 게다가 침략의 위험도 적지 않았다. 노르만 족과 영국은 주기적으로 프랑스를 위협하고 있었다. 강 오른편에 북쪽의 침략에 대비한 성벽을 쌓는 아이디어가 여기서 나왔다.

필립 오귀스트는 수도를 위해 멀리 보았다. 새로운 성벽이 강 오른편의 인구를 크게 늘릴 수 있다고 믿었다. 그는 자신이 구상한 도시계획을 시작했다. 미래의 성벽 안에 녹색 공간, 즉 주거지 사이사이에 여기저기 흩어진 공원을 만들 계획이었다.

○

왕은 원정 중에 행정을 집행할 6명의 부르주아를 임명했다. 그러고는 생드니로 가서 장엄한 의식을 통해 '생 클루와 생 테핀'의 축복을 받았다. 프랑스 왕의 십자군 참여를 상징하는, 금실로 수놓은 십자가 깃발도 받았다.

1190년 7월 4일, 프랑스 왕과 영국 왕은 베즐레에서 만났다. 그들은 론 계곡을 따라 함께 행군했으며 가는 길마다 열광적인 군중의 환영을 받았다. 필립은 마르세유에서 배를 탔으며, 리처드는 제네바로 행군을 계속했다.

필립 오귀스트는 거의 1년 반 동안이나 왕국의 수도에서 멀리 떨어져 있었다. 그동안 무엇을 했나? 사실 아무것도 하지 않았다. 그의 원정군은 시칠리아에서 지중해의 풍랑이 잠잠해지길 기다리며 6개월을 보내야 했다. 엎친 데 덮친 격으로 사라센에게 점령당한 생장다크르에서 살라딘의 군대를 한걸음도 몰아내지 못했다. 게다가 필립은 심한 열병에 걸렸다. 열이 펄펄 끓어 머리와 손톱이 다 빠질 지경이었다. 한쪽 눈에 염증이 생겨 결국 실명하고 말았다. 필립은 서둘러야 했다. 성스러운 꿈은 잊어버리고 하루빨리 이 적대적인 땅을 벗어나 파리로 돌아가고 싶었다. 그는 사자왕 리처드에게 사절을 보내 협약을 포기하고 파리로 돌아가도록 허락해달라고 요청했다.

영국 왕은 경멸조로 말했다.

"프랑스 왕이 맹세를 완수하지 못하고 떠난다면 그에게는 불명예일 것이며 프랑스에는 수치가 될 것이다. 나는 그가 그렇게 하도록 충고할 수 없다. 죽음과 귀국을 놓고 선택해야 한다면, 그가 결정하도록 하라!"

필립은 이미 결정을 내렸다. 그는 프랑스 군대를 현지에 남겨 리처드의 지휘를 받게 한 뒤, 티르에서 배에 올랐다. 1191년 12월 27일 파리에 돌아온 왕은 더 이상 18개월 전의 전사가 아니었다. 고작 26세에 죽음의 그림자가 드리운 병든 대머리 애꾸였다. 그는 무엇인가 남기고 싶어 안달했다.

왕이 비참한 원정에서 돌아왔을 때 오른편 성벽 건설이 상당 부분 진행되었다. 왕은 일을 재촉해 성벽을 왼편까지 쌓을 계획을 세웠다.

이때 사자왕 리처드는 십자군 전쟁을 계속하고 있었다. 자파 항을 점령한 뒤 라틴계 예루살렘 왕국을 세웠다. 하지만 성스러운 도시를 탈환하는 시도는 실패했다. 더 이상 끌 수가 없었다. 그는 살라딘과 휴전협정을 맺은 뒤 1192년 10월 팔레스타인을 떠났으나 폭풍이 배를 덮쳤고 코르푸 섬에서 난파하고 말았다. 영국 왕은 일개 용병처럼 붙잡혀 독일 황제 헨리 4세의 포로가 되었다.

이 상황은 필립 오귀스트를 즐겁게 했다. 그의 수중에는 리처드의 동생, '무지왕'無地王(상속받은 땅이 거의 없어서 붙은 별명_옮긴이) 존이 있었다. 존은 영국 왕 자리를 차지하기 위해 어떠한 타협이라도 할 준비가 되어 있었다. 실제로 그는 영국 땅이었던 노르망디 공국을 프랑스 왕이 차지하도록 도왔다. 기소르를 포함해 영국 왕실인 플랜태저넷 왕조 소유의 여러 성을 프랑스가 점령하는 것도 모른 척했다.

하지만 아무리 좋은 일도 끝이 있기 마련이다. 리처드가 1194년 2월 2일 풀려난 것이다. 마른 장작에 불이 붙듯, 프랑스 내에서 필립과 리처드 사이의 전쟁이 불타올랐다. 물론 정치적 이유가 있었다. 프랑스 왕은 자연적 경계까지 영토를 확장하고 싶어했고, 영국 왕은 대륙의 영토를 지키고 싶었던 것이다. 하지만 무엇보다 두 사람 사이의 증오가 문제였다. 두 사람은 아주 달랐다. 리처드는 타고난 싸움꾼으로 언제나 도끼를 휘두를 준비가 되어 있는 전사였다. 반면 필립은 행정가로서 더 적합했다.

프랑스 군대는 영국 군대에 맞서 제대로 저항하지 못했다. 그들은 어디서나 도망다니기 바빴다. 사실상 전투다운 전투도 없었다.

1194년 7월 3일, 두 군대는 방돔(프랑스 중부 루아르 강 근처의 도시_옮긴이) 근처 프레트발에서 만났다. 리처드 왕은 기병대의 선두에 섰다. 프랑스 병사들은 달아날 준비를 하느라 바빴다. 그들이 너무나 빨리 달아났기 때문에 필립 왕은 은식기와 보석들을 챙길 겨를도 없었다. 더욱 심각한 것은 그가 '기록'이라 부르며 항상 가지고 다니던 회계 서류들도 버리고 갔다는 사실이다. 그는 이런 서류들을 전쟁터에 지니는 일이 과연 현명한가를 다시 생각했고, 이후 왕실의 기록은 더 이상 여행을 하지 않게 되었다. 그때의 기록들은 루브르의 벽 뒤에 보관되었다. 필요와 경험에 따라 필립 오귀스트는 국립기록보관소의 선례를 만든 것이다.

허세 부리길 좋아하던 사자왕 리처드는 자신과 어울리는 최후를 맞았다. 1199년 3월 26일 리무쟁의 샬뤼 성을 공격하다 화살에 맞았다. 살이 괴사했고 11일 만에 세상의 짐을 내려놓았다.

필립은 새 영국 왕 존을 상대로 승리에 승리를 거듭했고, 프랑스 영토에서 플랜태저넷 왕조를 해체했다. 그는 노르망디와 멘, 투렌, 그리고 플랜태저넷의 요람인 앙주와 푸아투를 점령했다.

필립은 1214년 7월 27일 독일 황제 오토 4세를 부빈 전투에서 무찌르고 쓰러져가는 제국에서 카페 왕조를 뿌리 뽑았다.

필립의 아들인 미래의 루이 8세는 1214년 라로슈오무안에서 영국 왕존에게 결정적인 패배를 안겼다.

필립 오귀스트가 영국과 독일, 스페인(1213년 뮈레 전투에서 승리)의 라이벌들과 싸워 이겼다면, 루이 8세는 파리에서도 승리를 거뒀다. 12세기의 마지막 몇 년 동안 파리는 도약했다. 인구는 배가 되어 5만 명이 되었다. 도로는 크게 확장되었고 상업도 꽃이 피었다. 시장도 크게 발전했다. 파리는 이제 유럽에서 큰 도시 중 하나였다. 특히 서양에서 가장 강력한 왕국의 수도였다.

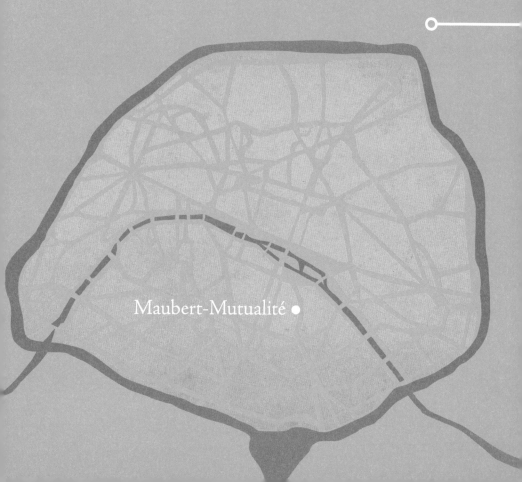

13세기 O———

모
베
르
뮈
튀
알
리
테

O———

Maubert-Mutualité ●

모베르 뮈튀알리테

대 학 의 비 상

파리는 정녕 힘차게 뛰는 지식의 심장이었다. 건초 더미 위에 앉아 학문의 즐거움을 만끽하던 지식의 장은 특권을 위협받는 교회법과 충돌했다. 1231년 교황은 칙서를 통해 파리 대학의 지적, 사법적 독립권을 인정했다.

파란 자기 위에 쓰인 하얀 글씨, 모베르 뮈튀알리테 Maubert-Mutualité 역은 클래식 장르 속에 'Made in RATP(파리교통공사)'를 새겨 넣었다. 물론 1980년대의 활력 없는 디자인만 아니었다면 모든 게 완벽했을지 모른다.

역을 나서면 뮈튀알리테 궁전 쪽으로 갈 수 있다. 아르데코 양식의 궁전은 온갖 종류의 반체제 집회를 은밀히 감추고 있다.(대강당에서 정치 집회가 자주 열린다_옮긴이) 반대쪽으로 가면 모베르 광장이다. 시장과 좁은 거리들이 역사를 간직하고 있다.

제2 제정 때 변신하기 전까지만 해도 이 광장은 지금보다 면적이 훨씬 좁았다. 접근하기 어려울 정도로 좁고 길었다. 분수 하나로 꽉 찬 좁은 공간이 처음의 크기를 짐작하게 해준다. 삼각형 공간이 북쪽으로 카름 거리

푸아르 거리와 모베르 광장

푸아르는 '푸라주'(건초)를 의미하는 고어다. 지적 호기심으로 충만한 학생들이 센 강을 운항하는 배에서 내린 건초 다발에 앉아 강의를 들었기 때문에 붙은 이름이다.

그러면 왜 모베르인가? 모베르는 '알베르 선생'이라 불리던 수도사 알베르 폰 볼슈퇴트와 그의 라틴어 이름인 마지스터 모부스를 우스꽝스럽게 줄인 것이다. 독일계 도미니크파 수도사인 그는 1245년에 파리 대학의 신학 교수로 임명됐다. 모베르 광장 바로 옆에 폭 50㎝ 정도의 좁은 골목길인 매트르 알베르가 있다. 그 길은 11세기 때부터 있었다. 당시 이름은 페르뒤(잃어버린 길)였다. 하지만 이 길은 결코 잃어버린 적이 없었다. 좁은 골목길은 1000년 전부터 그곳에 존재했고 이후 모든 공사와 개조작업, 도시계획의 파도를 넘어 살아남았다.

까지 뻗었다가 라그랑주 거리로 되돌아온다.

파리 대학의 출발점이 이곳이었다. 그것도 야외, 길 한복판이었다. 모베르 광장과 푸아르 거리에 학생들이 찾아와 교수들의 강의를 들었다.

알베르 교수는 도미니크파 수도사였지만 교회의 천편일률적 교육을 거부했다. 그는 진흙 속의 교수였다. 바람이 불고 비가 오고 햇볕이 뜨거워도 나무 궤짝 위에 올라 건초 더미에 앉은 학생들 앞에서 강의를 했다. 그러려면 신앙뿐 아니라 체력이 뒷받침되어야 했다. 오늘날 학생들은 길에서 시위를 한다. 그렇다고 시위가 잘못되었다는 말은 아니다. 하지만 감기만 걸려도 죽을 수 있었던 시절에 학생들은 건초 더미에 앉아 유행성 질병에 걸릴 위험을 무릅쓰고 오로지 배우는 즐거움을 만끽했다.

그런 관행은 오래 지속되었다. 나중에 사람들은 깡마른 얼굴의 피렌체 젊은이가 건초 더미에 앉아 있는 모습을 보게 된다. 『신곡』을 쓰기 전의 단테 알리기에리^{Dante Alighieri}였다. 몇 걸음 뒤에 단테 거리가 있는 이유다. 이 유명한 시인은 밤낮으로 학생들의 왕래가 잦았던 푸아르 거리를 알고 있었을 것이다. 1358년 모든 것이 바뀐다. 혈기왕성한 젊은이들이 창녀들과 시시덕거리는 것을 막으려고 양쪽 거리의 끝에 두 개의 문이 설치되었고 해가 지면 문이 닫혔다.

모베르 광장은 중요한 교통축에 위치하고 있다. 한쪽으로는 갈랑드와 몽타뉴 생트 쥬느비에브 거리를 통해 리옹과 로마까지 이어지는 로마길이다. 다른 한쪽은 스페인의 산티아고 데 콤포스텔라까지 이르는 길이다. 따라서 12세기에 순례자와 여행자들의 대부였던 생 쥘리앙 르포브르에게 바쳐진 교회가 세워졌다. 로마네스크에서 고딕 양식으로 넘어가는 좋은 예로 남아 있다. 현재의 전면부는 17세기에 만들어졌지만 여전히 12세기의 부벽과 상부 장식, 기둥을 볼 수 있다. 내부 홀의 앞쪽 의자 두 열도 12세기의 것이다. 대학이 생겨나기 시작했을 때 학장이 교회에 거처했다. 거리와 광장은 학교와 학생들을 위한 자리가 됐고 이 지역이 대학이라고 불릴 때까지 계속 커져갔다.

대학이 만들어진 뒤 학생들에게 버림받은 모베르 광장은 음울하고 위험해 사람들이 꺼리는 장소가 됐다. 옛 조각품을 보면 광장은 교수대와 사다리, 교수용 목줄이 들어찬 곳으로 묘사되고 있다. 불명예 낙인이 찍힌 신성 모독자, 선서 위반자, 중혼자 등이 공개적으로 처형되었다. 광장이 고통과 매달림의 장소가 된 것이다. 게다가 센 강의 강둑이 그리 높지 않고 흙을 제대로 쌓지 않아 모베르 광장은 상습적으로 침수됐다. 광장 29번지에는 매트르 알베르 거리 쪽으로 반쯤 지워진 고딕 글씨 안내판이 남아 있다. 1711년 홍수 당시 물이 찼던 높이다.

광장의 침수 위협과 암울한 분위기는 19세기 오스만 남작의 곡괭이질로 사라졌다. 그가 선봉에 서서 생제르맹 대로와 몽주 거리를 만들 때였다.

○

12세기 교육과 지식은 여전히 교조적이고 비타협적인 교회의 손아귀에 있었다. 신학은 물론 과학과 문법, 수사학, 변증법 등도 수도원 안에서만 가르칠 수 있었다. 시테 섬 안 노트르담 학교에서 가르치는 교회법을 무조건 따라야 했다. 하지만 결국 복종을 거부하는 사람들이 나타났다. 그들은 위험한 혁명분자도 아니었고, 휴머니스트들도 아니었다. 단지 소박한 독립을 꿈꾸는 성직자와 속인들이었다. 교황과 교회(유일하게 학위를 수여할 자격이 있는)로부터 약간의 자치권을 얻기 위해 그들은 생트 쥬느비에브 산을 올라 그곳에 교수와 학생들의 커뮤니티를 구성했다.

모든 것이 혼란 속에서 진행되었다. 교수들은 가르칠 권리가 있다고 주장했고, 학생들은 교수를 선택할 수 있다고 외쳤으며, 파리의 주교는 자신의 특권을 위협하는 행동에 눈에 불을 켜고 항의했다.

1200년 필립 오귀스트 왕은 불협화음을 바로잡아야겠다고 결심했다. 그는 대학들에 특허권을 부여함으로써 상대적인 자유를 보장했다. 대학들은 이후 집단적으로 '유니베르시타스 파리지엔시스 마지스트로룸 에트 스콜라룸'이라 불렸다. 여기서 '유니베르시타스'는 아직 라틴어의 엄격한 의미, 즉 '사회' 또는 '회사'의 의미를 벗어나지 못했다. 간단히 말해 '같은 행동을 수행하는 사람들의 모임'이란 뜻이었다. 그렇다 해도 왕은 종교적 교수법을 뛰어넘어 자유롭게 가르칠 수 있는 밑바탕을 제공했다. 덕분에 13세기는 대학의 세기가 될 터였다.

유명 교수들은 생트 쥬느비에브 산에 정착해 자유강좌를 개설했다. 수많은 학생이 모여들어 그들을 따랐다. 교수들은 교리, 즉 '옳다고 강요된 의견'에서 자유로워지고자 노력했다. 그들은 특히 의학을 가르치고 싶어했지만 쉽지 않았다. 왜냐하면 교황 오노리우스 3세가 1219년 수도사들에게 의학 수업을 금지했기 때문이다. 수도사들이 유일하고 진정한 지식인 신학을 멀리하는 것을 우려한 결정이었다. 그래서 히포크라테스나 갈릴레이 같은 학자들의 연구도 교회 밖에서 은밀히 진행되어, 학문적 독립을 요구하는 교수들이 전파하게 되었다.

센 강 왼편은 빠르게 대학과 학교들로 뒤덮였고, 프랑스뿐만 아니라 유럽 전역에서 학생들이 찾아왔다.

자크 드 비트리 주교는 『서양사』에서 당시 형성된 '카르티에 라탱'(센 강 왼편의 대학 밀집지역. 당시는 라틴어로 강의를 진행했기 때문에 라틴 지구라고 불렀다_옮긴이)에 대한 놀랄 만한 사실을 보여준다. 물론 여기에는 지적인 측면뿐만 아니라 일상생활에서 나타나는 자유로운 풍토를 우려하는 종교적 시각이 들어 있다. 하지만 그의 증언은 중세 파리의 모습을 충분히 설명한다.

자크 드 비트리에게 파리는 '옴에 걸린(타락한_옮긴이) 염소'였다. 선한 주교는 도처에서 창녀들을 보았다. 주교가 묘사한 당시 건물엔 2층에 학교, 1층에 창녀들이 있었다. 학생들이 배움의 행복과 관능의 쾌락 사이를 쉽게 넘나들 수 있었던 것이다. 그리고 이 작은 세계는 다시 프랑스와 노르만, 브르통, 부르기뇽, 독일, 플랑드르, 시칠리아, 로마 등으로 갈리어 사소한 시비 끝에도 서로 죽이곤 했다. 교수들은 순수한 학문보다 현찰에 더 눈이 밝아 다른 교수한테서 학생들을 빼앗아 오는 데 혈안이 되어 있었다. 주교의 눈에는 모든 것이 터무니없는 궤변 속에서 벌어졌다. 영원불변의 영혼과 전지전능한 신과는 아무 상관도 없었다.

하지만 대학들은 계속 늘어갔다. 부유한 귀족이나 도미니크 또는 프란체스코 수도회 같은 종교계가 학생들이 숙식을 하며 공부할 수 있는 기관들을 만들었다. 모베르 광장과 생트 쥬느비에브 산 사이에 대학들이 생겨났다. 어떤 학교들은 몇 명의 학생밖에 모으지 못했다. 이들은 서로 흡수되고 합병되고, 서로 집어삼켰다. 아일랜드 대학은 롬바르디아 대학을 먹었고, 덴마크 대학은 카르멜 수도원에 팔렸다. 프렐 대학은 도르망 보베 대학의 일부가 되었고, 유명세를 떨치던 코크레 대학은 생트 바르브 대학에 가려 빛을 잃었다. 15세에서 50세에 이르는 4만2000명의 학생이 75개 가까운 학교에서 강의를 들었다. 당시 다른 유럽의 수도에는 대학

파리지앙 이야기

이 몇 개밖에 없었다. 파리는 정녕 힘차게 뛰는 지식 세계의 심장이었다.

필립 오귀스트가 승하한 지 6년이 되고, 루이 8세가 서거한 지 3년이 지났으며, 루이 9세가 성년이 될 때까지 블랑슈 드 카스티유가 섭정을 하고 있던 1229년, 대학이 폭동을 일으켰다. 당시 학생들은 악명을 떨치고 있었다. 국가의 엘리트라고 자부하던 젊은이들은 밤거리를 공포로 만들었다. 사람들은 학생들이 도둑질로 생활하고, 성욕을 채우기 위해 도시의

 ## 사라진 대학들은 어디 있나?

가장 오래된 대학 중에서 하나도 남아 있는 게 없다고 알려진 대학은 설립자인 르무안 추기경의 이름으로 불린다. 모든 기록은 이 대학이 17세기 말에 완전히 철거됐다고 전한다. 과연 그럴까? 낡은 돌이 있는 구석이라면 어디든 뒤지고 다니는 나의 행보에 따르면 그렇지 않다. 자크 일레레 같은 역사학자들은 카바레 극장인 '르 파라디 라탱'이 대학 위에 지어졌으며 접근로가 없는 주변의 사유 도로에 비밀이 남아 있다고 말한다. 매복하듯 잘 살피면 오래된 건물의 벽면과 널찍한 돌을 볼 수 있는데 이는 틀림없이 17세기의 것이다. 르무안 추기경 대학의 일부다. 옛날 계단의 입구였음을 짐작하게 해주는 움푹 팬 벽까지 바싹 다가오시라. 그러면 누에고치 색깔의 돌에 손으로 새긴 글씨를 읽을 수 있다. 전형적인 17세기 글씨로 'escholiers', '3C'라고 씌어 있다. 'escalier(계단) 3C에 거주하는 학생'을 나타내는 표시다. 감동적이지 않은가?

오늘날 남아 있는 대학 건물들 중에서 1224년 설립된 베르나르댕 대학이 가장 아름답다. 14세기에 증축된 건물은 원화창이 있는 고딕식 창문을

간직하고 있다. 파리의 중세 민간 건축 양식을 보여주는 인상적인 증거다. 푸아시 24번지에는 지하 저장창고로 쓰였던 반달형 지하실과 수도원 구내 식당이었던 1층이 남아 있다. 현존하는 가장 오래된 고딕식 건물로, 길이가 35m가 넘어 파리의 고딕 건축물 중 가장 길다. 5년간의 보수 공사 후 일반에게 개방돼 황홀감을 선사하고 있다.

카름 14번지에는 1314년 설립된 프렐 대학의 유적이 있다. 커튼이 드리워진 긴 창문 뒤로, 16세기 예배당이었던 그곳에 사람들이 살고 있다. 17번지에는 1334년 설립된 롱바르 대학 예배당의 자취가 남아 있다. 현관문은 1760년에 만들어진 것으로 분수의 물에 씻기고 침식돼 묘한 분위기를 풍긴다.

1321년 세워진 코르누아유 대학 건물이 갈랑드에서 도르마 거리 12bis 번지로 이어지는 작은 골목에 숨어 있다. 첫 번째 안마당에 7세기 전 대학의 입구가 있다.

스코틀랜드 대학 건물은 카르디날 르무안 65번지에 있다. 공포정치 당시 감옥으로 쓰이다가 1806년에 성공회 교회가 됐다. 계단과 앞뜰, 특히 길가의 건물 벽에 '스코틀랜드 대학'이라 쓰인 간판과 'F. C. E.'(스코틀랜드 대학 영지)라 쓰인 문장을 볼 수 있다. 지금도 선명한 이 표시들을 통해 당시 많은 국가가 국제적인 대학 중심지인 파리에 존재감을 드러내고 싶어 했음을 알 수 있다.

장 드 보베 9bis 번지에는 17세기의 예배당이 현대적 건물들 사이에 끼어 있다. 1365년에 세워진 도르망 대학의 유산이다.

발레트 21번지에는 중요한 계단이 있다. 1394년 설립된 포르테 대학교의 중정으로 들어오라. 파리 한복판에 드러난 이 역사적 공간이 소리 없이 빛을 발하고 있다. 겉으로 튀어나온 계단이 보는 이들에게 속세를 떠나고 여인들을 납치하거나 때로는 죽이기까지 한다고 비난했다. 파리 주교 기욤 드 세뉼레는 무기를 지닌 사람을 파문하겠다고 위협했다. 하지만 건장한 젊은이들은 파문 위협 따위는 전혀 겁내지 않았다. 분노한 주교는 난폭한 행동을 하는 자들을 추방하거나 목을 매달았다.

그해 2월 룅디 그라(사육제 마지막 날_옮긴이) 축제가 끝난 뒤 한 무리의 학생들이 생마르셀 구역의 선술집에 갔다. 얼큰하게 술에 취한 그들은 호주머니 사정에 비해 너무나 오른 술값을 놓고 토론을 시작했다. 논쟁은 곧바로 후끈 달아올랐다. 고성이 오가다가, 주먹이 난무했다. 술집 주인은 소리를 질렀고 동네의 청년들이 달려왔다. 학생들과 파리지앙 사이의 전투가 밤새도록 펼쳐졌고 마침내 학생들이 쫓겨났다.

다음 날 복수에 사로잡힌 학생들이 선술집을 덮쳤다. 몽둥이로 무장한 그들은 술집을 박살냈고 가게들을 공격했다. 그들은 눈에 띄는 시민들을 닥치는 대로 때렸고 심지어 죽이기까지 했다.

소식이 온 파리에 퍼졌고 섭정의 귀에까지 들어갔다. 섭정은 즉각적으로 부르주아들의 손을 들어줬다. 범죄를 저지른 학생들을 처벌하도록 병사들과 궁수들을 풀었다.

하지만 학생들은 그 얼굴이 그 얼굴이었다. 병사들 역시 진짜 범죄자들을 가려내려고 노력하지 않았다. 병사들은 성벽으로 달려가 죽치고 있던 학생들을 보이는 대로 때렸다. 목숨을 잃은 학생도 있었다.

파리 대학은 자신들이 조롱당했다고 판단했다. 독립권을 위협받았고 학생들의 목숨이 위태로워졌다. 한마디로 보편적 지식이 뒤집혔다. 당국에 항의하기 위해 교수와 학생들은 새로운 수법을 사용했다. 파업이었다. 곧바로 강의가 중단되고, 학교는 텅 비었다. '그레브'Grève(파업_옮긴이)란 말은 6세기나 지난 후에 생겼지만 이미 이때부터 극한투쟁이 벌어졌다. 교수와 학생들은 파리를 떠났다. 파리 대학의 화려한 명성을 부러워하던 앙제, 오를레앙, 툴루즈, 푸아티에 같은 도시들이 기꺼이 그들을 받아들였다. 영국 왕 헨리 3세 역시 이들을 옥스퍼드로 맞아들였다.

불화는 결코 작은 것이 아니었다. 대학은 자신의 특권과 독립을 위해 투쟁했다. 왕실은 질서를 유지하는 능력을 증명하려 했다. 파리 대학은 빈 조개껍데기에 존재했다.

모리스 토레즈(프랑스 공산당 창립을 주도한 정치가_옮긴이)라면 '파업을 중지시킬 방법을 찾아야 한다'고 말했을 것이다. 다행히 교황 그레고리 9세가 난국의 돌파구를 만들었다. 그는 파리가 교육, 특히 신학 교육의 본거지로 남기를 원했기에 양쪽이 협상에 나서도록 압력을 행사했다. 17세의 젊은 왕 루이 9세도 어머니에게 사태를 해결하도록 촉구했다.

결국 섭정인 블랑슈 드 카스티유는 화를 풀었고, 희생된 학생들의 유족에게 보상하는 데 동의했다. 또 대학의 특권을 다시 인정해주었다. 파리의 주택 소유주들에게도 학생들에게 임대한 방값을 합리적인 수준으로 낮추라고 설득했다. 파리 주교와 생트 쥬느비에브, 생제르맹 데 프레 수도원장들은 앞으로 교수와 학생들을 존중하겠다고 맹세했다. 교회와 대학이 벌인 이 '공사公私'의 대립은 일순간 타협점을 찾기는 했지만, 그들의 경쟁 구도는 오늘날까지도 존재하고 있다.

교황 그레고리 9세는 피신했던 학생들도 즉시 파리로 돌아오기만 하면 학위를 인정해 주기로 했다. 게다가 교황은 학생 살해범이 처벌되지 않을 경우 수업 중단(파업)의 무기를 사용할 수 있도록 학생들에게 투표권을 부여하기로 했다. 더구나 1231년 4월 13일자의 교황 칙서를 통해 파리 대학의 지적, 사법적 독립권을 확고히 인정했다.

학생들과 교수들은 파리로 돌아갈 수 있었다. 파업은 2년 만에 끝났다. 강의는 재개되었고 주민들은 오랫동안 잠들어 있던 카르티에 라탱이 다시 깨어나는 것을 보며 만족해했다.

○

생 루이로 더 잘 알려진 루이 9세의 치하에서 대학은 더욱 발전했다. 대학본부 자리도 지나치게 협소해진 생 쥘리앙 르 포브르 교회를 떠나 오늘날에도 여전히 그 자리에 있는 소르본으로 옮겼다. 오늘날 파리 지역의 모든 단과대학이 있는 소르본 대학은 원래 왕의 고해신부 로베르 드 소르봉이 1257년 설립한, 카르티에 라탱의 한 대학에 불과했다.

그런데 어떻게 빛나는 성공을 거둘 수 있었을까? 진정한 교육자가 학교를 설립했기 때문이다. 다른 교수들은 학생들을 유숙시키기 위해 대학을 열었다. 미래의 성직자를 배출하거나 최소한 그들을 고용하는 권력자한테서 수익을 얻는 것이 유일한 목적이었다. 로베르 드 소르봉은 자신의 영예만을 좇는 추종자들을 양성하지 않았다. 그는 늘 젊은이들을 엄격한 수양과 학문의 길로 인도하기 위해 노력했다.

다른 대학들이 신학과 철학적 주제로 소모적인 논쟁에 휩싸였을 때, 확고한 논지로 무장한 소르본 대학은 번영의 길을 달렸다. 오늘날 역시 '소르본'은 곧 '대학'을 일컫는다. 그것이 바로 라탱의 한 대학이 많은 대학과 경쟁에서 승리할 수 있었던 비결이었다.

루이 9세는 동로마 제국의 황제 보두앵 2세에게 많은 돈을 주고 예수가 매달린 십자가의 조각 일부와 로마의 형리가 예수에게 식초를 먹이는 데 쓴 수건, 옆구리를 찔렀던 창날 등을 구입했다. 가시 면류관과 모세의 지팡이, 예수의 피, 성모의 젖 등 프랑스 왕의 성 유물 컬렉션은 어마어마했다. 시테 궁전의 생니콜라 예배당은 그 보물들을 보관하기에 너무 작았다. 더 크고, 더 아름답고, 더 화려하게 만들어야 했다.

피에르 드 몽트뢰이로 추정되는 건축가가 이 예배당을 빛나는 고딕 예술의 걸작으로 변모시켰다. 이 작업은 생 루이가 십자군 원정을 떠나기 두 달 전인 1248년 4월 26일에 축성되었다. 오늘날 유물들은 모두 사라졌다. 대혁명 때 파괴되고 없어졌다. 하지만 성 예배당은 사법재판소 건물과 인접해 있는데도 거의 피해를 보지 않고 그 자리에 서 있다.

루이 9세는 5년 동안 카이로의 요새 앞에서 싸웠다. 그는 세자레, 자파 성벽을 다시 세운 뒤 어머니인 블랑슈 드 카스티유의 부음을 듣고 왕국으로 돌아왔다. 왕은 파리의 행정을 걱정했다. 이제 주민 수가 16만 명에 달하는 도시는 치안 문제가 심각했다. 약탈이 일상적으로 벌어졌고, 살인이

소르본에는 어떤 흔적이 남아 있나?

소르본 대학의 명성은 전 유럽에 빠르게 퍼졌다. 그러나 15세기에 이 대학은 다시 대학을 교회의 보완재로만 인정했던 교회의 손아귀로 떨어졌다. 휴머니즘의 탄생과 함께 교회에 반대하는 새로운 대학들이 생겨났다. 소르본은 옛날 노트르담 학교가 그랬듯 새로운 이념에 반대하면서 영향력을 잃었다.

명성의 절정과 퇴락의 시작을 알리는 사건이 1470년 일어났다. 바로 대학 구내에 프랑스 최초의 인쇄소를 설립한 것이었다. 소르본은 왕권과 교황권의 도구로 변질되어 갔다.

17세기 들어 교황에 충실했던 리슐리외 추기경이 사제를 털어 소르본을 구하러 나섰다. 그는 상당한 돈을 투자해 지붕의 문장에 금박을 입혔다. 오늘날의 건물은 추기경이 보수하고 19세기에 재보수를 거친 것이다. 대학 예배당 안에는 지라르동이 조각한 리슐리외 추기경의 석관이 있다. 이 예배당과 3층 둥근 지붕 말고는 중세 때의 흔적은 하나도 남아있지 않다. 중정의 불규칙한 포장 위에 그려진 흰색 선이 최초의 건물 자리를 나타낼 뿐이다. 소르본의 원래 흔적들은 모두 돌 밑으로 사라졌다. 네오 르네상스 양식을 자칭하는 19세기의 커다란 굴뚝이 중세의 옛 굴뚝의 존재를 상기시켜줄 뿐이다. 아, 당시에는 복원이 재개발과 짝을 이루지 못했다.

쉽게 저질러졌다. 왕국의 다른 도시들과 달리 파리에는 대법관이 없었다. 왕의 수도에서 왕을 대신할 사람이 필요 없었기 때문이었다. 물론 그렇지만 왕이 원정을 떠나 몇 년씩 자리를 비울 때는 어쩌라는 말인가?

생 루이는 부르주아들을 소집한 뒤 그들 중에서 도시의 제반 업무를 처리할 '프레보 데 마르샹Prévôt des marchands'(상인조합장_옮긴이)을 뽑으라고 말했다. 일종의 도시 재판소였던 '파를루아 오 부르주아parloir aux bour-geois'('부르주아들의 응접실'이라는 뜻으로 중세의 파리 시청을 말한다_옮긴이)에서 이 관리는 상업과 강 운행 등의 업무를 처리했다.

왕은 그랑 샤틀레 성채에 거주하는 '프레보 드 파리Prévôt des Paris'도 임명했다. 그의 임무는 재판을 하고, 세금을 걷고, 각종 직업을 규정하고, 왕궁의 병사들을 지휘하며, 대학의 특권을 보장하는 것이었다. 1261년 에티엔 부알로가 이 중요한 직책을 맡았다. 능수능란한 조직자이자 선하고 정의로운 사람이었던 그는 파리의 거리를 안전하게 바꾸어 놓았다.

1270년 생 루이는 다시 십자군 원정을 떠났다. 그는 자신의 도시에 오늘날까지 볼 수 있는 구조를 만들어놓았다. 상인조합장은 파리 시장, 프레보 드 파리는 경찰청장인 셈이다. 하늘 아래 새로운 것은 하나도 없다.

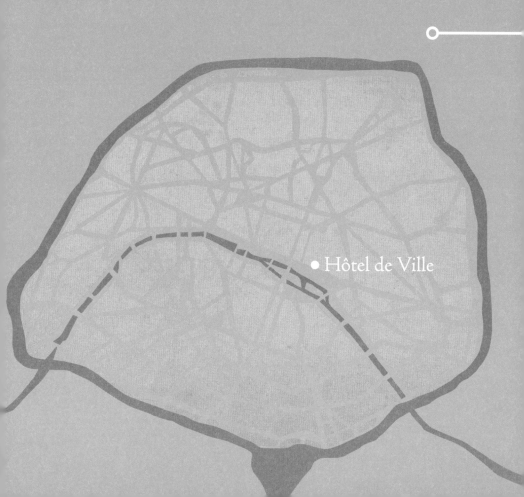

14세기

오텔 드 빌

Hôtel de Ville

오
텔
드
빌

제 3 계 급 의   탄 생

에티엔 마르셀은 파리의 상징색인 빨간색과 파란색 모자를 벗어 태자에게 씌워줬다. 상인 조합장은 지지자들과 함께 그레브 광장으로 향했다. 파리의 주민들이 권력의 일부를 장악했다. '제3계급'이 탄생한 것이다.

'오텔 드 빌^{Hôtel de Ville}'(시청_옮긴이) 역은 마치 전시회장 같다. 종종 파리 정치체제 변동의 역사를 설명하는 상설 전시회가 열린다. 도청이나 시청, 지방의회 등에 대해 잘 모르는 사람들을 위한 훌륭한 학습장이다.

우리는 지금 센 강 오른편에서 가장 오래된 항구였던 오텔 드 빌 광장에 서 있다. 커다란 시청 건물 뒤에 있는 생제르베 교회 자리에 강 오른편 최초의 기독교 예배시설이 있었다.

12세기 이후 센 강의 물류를 독점했던 파리 뱃사공 조합의 후신인 물상인 조합이 이곳 땅을 확보하고 항구를 조성했다. 이른바 그레브 항구다. 13세기 말부터 이 조합은 군주를 상대하는 시민 대표가 됐다. 생 루이 왕이 처음으로 파리 지방정부를 구성했을 때 이 조합에서 관리가 배출된 건 당연한 일이었다. 강물 위에 범선이 있는 파리의 문장^{紋章}도 이 조합의 것이었다.

1357년 그레브 항구와 맞닿은 이 광장에서 상인조합장으로 선출된 에티엔 마르셀이 왕권에 대항해 파리 상인들의 집회를 열었다. 상인들이 모인 건물을 '기둥의 집'이라 불렀는데 오늘날 오텔 드 빌이 있는 자리다.

에티엔 마르셀은 오텔 드 빌 건물 옆 정원에 멋진 청동상으로 서 있다. 이 기념물은 1888년 세워졌다. 옛 상인조합장에게 경의를 표시함으로써 정치적 항의를 하려는 의도였다. 파리 시청 관리들은 동상을 통해 파리를 도지사 관할로 만들려는 정부 결정에 대한 반대 의사를 분명히 했다. 제3공화국 정부는 1871년 파리 폭동에 놀라 파리 시 청사를 없앰으로써 경고를 보내려 했다. 그런 상황에서 에티엔 마르셀을 기념하는 것은 곧 파리의 정치적 독립을 요구하는 의미였다. 당시 정부와 사디 카르노 대통령은 동상 제막식에 참석하지 않음으로써 확고한 의사 표시를 했다. 센 지사인 위젠 푸벨, 즉 '쓰레기통의 사나이'(푸벨은 프랑스어로 쓰레기통이다_{옮긴이})가 기념사를 대신 읽었다. 파리지앙들이 새로 시장을 뽑기 위해서는 1977년까지 기다려야 했다. 그 시장이 바로 자크 시라크다.

오텔 드 빌로 돌아가자. 에티엔 마르셀이 업무를 보았던 기둥의 집은 200년 뒤에 르네상스 양식으로 다시 지어졌으나 1871년 코뮌주의자들이 불태웠다. 현재 우리는 네오르네상스 양식으로 재건축한 건물을 보고 있다.

에티엔 마르셀 동상 앞으로 가려면 로텔 드 빌 거리를 따라가야 한다. 왼쪽으로 생제르베 교회 앞, 바르의 계단은 그곳이 강 오른편 최초의 거주지였던 언덕임을 알려준다. 센 강에서 범람한 물이 이곳까지는 미치지 못했기 때문이다.

이 '바르'(둑)는 10세기 말 파리의 두 번째 성벽을 상기시킨다. 높은 나무 울타리였는데 해자 위로 윗부분이 튀어나와 있었다. 2009년 리볼리 도로 공사 때 이 울타리가 드러났다. 3m 깊이의 V자형 해자가 길이 20m, 폭 12m 정도 발견됐지만 길 이름 말고는 아무것도 남아 있지 않다.

바르와 그르니에 쉬르 로 거리가 교차하는 곳에 있는 16세기 저택을 보면 탄성이 절로 나온다. 2층 벽을 장식한 수선화 문양은 대혁명 때 훼손됐다. 로텔 드 빌을 오텔 드 상스가 있는 곳까지 거슬러 올라가면 또 하나의 경탄할 만한 중세 건축물이 있다.

이제 생폴 거리를 걸어 생폴 생루이 교회까지 가보자. 교회 현관 위의 시계는 1627년에 만들어진 것으로 원조 생폴 교회의 유물이다.

프랑수아 미롱 거리에 가면 14세기 파리의 꼬불꼬불한 길을 좀 더 산책할 수 있다. 중세풍의 집들도 많이 남아 있다. 44번지에 있는 메종 두르캉은 아름다운 고딕식 지하 저장소를 그대로 보존하고 있다. 파리의 옛 모습을 보호하기 위해 설립된 문화유산보호협회가 입주해 있다.

푸랑수아 미롱 거리 끝에서 아르쉬브 거리로 들어서면 26번지에 15세기 초에 생긴 빌레트 수도원이 있다. 파리에서 유일하게 수도원 경내를 볼 수 있다.

58번지에 이르면 환상적인 올리비에 드 클리송 문이 기다리고 있다. 1375년 만들어졌다. 클리송은 샤를 5세의 전쟁에 참전한 용감한 군인이었다. 이들 병사 덕분에 14세기 말에 영토를 회복할 수 있었다. 이 문은 대혁명 때부터 자리했던 국립문서보관소 건물의 일부다. 원래는 오텔 드 수비즈였다. 18세기 초 고전주의 건축 양식의 환상적인 예다.

이 건물을 마주보고 서서 왼쪽을 보면 오래된 안마당으로 들어가는 것을 막아놓은 쇠창살이 있다. 이 통로는 16세기 예배당의 일부다. 마로니에 나무가 있는 정원 앞에 있는 건물도 같은 시기의 것이다. 모두 기즈 저택을 구성하는 것이었는데 클리송 문의 아치 위에 문장이 있다.

이제 몽모랑시 거리를 걸어보자. 51번지에 '니콜라 플라멜의 집'이라 불리는 건물이 있다. 1407년에 지은 것으로 파리에서 가장 오래된 집이다. 관대했던 플라멜은 파리에 올라오는 시골 사람들을 이 집에 머물게 했다. 전면부에 고딕체로 써 있는 글을 읽는 것으로 충분하다.

'매일 주기도문과 아베마리아를 외우면서 신께 은총과 용서를 비는 것만으로 은총의 해 1407년에 지은 이 집에 머물 권리를 갖는다.'

볼타 3번지의 집 역시 14세기 초에 지은 것으로 파리에서 가장 오래된 집 가운데 한 곳이다. 수도원과 생마르탱 마을의 대법관이 거처했다. 1층은 두 개의 전형적인 중세 상점으로 구성되어 있다. 철제 부품과 모서리 돌이 있는 오른쪽 문은 거리 쪽 상점을 둘로 나누며 타일이나 창살도 없이 우두커니 서 있다. 이 건축물은 17세기에 중세풍으로 지은 것일 뿐이라는 주장도 있다.

○

1285년 왕좌에 오른 미남왕 필립 4세는 절대군주정을 원했다. 모든 권력

니콜라 플라멜은 누구인가?

대를 이어 서적상을 해온 니콜라 플라멜은 대학생들을 위한 필사본을 복제하는 일을 하고 있었다. 그런데 1382년경 갑자기 놀랄 만한 거부가 됐고, 교회에 막대한 기부를 한다.

샤를 6세는 그의 성공의 이유를 알고 싶어 특사를 보냈다. 니콜라는 자신이 연금술사라고 털어놓는다. 금속을 순수한 금으로 바꿀 수 있는 원리를 발견했다는 것이었다.

니콜라 플라멜의 이야기는 사람들의 꿈이 되었다. 사람들은 어딘가에 숨겨진 보물을 상상했다. 어떤 이들은 제크리뱅 거리에 있는 그의 집에 금이 묻혀 있을 것이라고 생각했다. 1724년 앙리 소발은 『역사와 파리의 유물에 관한 연구』에서 '변화무쌍한 상형문자로 가득 찬 지하실 두 개만 남아 있는 그 집을 많은 사람이 수없이 뒤지고 옮기고 괴롭혔다'고 썼다.

니콜라 플라멜이 부인과 함께 살았던 이 집은 1852년 리볼리 길을 낼 때 파괴되었다. 그때 역시 아무것도 발견되지 않았다. 하지만 보물은 여전히 상상력 풍부한 모험가들을 환상 속으로 빠져들게 한다.

을 자기 손안에 넣고자 집착했다. 그의 조상들은 왕권신수설을 만들어냈고, 그는 절대적인 왕권을 요구했다. 강력한 권위를 상징하기 위해 그는 시테 궁전을 확대하고 보수했다. 공사는 17년간이나 계속되어 1313년에 끝이 났다.

거처를 센 강에 닿도록 넓히기 위해 왕은 주민들을 몰아냈다. 그는 강을 따라 아름다운 성벽을 쌓았다. 방어가 아니라, 권력과 왕실의 위대함을 표현하기 위함이었다. 왕궁 안에 거대한 홀이 들어섰으며 왕의 거처는 비싸고 화려한 벽지와 은, 대리석으로 치장되었다.

궁정 안에서 왕의 삶을 꾸리는 임무를 맡은 행정기관은 6개였다. 마구간, 마차 관리실, 빵 관리실, 와인 관리실, 과일 관리실, 주방이다.

하지만 더욱 특수한 서비스를 위해 왕은 다음과 같은 요원들을 고용했다. 5명의 시종, 3명의 침실 관리인, 2명의 이발사, 그리고 재단사와 밀랍 가열자였다. 마지막 요원은 이름 그대로 공식 행사에 쓰이는 봉인에 사용될 밀랍을 데워 녹이는 임무를 맡았다.

여기에 2명의 의사와 3명의 전속 사제, 15명의 서기, 30명의 경호원과 하인, 맹금 조련사, 수렵담당관 등이 보태졌다. 200명이 넘는 사람이 잔 드 나바르 왕비의 거처를 포함한 시테 왕궁의 일상을 처리하는 데 동원되었다. 궁전은 정책 결정의 중심지였지만 왕은 1년 중 겨울에만 거주했다. 나머지 기간 동안 필립 왕과 신하들은 일 드 프랑스 지역에서 사냥감이 많은 숲을 찾아 이 성에서 저 성으로 옮겨 다니며 사냥을 즐겼다.

시테 궁전이 아무리 커졌다 하더라도 미남왕 필립이 절대권력을 확신할 수 없다면 헛된 포장에 불과했다. 그는 자신의 권위를 가리는 두 가지가 있다고 판단했다. 바로 로마 교황과 성당 기사단이었다. 교황은 왕들의 일시적 권력보다 영적인 권력이 우위에 있다는 주장을 꺾지 않았으며, 기사단은 가장 부유하고 강력한 종교적 공동체를 형성하고 있었다. 필립은 이들을 무너뜨리고자 결심한다.

1304년 무화과를 먹고 소화불량으로 탈이 난 교황 베네딕토 11세의 승하는 필립 왕이 의지를 실현할 절호의 기회였다. 페루즈에서 열린 교황

선출회의는 끝이 날 줄 몰랐고, 이탈리아 편과 프랑스 편으로 분열됐다. 11개월 동안의 회의 끝에 외침이 터져 나왔다.

"하베무스 파품!"(교황이 선출되었다)

클레멘스 5세는 가스코뉴 출신으로 보르도 대주교였다. 필립 왕은 그를 교황으로 만들기 위해 많은 비용을 치렀기에 새 교황은 필립의 말이라면 거절할 수가 없었다. 아비뇽으로 거처를 옮긴 교황은 프랑스 국왕의 보호 아래 있어야 했다.

필립은 이제 성당 기사단 쪽으로 관심을 돌렸다. 1307년 10월 13일 금요일 새벽, 왕의 남자들이 강 오른편 성당 기사단의 영지를 포위했다. 톱니 모양의 성벽이 광대한 영지를 둘러싸고 있었지만 이 경우에는 전혀 쓸모가 없었다. 성당 기사단은 기독교인들에게 검을 들지 못하는 규칙이 있었기 때문이다. 성당 기사단은 반항 없이 순순히 체포됐다. 그들은 '13일의 금요일'도, 프랑스 국왕도 인정하지 않았다. 법적으로 교황에게만 소속되어 있었다. 하지만 그들은 교황 클레멘스 5세가 필립 왕의 손에 들린 인형에 불과하다는 사실을 알지 못했다.

체포된 기사들은 모진 고문 끝에 세속의 모든 죄를 고백했다. 편의에 따라 종교재판이 열렸으며, 재판관은 무엇을 해야 하는지 알았다. 뼈를 부쉈고, 살을 태웠으며, 팔을 뽑고, 발목을 탈구시키고, 성기를 짓눌렀다. 주요 혐의는 남색과 이단이었으며, 혐의를 인정하는 사람에게는 가벼운 처벌이 내려졌다.

1314년 3월 18일, 기사단의 최고 지도자 자크 드 몰레가 다른 3명의 고위 간부와 함께 감옥에서 끌려 나왔다. 노트르담 성당 광장에서 그들의

성당 기사단의 영지는
어떻게 사라졌나?

성당 기사단의 몰락 이후, 그들의 재산은 병원에 기부됐다. 1667년 성벽을 허물고 특수 목적의 저택과 장인들을 위한 임대주택이 지어졌다.

대혁명 기간 중 성당 기사단의 요새는 감옥으로 사용되었다. 루이 16세와 그의 가족도 그곳에 유폐되었으며, 여기서 어린 루이 17세가 1795년 6월 8일 죽었다.

이곳에 있던 교회는 1796년 일반에 팔린 뒤 헐렸다. 동종은 남아 왕당파의 성지가 되었다. 단두대에서 희생된 군주를 동정하는 여론에 화가 난 나폴레옹은 1808년 동종을 파괴하라고 명령했다.

오늘날 성당 기사단에 대한 추억은 탕플 대로, 탕플 공원, 비에유 탕플처럼 초록색 틀에 푸른 글씨로 쓰인 길 안내판으로만 남아 있다.(탕플은 성당이나 교회를 의미한다_옮긴이) 하지만 잘 찾아보면 꼭 그런 것만은 아니다. 샤를로 73번지에서 왼쪽으로 들어가면 13세기의 작은 탑을 볼 수 있다.

형벌이 선고될 예정이었다. 7년 동안이나 옥고를 치른 이들이 판단하기에 광분한 군중이 자신들의 탄원을 들어줄 것 같지도 않았다. 잘 짜인 시나리오에 따라 성당 기사단들은 자신의 범죄와 잘못을 인정했다. 사실 가벼운 형벌을 대가로 미리 일러준 혐의를 그대로 말할 뿐이었다.

하지만 판사들은 그들에게 무기징역형을 선고했다. 그러자 자크 드 몰레가 일어섰다. 그는 더 이상 체념한 희생자가 아니었다. 최고 지도자의 면모로서 외쳤다. 파리의 주민들 앞에서 자신의 무죄를 주장했다.

"나의 혐의는 모두 거짓이다. 성당 기사단의 법규는 신성하고 정당하며 가톨릭적이다. 그렇다. 나는 죽는다. 하지만 이는 내가 고문에 굴복하고 왕과 교황에게 속아 거짓으로 혐의를 인정했기 때문이다!"

또 다른 간부인 위그 드 프리오도 담대하게 항의했다. 그는 자신의 무죄를 주장하고 고문을 폭로하고, 자백을 부인했다.

경악의 전율이 군중 속에 퍼져갔다. 범죄자이며 신성 모독자였던 사람들이 갑자기 필립이 쳐놓은 계략에 빠진 희생자가 되었다.

군중의 움직임은 파도처럼 느렸지만, 추기경들을 파랗게 질리게 할 정도로 분명했다. 파리지앵들은 성직자들이 앉아 있는 연단으로 다가왔다. 그들은 거칠었다. 파리지앵들은 누가 자신들을 속이거나 거짓말하는 것을 싫어했다. 추기경들은 위험을 느꼈다. 피고들은 서둘러 재판장 앞으로 끌려갔고, 재판장은 형을 선고했다.

파리지앵들의 분노를 달래고 일을 빨리 끝내야 했다. 왕의 명령에 따라 그날 저녁 바로 자크 드 몰레는 시테 궁전 앞에 있던 작은 섬인 유대인의 섬에서 화형에 처해졌다.

형리가 그를 기둥에 묶자, 그는 자신의 몸을 노트르담 성당을 향하게 해달라고 요구했다. 신앙의 상징을 보며 죽고자 한 의지였다.

"몸은 프랑스 왕의 것이나, 영혼은 신이 것이다!"

연대기 작가인 조프루아 드 파리의 증언에 따르면 성당 기사단의 지도자는 자신을 기소한 자들에 대해 저주를 퍼부었다.

"누가 잘못했고 누가 죄를 지었는지 신은 아신다. 우리에게 부당한 형

성당 기사단의 지도자는
어디서 화형 당했나?

유대인의 섬은 시테 섬의 뾰쪽한 부분 끝에 위치한 세 개의 무인도 중 하나
였다. 생제르맹 데 프레 수도원의 영지였던 이 섬은 아마도 이단자와 마녀,
유대인들의 화형장이었을 것이다.

1577년 앙리 3세가 처음으로 돌로 만든 다리, 퐁뇌프를 만들 때 세 개로
나뉘었던 섬을 메워 하나로 만들었다. 그렇게 시테 섬이 됐다.

자크 드 몰레는 오늘날 시테 섬의 서쪽 끝에 있는 베르-갈랑 공원의 앙
리 4세 동상이 있는 자리에서 처형되었다.

을 내린 자들에게 곧 불행이 닥칠 것이다. 신이여, 우리를 부정하는 무리
들이 우리로 인해 고통받게 하소서.”

저주는 많은 영혼에게 박혔다. 교황 클레멘스 5세는 42일 뒤 죽었으며,
필립도 8개월 뒤 말에서 떨어져 죽었다. 직계 카페 왕조는 14년 만에 막
을 내렸고, 왕좌를 발루아 왕조에게 물려주었다.

○

직계 카페 왕조의 종말은 프랑스와 영국의 끝없는 분쟁을 불러일으켰다.
바로 116년 동안 계속된 백년 전쟁이다.

1328년 필립의 아들, 샤를 4세가 아들 없이 죽자 영국 왕 에드워드 3세

가 왕위계승권을 주장했다. 그는 샤를 4세의 누이 이사벨의 아들이다. 하지만 프랑스인들은 외국인을 왕으로 받들기를 거부했다. 결국 필립의 조카인 필립 6세가 프랑스 왕좌에 올랐다.

백년 전쟁이 일어난 배경에는 경제적, 지정학적으로 여러 요인이 있지만 결정적으로 왕위 계승 문제가 불을 붙였다.

에드워드 3세는 잇따라 프랑스 군을 격퇴했다. 1340년 플랑드르 지방의 에클뤼즈에서 프랑스 함대를 전멸시켰다. 1346년에는 피카르디 지방의 크레시에서 궁수들이 프랑스 부대를 산산조각 냈다.

하지만 당시 파리는 평온했다. 파리지앵들은 끊임없이 변하고, 적응하면 다시 변하는 유행을 따르는 일에 탐닉했다. 한동안 긴 튜닉을 입다가 금방 짧은 망토로 유행이 바뀌었다. 반면 색상은 원색적이고 무지개처럼 복합적인 것이 인기를 끌었다.

그러나 흑사병이 모든 것을 휩쓸어갔다. 죽음과 폐허, 공포와 절망만이 남았다. 1348년 8월 파리 남부 루아시-앙-프랑스 마을에 전염병이 발생했다. 며칠 만에 파리에 번졌다. 도시를 휩쓸었고 모두가 공포에 떨었다. 이웃이나 부모, 친구도 돌볼 겨를이 없었다. 300년의 역사를 가진 대형병원 '오텔 디외'에서는 매일 500명의 환자가 죽어나갔다. 수녀들은 목숨을 걸고 병자들을 돌보았다. 처음에 136명이던 수녀들이 4개월 만에 36명으로 줄었다. 사람들은 서둘러 시신들을 이노상 묘지에 묻었다. 곧 더 이상 묻을 자리가 없게 되자 성 밖에 매장이 가능한 지역을 찾았다. 환자들의 집을 불태웠고, 거리마다 신에게 구원을 청하는 종교의식이 거행됐다. 많은 사람이 기도했지만 그보다 더 많은 사람이 죽어나갔다. 의사들도 무기력을 인정했다. 마법사들은 우스꽝스러운 제사와 함께 가짜 약을 금값에 팔았다.

연말이 되자 전염병이 누그러졌으나 파리는 처참하기 이를 데 없었다. 전체 인구의 40% 이상인 6만 명이 목숨을 잃었다.

농토와 농가를 버린 농부들은 파리로 올라와 먹을 것을 찾았지만 도시에는 아무것도 남아 있지 않았다.

재앙의 악순환은 계속되었다. 영국과의 전쟁은 막대한 비용을 필요로했고, 왕은 새로운 세금을 부과했다. 파리와 근교에서 팔리는 모든 상품과 공산품, 생필품에 특수세가 붙었다. 현실은 더욱 암담해졌다.

1356년 9월 19일, 대재앙이 왕국을 덮쳤다. 프랑스의 새로운 왕인 장이 푸아티에서 영국 군의 포로가 된 것이다. 보르도에서 1년간 억류된 뒤 프랑스 왕은 영국으로 이송됐다. 그는 국빈 대접을 받았지만 국민은 군주를 석방시키기 위해 300만 리브르의 비용을 치러야 했다.

그동안 파리는 왕의 부재로 권력이 모호해졌다. 그때 권력을 거머쥔 이가 파리 상인조합장이었던 에티엔 마르셀이었다. 그는 먼저 도시의 수비를 강화했다. 수도가 영국의 공격을 받을 가능성이 커졌기 때문이었다. 9월 말부터 인부들은 흙을 쌓고 성벽을 강화하고 더 높이 세웠다. 너무 좁고 얕았던 왼편 해자를 더 넓고 깊게 팠다. 오른쪽 해자도 더욱 견고하게 만들었다. 센 강 쪽으로는 성벽의 돌출부에 보루를 쌓았다. 또 성벽으로 루브르와 생마르탱 수도원, 성당 기사령을 둘렀다.

모든 작업엔 돈이 많이 들었다. 이를 위해 에티엔 마르셀은 주류세를 신설했다. 술을 마시면 곧 파리를 보호하는 것을 의미했다.

　도시를 방어할 군대도 필요했다. 에티엔 마르셀은 민병대를 고용했다. 그는 장수로서가 아니라, 시장으로서 행정업무를 하듯 지휘했다. 입대를 독려하는 모병관들이 거리와 지역마다 군인들을 모집했다.

시테 궁전에서는 18세의 샤를 태자가 섭정을 했지만 거듭되는 패배로 발루아 왕조는 신망을 얻지 못하고 있었다. 에티엔 마르셀과 로베르 르코크 주교는 '왕국이 귀족과 성직자, 부르주아 대표로 구성된 삼부회에 의해 통치된다'는 칙령을 발표했다.

　런던에 억류되어 있던 장은 격노했으며 당장 칙령을 무효화하라고 명령했다. 동시에 영국에 기엔과 생통주, 푸아투, 리무쟁, 쿼르시, 페리고르, 루에르그, 비고르의 양도를 약속했으며, 이미 400만 에퀴로 오른 몸값을 더욱 올려주겠다고 선언했다. 왕국의 상당 부분을 헐값에 팔아치운 것이다. 당연히 사람들은 분노했다.

　왕의 변호사인 르노 다크리가 조약의 대리자 역할을 마치고 영국에서 돌아오자, 에티엔 마르셀은 행동 개시를 했다. 1358년 2월 22일 아침, 그는 무장한 3000명의 시민을 생탈루아 수도원에 소집했다. 그는 파리가 성벽 주위를 어슬렁거리는 탐욕스러운 무리들과 싸울 준비가 되어 있노라 선언했다. 또한 이 무리들에 맞서 태자의 군대와 측근들이 하는 일이 뭐냐고 물었다. 그의 말에 감동받은 파리지앵들의 분노가 폭발했다. 그들은 권력을 원망했다. 권력, 이 무기력하고 나약한 권력은 바로 앞, 길 건너편, 왕자와 귀족들이 모여 있는 시테 궁전에 있었다.

분노로 들끓는 군중은 길을 건너 왕궁을 향했다. 그때 르노 다크리가 달아나는 모습이 보였다. 겁에 질린 르노는 제과점에 숨었으나 사람이 따라 들어가 케이크 판과 밀가루 부대 사이에 숨어 있던 그의 목을 졸랐다.

에티엔 마르셀도 왕궁으로 행진해 갔다. 그는 성 안으로 들어가 태자의 거처로 올라간 뒤 문을 강제로 열었다. 샤를 태자는 놀라서 소리를 쳤다. 에티엔 마르셀은 수도 외곽을 위협하는 적을 물리치기 위해 그가 하는 일이 없다고 비판했다. 샤를은 그것은 재정을 담당하는 상인조합장이 책임져야 할 문제라고 맞받았다.

논쟁이 격해지자 장 드 콩플랑, 로베르 드 클레르몽 두 장군이 끼어들었다. 하지만 바로 에티엔 마르셀 측근의 칼날이 두 사람의 배를 파고들었다. 피가 튀어 태자의 깨끗한 튜닉이 얼룩졌다. 왕궁 시종들은 겁에 질려 달아났고 샤를은 살려달라고 애원했다.

"전하, 두려워하실 게 없습니다. 제 부하들은 전하를 위해 이 자리에 온 호의적인 사람들입니다."

에티엔 마르셀은 파리의 상징색인 빨간색과 파란색 모자를 벗어 태자에게 씌워주었다. 파리가 젊은 왕자를 보호하겠다는 의미였다. 그리고? 아무것도 없었다. 폭동은 혁명이 아니었다. 상인조합장과 그의 남자들은 거기서 만족했다. 그들은 서둘러 궁전을 떠났으며, 지지자들과 함께 그레브 광장으로 향했다. 파리의 주민들이 권력의 일부를 장악했다. '제3계급'(귀족과 성직자가 아닌 부르주아 계급_옮긴이)이 탄생한 것이다.

다음 날 센 강 왼편 강가의 오귀스탱 수도원에서 열린 회의에 파리 시청 간부들과 성직자, 대학 교수들을 소집한 에티엔 마르셀은 삼부회로 다스러지는 왕국 시스템을 도입할 것과 지명직 사법관 36명으로 구성되는 '36인 위원회'를 재구성하기로 결정했다. 에티엔 마르셀이 파리를 완전 장악한 것이었다.

태자는 알았다. 수도에 자기편은 하나도 없었다. 달아나서 세력을 재규합해야 했다. 한 달 뒤 샤를은 파리를 떠나 상리스로 향했다. 에티엔 마르셀은 10명의 부르주아에게 왕자를 수행하게 했다. 그럼으로써 왕자를 감시하고 그에게 영향력을 행사할 수 있다고 생각했지만 큰 착각이었다.

　샤를 태자가 자신의 지역에서 동조자들을 모으는 동안, 에티엔 마르셀 치하의 왕당파들은 상황이 좋지 못했다. 왕궁의 도편수인 마트레와 다리 관리책임자 페레는 머리가 잘리고 사지가 찢기는 형벌을 받았다.

　상인조합장은 프랑스 왕위 계승자의 자격으로 샤를 드 나바르를 자신의 도시에 초대했다. 필립의 증손자인 그는 '악한 왕' 샤를이라 불리는 인물이었다. 그는 영국과 친분 관계를 맺어 파리지앙들의 분노를 샀다. 게다가 영국군을 불러들여 군대를 증강했기에 나바르와 어울리는 것은 배반이었다. 파리 주민들은 태자가 파리를 봉쇄한 효과가 피부로 느껴질수록, 발루아 왕조를 재옹립하는 것만이 평화를 가져올 수 있다고 생각하기 시작했다. 우선 살아야 했다. 파리의 큰 취약점은 기아와 결핍이었다.

　7월 31일 아침이 끝나갈 무렵, 에티엔 마르셀은 생탕투안 문 주변의 방어상태를 점검하고 있었다. 그때 한 무리의 군중이 상인조합장을 둘러쌌고 고함을 질렀다.

　"죽여라, 죽여!"

에티엔 마르셀은 대화를 원했다.

"왜 그러는 건가? 나의 행동은 모두 그대들과 평화를 위한 것일세."

상인조합장은 이미 사냥감이었다. 칼과 도끼가 그의 온몸을 난자했다.

이틀 뒤, 샤를 태자는 개선장군처럼 파리에 입성했다. 8월 4일 그는 레알에 주민들을 소집한 뒤, 에티엔 마르셀과 샤를 드 나바르가 계획한 음모를 발표했다. 파리에 영국군을 입성시키려 했다는 내용이었다.

"상인조합장이 살해된 날 밤, 그 일당들은 왕과 아들 편에 서는 모두를 죽이려 했으며, 이를 위해 이미 파리의 상당수 집에 표시를 해두었다."

○

오늘날에는 자명하게 드러난 사실이다. 분노가 끓어오르는 곳도, 항의가 나오는 곳도 파리다. 25년 뒤, 파리지앙들의 폭동은 프랑스 왕좌를 다시 떨게 했다. 1383년 젊은 왕 샤를 6세는 왕궁의 대법정에서 '반란과 불복종, 독점, 범죄와 주술, 말이나 행동에서의 수많은 불경죄'를 이유로 상인조합장의 권력을 축소하는 칙령을 발표했다. 이어 발표한 두 번째 칙령에서, 왕은 그레브 광장에 있는 '메종 드 빌'(상인조합장 청사_옮긴이)을 몰수했다. 시청을 약화시키고 오텔 드 빌의 문을 닫으면 파리지앙들을 억누를 수 있다고 믿었다. 이것 역시 착각이었다.

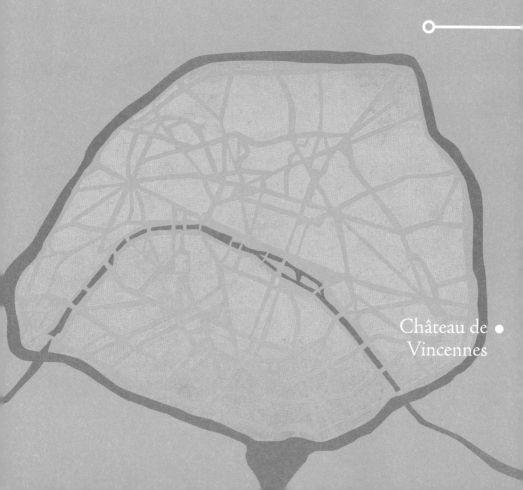

15세기 ○━━━━━━

샤
토
드 뱅
센

Château de ●
Vincennes

샤토 드 뱅센

위 험 에 빠 진 파 리

민중의 폭동을 두려워한 샤를 5세는 자신에게 감옥이 될지 모르는 파리를 떠나는 것뿐만 아니라 새로운 통치 체제를 갖추려고 했다. 즉 우아함 자체인 뱅센 성은 과거 왕들의 거주지이자 피난처였다.

8세기 생드니 편에 이어, 다시 파리 밖으로 나가보자. 왕들의 거처이자 피난처였던 샤토 드 뱅센 Château de Vincennes을 봐야 한다.

눈앞에서 두 장군이 에티엔 마르셀의 하수인들에게 살해되는 것을 본 샤를 5세는 더 이상 시테 궁전에 머물길 거부했다. 처음에는 파리의 경계 밖, 현재의 셀레스탱 강둑 근처에 오텔 생폴을 짓도록 했다. 지금은 사라졌지만 아름다운 공원에 둘러싸인 넓은 저택이 답답한 공기의 파리보다 군주의 건강에 더 좋으리라 판단했다. 또 루브르를 아끼는 샤를 5세는 서재를 루브르의 탑으로 옮기게 했다. 고급 목재로 마감한 이곳에 장서를 쌓아놓아 국립도서관의 토대를 마련했다.

결국 그는 샤토 드 뱅센으로 이주했다. 1371년 동종과 성벽이 완공되었고, 1380년에 성을 감싸는 거대한 보루가 완성되었다. 처음 성을 지을 때부터 샤를 5세는 업무는 물론 주거 공간이 커지길 원했다. 샤토 드 뱅센으로의 이주는 건축 개념의 본질적 변화, 즉 파리의 입구에 서 있는 요새 이상으로 만들겠다는 왕의 의지를 반영한 것이었다.

놀라울 만큼 잘 보존된 이 성은 일반 건축물과는 다른 역사적 의미를 지니고 있다. 이 성을 쌓은 돌들은 어떠한 저작이나 문서보다도 근대국가의 출현을 잘 표현하고 있다.

왕의 가족과 관료, 서기, 비서 등 측근의 중요성이 점점 더 커져갔으며, 효율적이고 잘 짜인 조직을 형성했다. 이러한 원초적 '정부' 형태는 군주제로의 본질적인 전환점을 보여준다. 각료들에 둘러싸인 군주라는 근대국가가 이미 형성되고 있었다.

15세기에 접어들면서 프랑스는 전쟁과 기아, 죽음의 심연으로 끝없이 빠져 들어갔다. 왕과 대공들이 자신들의 특권과 영역 확장을 위해 지도를 다시 그릴 때마다 백성들은 몸을 떨었다. 피폐한 백성들의 마지막 피난처였던 종교적 구원 역시 희미해졌다. 두 명의 교황이 한 명은 로마에서, 한 명은 아비뇽에서 자신이 진짜 주인이라고 주장했다. 이들의 분열은 이슬람의 정복 욕구를 자극했고, 튀르크의 술탄은 더 이상 콘스탄티노플을 집어삼키려는 조바심을 숨기지 않았다.

프랑스에서는 1380년 왕위에 오른 샤를 6세가 광기에 사무쳐 있었다. 그는 초점 없는 눈으로 오텔 생폴의 복도를 어슬렁거렸다. 송곳으로 넓적다리에 상처를 내거나 기어 다니며 사발을 핥기도 했다. 그러다가 멀쩡해져서 정부의 고삐를 잡았지만 이내 착란 증세를 보였다. 왕이 자리를 비운 동안 국고를 운영할 책임을 진 섭정들은 끊임없이 왕실의 보물을 횡령했다. 샤를 5세가 이룩한 모든 업적은 봄눈이 녹듯 사라져 버렸다.

○

1407년 11월 23일, 영국과의 끝없는 전쟁이 새로운 국면으로 접어들었다. 그날 밤 샤를 6세의 동생인 루이 도를레앙 공작은 오텔 바르베트에서 형수인 이사보 드 바비에르 왕비와 저녁을 먹고 있었다. 왕비는 얼마 전 사내아이를 낳았지만, 허약한 아이는 며칠밖에 살지 못했다. 그래서 루이가 이사보의 곁을 지키고 있었다. 아마도 그가 죽은 아이의 아버지였을 것이다. 빠른 시간 안에 조용히 사라진 아이의 운명은 모두에게 이로웠다. 왕비는 많은 불편한 질문을 피할 수 있었다.

만약 이 아이가 죽지 않았다면? 그리고 그 아이가 남자가 아니라 잔이라 불리는 여자아이였다면? 우리가 아는 잔다르크가 왕비와 시동생의 사랑의 결실이었다면? 이 가설은 많은 역사학자와 내가 지지하는 것이다. 하지만 또 다른 얘기다.

왕비는 샤를 6세가 광기를 부리는 오텔 생폴에서 멀리 떨어진 오텔 바르베트에 기거했다. 오늘날 이 건물에는 아무것도 없지만 왕비는 비에유 뒤 탕플 거리의 작은 보석이었다. 거기서 36세의 이사보 왕비는 사랑의 마지막 불꽃을 태웠다. 11명의 아이를 낳은 여인치고는 세련된 얼굴과 날씬한 몸매가 여전히 아름다웠다. 왕비는 '모든 여인 앞에서 울 준비가 되어 있는 아름다운 종마'로 불리던 루이와 정열적인 관계에 빠져들었다.

그들의 포옹에는 실리적인 속셈과 외교적 이해관계가 따로 있었다. 각자 서로를 필요로 했고, 필요하다고 믿었다.

왕의 발광이 심해지자 왕비가 대신해 섭정하였다. 그녀는 국정자문회의를 주재했지만 제대로 장악하지 못했다. 부르고뉴 공작인 장 상 푀르('겁 없는 장'이라는 뜻_옮긴이)가 자신의 영향력을 확대하려 했으나 루이 도를레앙이 가로막았다. 논쟁의 중심에는 두 사람의 개인적 원한관계를 넘어, 영국과의 전쟁이 있었다. 부르고뉴 공작이 원하는 대로 휴전을 연장할 것인가, 아니면 도를레앙 공작이 바라는 대로 전쟁을 재개할 것인가?

도를레앙 공작은 오텔 바르베트에서 즐거운 저녁을 보내고 있었다. 웃고 떠들다가 그만 경계심을 잃었다. 왕의 시종이 그를 찾아왔다.

"공작 각하, 지체 없이 왕궁으로 오라는 국왕 폐하의 명령이십니다. 중대한 사안에 대해 할 말이 있으시답니다."

루이는 왕의 광기에 익숙했다. 왕은 한밤중에 미친 짓을 함께하자고 부르곤 했다. 좋아, 또 발작했겠지만 그는 왕 아닌가? 명령에 따라야지.

루이는 노새 위에 걸터앉아 노래를 불렀다. 그 주위로 여섯 명의 시종이 횃불을 들고 어두운 거리를 밝히며 왕궁으로 향했다. 루이가 술집 '리마주 노트르담'에 이르렀을 때, 20명 남짓한 사내가 어둠 속에서 튀어나와 달려들었다.

"뭣들 하는 놈들이냐? 나는 도를레앙 공작이다!"

왕의 동생은 노상강도인 줄 알고 소리쳤다. 하지만 말할 틈도 없이 노새에서 떨어졌다. 사방에서 도끼와 칼, 곤봉이 그에게 날아들었다.

"살인이다, 살인!"

창문에서 거리의 소란을 목격한 구두수선공의 아내가 소리쳤다. 경비병을 부른 것이다.

살인 보고를 받은 '프레보 드 파리' 티뇽빌 경은 성문을 닫고, 궁수들에게 거리를 잘 감시하라고 명령했다.

이틀 뒤 장례식이 거행된 블랑망토 교회에서 공작이 묻힐 셀레스탱 교회까지 장엄한 장례 행렬이 이어졌다. 시칠리아 왕, 베리 공작, 부르봉 공작처럼 왕국에서 가장 고귀한 인사들이 벨벳으로 감싼 관을 직접 멨다. 그 속에는 부르고뉴 공작도 있었다.

수사 결과 부르고뉴 공작이 범인으로 드러났다. 만천하에 드러난 반역 행위에도 불구하고, '겁 없는 장'은 참회하는 빛을 보이지 않았다. 공작을 죽인 것은 왕국의 안녕을 위함이며, 프랑스를 위대하고 영광스럽게 만드는 행위다! 누가 화려한 성을 짓고 사치스러운 정부들을 거느리느라 왕국의 국고를 낭비하는 개의 죽음을 슬퍼하겠는가?

루이 도를레앙 공작은 어디서 피살되었나?

오텔 바르베트는 오늘날 남아 있지 않지만, 저택의 보조 출입구로 이어지던 작은 길을 찾아볼 수 있다. 프랑크 부르주아 38번지에 있는 아르발레트리에 골목길에서 암살이 자행되었다.

상황은 복잡하게 얽혀갔다. 부르고뉴 공작이 세금을 낮추고 왕권을 견제하겠다고 약속하자 일부 파리지앙이 지지했다. 다른 쪽에서는 살해된 공작의 아들인 샤를 도를레앙이 귀족들의 지지를 받으며 복수를 다짐하고 있었다. 하지만 겨우 13세인 샤를은 지휘관의 자질이 없었다. 이듬해 그는 본에서 베르나르 다르마냑 백작의 딸과 결혼했다. 장차 아르마냑 파와 부르고뉴 파가 맞붙을, 잔인한 전쟁의 전주곡이 시작되었다.

파리를 차지하기 위해 벌어질 충돌에 대비해 부르고뉴 공작은 모콩세유 거리에 소유하고 있던 저택을 무장기지, 작은 성채로 꾸민다. 지리적으로도 완벽했다. 저택의 두 면이 필립 오귀스트의 단단한 옛 성벽과 닿아 있었다. 또한 버려진 탑들은 걸인들의 피난처가 되었으며 물이 빠진 해자역시 거지 무리가 차지하고 있었다. 순찰로는 파리지앙들이 공을 가지고 놀기도 하는 산책로였다.

부르고뉴 공작은 방어를 강화하기 위해 27m 높이의 견고한 탑을 세우라고 명했다. 그는 왕실의 거처인 루브르와 오텔 생폴을 비웃었다. 오텔 드 부르고뉴의 두꺼운 성벽 뒤에서 그는 왕의 변심도, 군중의 행동도 두려워하지 않았다.

부르고뉴 공작이 파리에 자신의 탑을 쌓는 동안 샤를 도를레앙은 남부 지방에서 용병 부대를 모집했다. 그들은 일 드 프랑스 지방에 도착해 농가들을 쑥대밭으로 만든 뒤 왼편 해자 앞에 이르렀다. 그들이 파리에 입성하기 직전인 1410년 11월 2일, 비세트르에서 체결된 조약이 군사작전을

부르고뉴 저택에서는
무엇을 볼 수 있나?

오텔 드 부르고뉴는 16세기에 완전히 개조되어 연극 극장으로 바뀐다. 처음에는 종교적 기적을 주제로 한 연극들이 상연되었다. 루이 13세 치하인 1634년에는 왕립연극단의 무대가 된다. 나중에 피에르 코르네유가 대표작들을 상연하고, 좀 더 뒤에 장 라신이 본인의 거의 모든 작품을 창작한 곳이 바로 여기다.

이 극장에서 라신은 젊은 여배우 라샹플레를 발견하는데 그녀는 '앙드로마크'(1667년 초연된 라신의 비극_옮긴이)에서 에르무안 역을 맡는다. 이 여배우는 폭풍 같은 열정과 대담한 연기를 선보였으며, 공연이 끝난 뒤에는 복도로 뛰어 내려가 무릎을 꿇고 연기에 몰입했던 행복한 순간들에 감사했다. 이후 라신은 여배우 곁을 떠나지 않았다. 그 사랑은 6년쯤 지속되었다. 세비녜 후작부인은 이렇게 썼다.

'라샹플레가 무대에 나오면 극장 한쪽에서 다른 쪽 끝으로 찬사가 퍼져나갔으며, 극장 전체가 그녀에게 매혹되었다.'

오텔 드 부르고뉴는 새로운 장르인 코믹 오페라가 나타난 1783년까지 극장으로 남아 있었다. 이후 한때 가죽 가게로 바뀌었다가 1858년 에티엔 마르셀 길을 내기 위해 완전히 헐렸다.

탑은 에티엔 마르셀 20번지에 여전히 서 있다. 파리 한복판에서 중세 부르기뇽 양식의 놀라운 건축물을 감상할 수 있는 것이다. 1층에는 경비대의 숙소가, 2층에는 거실, 3층에는 아름다운 홀, 4층에는 시종들의 침실, 5층에 공작의 화려한 방이 있다.

나선형 계단의 맨 꼭대기에서 부르고뉴 공작의 흥미로운 추억 두 개를 찾아볼 수 있다. 첫째는 세 가지 종류의 잎사귀가 있는 나무줄기 조각이다. 하나는 아버지를 상징하는 참나무 잎, 또 하나는 어머니를 상징하는 산사나무 잎, 다른 하나는 자신을 상징하는 홉의 잎이다.

또한 두 개의 스테인드글라스가 있다. 하나는 공작의 무기 그림이고, 다른 하나는 대패 그림이다. 루이 도를레앙은 그를 몽둥이 한 방으로 끝내고자 했지만, 겁 없는 장은 적을 대패로 밀어버렸다.

중단시켰다. 조약에 따르면 두 공작은 자신의 영지로 돌아가 샤를 6세의 동의가 있는 경우에만 수도에 들어올 수 있었다.

비교적 평온하게 겨울이 지났다. 봄이 되자 보베시스와 피카르디 지방에서 아르마냑과 부르고뉴 사이의 전쟁이 재개되었다. 하지만 그들이 강렬히 원하고 차지해야 할 곳은 파리였다. 8월이 되자 의회와 사법재판소가 나서 평화를 모색하기 시작했다. 공공의 안전을 침해하는 연설을 하는 자는 체포하겠다고 발표했다. 이를 감시하기 위해 의원들은 생폴 백작, 발레랑 드 뤽상부르를 파리 지사로 임명했다. 그는 왕의 추종자였지만, 부르고뉴 파이기도 했다.

곧 생폴 백작과 그의 친구 부르고뉴 공작은 아르마냑 파 사냥에 나섰다. 그들은 500명의 부르주아 민병대를 조직했다. 민병대는 도축업자, 가죽업자, 모피업자, 외과의사로 구성됐다. 즉, 칼을 다룰 줄 알고 피에 익숙한 사람들이었다. 이 무시무시한 부대는 '왕립 민병대'라는 자랑스러운 이름과 함께 아르마냑 파와 그 동조자들을 잡아들이는 임무를 받았다.

맹목적이고 난폭한 탄압이 시작되었다. 친척이나 이웃, 배우자 등을 없애려면 그저 아르마냑 파라고 신고만 하면 그만이었다. 아르마냑 파 용의자 대부분은 센 강에 던져졌다. 왕과 그의 가족도 안전하지 않았다. 그들은 오텔 생폴을 떠나, 고삐 풀린 도살자로부터 잘 보호받을 수 있는 루브르로 거처를 옮겼다.

범죄에 염증이 난 부르주아 300명이 상인조합장의 인도로 수도를 떠났다. 자신의 몸을 보호하는 한편 범법행위에 아무 말 못하는 무기력한 증인으로 남지 않기 위해서였다.

신이 아니면 누구도 무질서를 끝내지 못할 상황이었다. 생샤펠의 수도 참사회원들, 생베르나르드회 수도사들, 카르멜 수도사들, 삼위일체 교단의 수도사들이 영적인 힘을 하나로 모아 맨발로 생제르맹 록세루아까지 행진했다. 의회 의원들이 뒤를 따랐다. 아르마냑이나 부르고뉴, 어느 한쪽을 편들고자 하는 것이 아니었다. 단지 모든 사람이 신앙 속에서 화해하기를 바랄 뿐이었다.

하지만 이는 어느 쪽도 감동시키지 못했다. 겁 없는 장은 1411년 11월 영국인 부대의 선두에 서서 파리로 입성했다. 3000명의 파리지앙이 그의 부대에 참여하고자 몰려왔다. 부르고뉴 파는 파리와 근교를 장악했다. 아르마냑 파는 왕국에서 추방되었으며 그들의 재산은 몰수되었다. 의회 또한 아르마냑에 동조했다는 이유로 1000리브르의 벌금이 부과되었으며, 그 벌금은 영국인 부대의 임금으로 충당되었다. 영국 왕 헨리 5세는 잃어버린 영토를 되찾기 위해 이런 프랑스의 분열을 이용할 생각이었다.

1413년 4월 말 왕국의 파산 사태를 지겹도록 겪은 파리의 서민층이 카보슈라 불리는 가죽업자의 선도 아래 봉기를 했다. 카보슈의 진짜 이름은 시몽 르쿠스텔리였다. 하지만 그가 소의 뇌를 꺼내는 일을 했기에 카보슈 (대가리라는 뜻_옮긴이)라는 별명이 붙었으며 추종자들은 '카보시엥'(이후 부르고뉴 파 내부의 급진파를 일컫는 말이 되었다_옮긴이)이라는 별명을 얻었다.

부르고뉴 공작은 이 카보시엥의 혁명 기도를 이용하려는 계획을 세웠다. 잘만 마무리하면 혼자 권력을 독차지할 수 있을 터였다. 5월 한 달 내내 카보시엥들은 도시를 폭력의 도가니로 만들었다. 그들은 바스티유를 점령하고 수감자들을 눈에 띄는 대로 학살했다. 심지어 '프레보 드 파리'까지 참수했다. 그들은 또 의회로 하여금 258개 조문의 칙령을 발표하도록 했다. 그들은 자기들끼리 알아보는 표식인 흰 모자를 쓰고 거리를 활보했다. 왕조차 폭도들의 흰 모자를 썼다.

지각 있는 사람들에게 이는 지나친 행동으로 보였다. 대부분의 파리지앙이 카보시엥의 광기가 끝나기를 바랐다. 그러기 위해 유혈 폭도와 연합한 부르고뉴 파에 등을 돌리고, 아르마냑 파 쪽으로 몸을 돌려야 했다. 이번엔 아르마냑 군대가 파리로 들어와 부르고뉴 파를 사냥했다.

두 달 뒤인 8월 4일, 카보시엥들이 시민 봉기를 계획했다. 그들은 그레브 광장에 모였으며, 연사는 시민들에게 아르마냑 파를 내치기 위한 전투를 재개하자고 부추겼다. 하지만 군중 속에서 한 목소리가 튀어나왔다.

"평화를 원하는 사람은 오른쪽으로 가라!"

모든 사람이 광장의 오른쪽 끝으로 달려갔다. 카보시엥에 대한 명백한 반대였다. 광적인 카보시엥들은 오텔 드 빌로 몸을 피해 전투를 준비했지

파리지앙 이야기

만, 이미 부르고뉴 공작과 카보슈는 파리를 빠져나간 뒤였다.

그들은 1415년 10월 25일 아쟁쿠르에서 복수를 했다. 그날은 프랑스 군대가(정확히 말해 아르마냐 기병대가) 영국군에 참패한 날이다. 이후 정확히 1년이 지난 뒤 부르고뉴 공작은 칼레에서 몰래 영국 왕 헨리 5세를 만났다. 두 사람은 영지를 분배했고, 각자의 야망을 나눠가졌다. 부르고뉴 파는 영국이 노르망디를 점령하는 데 반대하지 않으며, 영국은 파리를 부르고뉴에 양도한다는 것이었다.

○

1418년 5월 29일 새벽 2시경, 800명의 부르고뉴 기병대가 생제르맹 데 프레 문을 통해 파리에 들어와 주민들을 깨웠다.

"시민들이여! 무기를 들라. 국왕 폐하 만세. 부르고뉴 공작 만세!"

'겁 없는 장'의 병사들은 오텔 생폴을 포위한 뒤 왕에게 퍼레이드용 망토를 입힌 뒤 말에 태워 거리로 끌고 다녔다. 광기 속에서 샤를 6세는 수도에 드리워진 공포를 생각하며 이상하게 느껴지는 자비로운 미소를 지었다. 파리지앙들은 부르고뉴 파를 열렬히 환영했다. 그들은 이 개선장군이 나라의 간신들을 왕에게서 떼어냈으며, 왕에게 막대한 부를 가져다주고, 불행을 쫓아냈다고 믿었다. 하지만 녹슨 창과 곤봉을 든 무리들은 피의 맛을 즐겼고 옛 영주들의 고급저택을 약탈했다.

"죽여라, 아르마냐 배신자들을 죽여라!"

타오르는 열기 속에서 모든 사람이 왕국의 유일한 상속자인 15세 소년 샤를 태자를 잊었다. 이 극적인 시기에 오직 한 사람만이 왕조를 지켜야 한다는 생각을 하고 있었다. 탕기 뒤 샤텔(프레보 드 파리)이었다. 그는 오텔 생폴로 달려가 태자가 잠자고 있는 방으로 올라갔다. 놀라운 사건이 벌어졌다. (1413년에 파리의 폭도들이 샤를이 있는 오텔 생폴을 습격했다_옮긴이) 위급한 상황에서 그는 태자를 구한 뒤 바스티유로 데려갔다. 그곳에는 이날 저녁의 패배자들이 모여 있었다. 몇 시간 뒤, 태자는 비밀 문으로 요새를 탈출했다. 미래의 샤를 7세는 낡은 회색 코트와 모자로 위장한 채, 충직한 병사 몇 명만을 데리고 성벽을 넘었다.

태자 샤를은 그때 파리에서 자신의 권위를 되찾으려면 18년 동안의 투쟁이 필요할 것이라고 짐작하지 못했다.

부르주를 수도로 삼은 샤를 태자는 자신만이 유일한 권력의 소유자라고 선언했다.

"부왕의 유일한 아들, 상속자이며 계승자로서 이성과 자연권에 의해 왕국에 대한 모든 책임은 짐에게 속하노라."

그는 서신을 통해 불법 정권의 명령에 복종하는 것을 금지시켰다.

"왕의 국새를 탈취한 반도들의 모든 문서를 금지하노라. 우리가 서명하고 우리의 인장이 찍힌 문서만이 적법하다."

샤를은 왕국의 주인임을 선언했지만 파리는 '겁 없는 장'이 미친 군주를 조종하고 있었으며, 노르망디에서는 영국 왕이 프랑스 왕을 자처하고 있었다. 나라는 조각났고, 누가 이 전쟁에서 승리할지 아무도 예견할 수 없었다.

파리에서도 아르마냐과 그 비슷한 사람들에 대한 학살이 자행되었다.

바스티유에 감금된 장군과 장교들은 사형집행인 카플뤼슈에 의해 차례차례 이름이 불려졌다. 그들은 머리를 숙여야만 지날 수 있는 낮은 문으로 나와야만 했는데, 머리를 내미는 순간 커다란 도끼가 그들의 머리를 내리쳤다. 베르나르 다르마냑 백작조차 처형을 면할 수 없었다.

부르고뉴 공작은 파리지앙들의 인내심에 한계가 있다는 사실을 알았다. 그는 그러한 횡포가 자신의 뜻이 아님을 보여주기 위해 카플뤼슈를 체포해 목을 잘랐다. 부르고뉴 파의 광기에 브레이크를 걸 필요가 있었던 것이다.

7월 14일은 파리의 축제일이었다. 부르고뉴 공작과 이사보 왕비는 평화의 시대를 확인한 파리지앙들의 환영 속에 수도에 입성했다.

하지만 부르고뉴 공작은 자신의 승리를 오랫동안 누리지 못했다. 1년 뒤인 1419년 9월 10일, 일 드 프랑스 지방의 몽트로에서 태자와 부르고뉴 공작의 만남이 예정되어 있었다. 양측의 긴장이 고조되었다. 원한은 뿌리 깊었고, 금방 고성이 오갔다. 젊은 샤를의 참모인 탕기 뒤 샤텔은 칼을 꺼내 부르고뉴 공작의 배를 찔렀다.

예견된 살인인가? 우발적 사건인가? 준비된 음모인가? 오랫동안 논쟁이 계속됐지만 아르마냑 백작과 부르고뉴 공작의 운명은 역사의 뒤안길로 넘겨졌다. 당장 영국 왕이 판돈을 차지했다.

1420년 트루아 조약으로 샤를 6세는 아들인 샤를 태자를 부인하고, 프랑스 왕국을 딸에게 양도하며 자신이 죽은 뒤에는 영국 왕 헨리 5세에게 넘기는 데 동의했다.

1년쯤 뒤 헨리 5세와 샤를 6세는 나란히 말을 타고 파리에 입성했다.

놀라는 파리지앙들의 모습을 상상해보라. 누가 프랑스 왕이란 말인가? 사법적 판단이 필요했다. 왜냐하면 샤를은 이제 그림자에 불과했고, 헨리는 계승자로서 이미 프랑스와 영국의 왕 행세를 했기 때문이다.

하지만 인간의 꿈은 죽음이라는 잔인한 현실에 막히는 경우가 많다. 1422년 8월, 36세가 된 헨리 5세는 심한 이질에 걸린다. 샤토 드 뱅센에서 요양하던 그를 찾은 한 은자가 임종이 가까웠음을 알린다. 그는 자신의 영혼은 하느님께 바치고, 프랑스 영토를 동생인 베드퍼드 공작 존에게 양도한다. 은자의 예언대로 그는 곧 죽었고, 왕의 시신을 옮기는 문제에 봉착했다. 시신을 웨스트민스터 사원으로 옮기기 위해서는 방부 기술자를 찾아야 했다. 하지만 전쟁 와중에서 그런 전문가를 구할 수 없었다. 할 수 없이 왕의 시신을 삶기로 했다. 왕은 하얀색 상자에 가지런히 담긴 유골의 모습으로 마지막 여행을 완수할 수 있었다.

7주가 지난 10월, 샤를 6세 또한 병에 걸려 삶의 무대를 떠난다. 태자는 지체 없이 샤를 7세의 이름으로 왕위를 물려받았음을 선포했다. 만성절(모든 성인을 찬미하는 축일로 11월 1일이다_옮긴이)에 그는 부르주의 생테티엔 성당에서 왕의 망토와 금실로 새긴 두 마리 담비를 수놓은 천을 두르고, 백합을 수놓은 장화를 신고 대관식을 치렀다.

영국이 센 강 일대를 점령하고 있는 한, 젊은 왕의 진정한 수도는 부르주일 수밖에 없었다. 베드퍼드 공작이 통치하는 영토는 보르도와 노르망디, 샹파뉴, 피카르디, 일 드 프랑스, 파리를 비롯해 왕국의 반이 넘었다.

베드퍼드 공작과 샤를 7세, 이 두 원수는 자신의 영지를 발판으로 왕국 전체를 차지하기 위해 노력했다. 전투와 주둔, 도시 점령 등이 계속되면서 농촌을 파괴했으며, 기근과 전염병, 죽음을 불러일으켰다.

샤를 7세는 잔다르크의 용맹과 집념을 영리하게 이용했다. 프랑스의 왕좌와 영토를 되찾으라는 신의 계시를 받은 잔다르크는 아마도 자신의 숨겨진 이부異父 누이였을 것이다.

곧 아브랑솅에서 피카르디에 이르기까지 많은 지역이 영국의 점령에 반항해 봉기를 일으켰다. 1436년 4월 13일, 파리에서 폭동을 알리는 종소리가 울렸다. 흙을 가득 실은 낡은 마차와 수레를 뒤집어 영국군을 막는 방어물을 쌓았다. 하지만 지휘하는 사람이 없어 우왕좌왕할 뿐이었다.

바로 그때, 왕의 군대가 파리를 포위하고 생드니를 점령했다. 치밀한 영국군이 북쪽으로 몰려가는 동안 우회한 프랑스 주력부대는 남쪽 생자크 문을 통해 도시로 들어왔다. 그토록 기다렸던 해방의 순간이 왔다. 마지막 전투에서 영국군은 남은 병력을 모아 바스티유 부근에 집결했다. 두터운 성벽과 강인한 요새가 그들에게 힘을 주길 바라는 듯했다. 하지만 쓸모없고 절망적인 작전이었다. 성채는 곧 항복했다.

왕의 장교들이 테 데움(감사와 찬송의 라틴어 노래_옮긴이)을 듣기 위해 노트르담 성당으로 가는 동안, 풍요의 귀환을 상징하는 밀을 실은 마차 100대가 수도로 입성할 준비를 하고 있었다. 곧 이어 전령들이 각 지역을 돌며 평화를 바라는 왕의 의사를 알렸다.

"왕에게 중죄를 지은 사람이 있더라도 모두 용서할 것이다."

군주는 관용을 베풀어 지난 세월에 베일을 덮었다. 영국군 부역자들은 완전히 사면되었다. 샤를 7세는 관용 위에 자신의 왕국을 다시 세웠다.

그러나 관대함에도 한계가 있었다. 이 모든 사건이 벌어지는 동안 그는 부르주를 떠나지 않았다. 파리의 특사들이 몰려와 빨리 파리로 돌아와 달라고 청원했지만 왕은 대답하지 않았다. 사실 나쁜 기억을 잊지 못했고, 수치스럽게 달아나야 했던 파리로 돌아가고 싶은 생각이 없었다.

하지만 좋다. 파리는 파리로 남아야 한다. 샤를 7세는 1년 반 뒤인 1437년 11월 12일 장엄하게 파리에 입성했다. 왕의 귀환을 축하하기 위해 모든 교회의 종이 울렸고, 거리에는 꽃이 뿌려졌으며, 창문에는 국기가 걸렸다.

그는 자신의 문장을 금실로 수놓은 푸른 망토를 걸치고, 백합 문양이 별처럼 박힌 푸른 벨벳으로 감싼 의장용 백마를 타고 나타났다. 그가 지나갈 때마다 군중의 환호가 터져 나왔다. 오랜만에 겨우 왕을 갖게 된 군중의 환호성에 왕은 손을 들어 미지근하게 답했다.

하지만 왕은 그리 오래 머무르지 않았다. 겨우 3주 동안만 머물다가 부르주로 돌아갔다. 그곳에서 그는 프랑스 왕국 내에서 영국인들을 완전히 몰아내기 위한 전쟁 준비에 몰두했다.

○

그의 후계자인 루이 11세 역시 파리에서 멀리 떨어져 있었지만 수도의 전략적 중요성은 인식하고 있었다. 좀 더 가까이에서 감시할 필요가 있었다. 그것이 샤토 드 뱅센이 수행해야 할 임무였다. 영국 왕 헨리 5세의 죽음 이후 동종은 버려진 상태였다.

루이 11세는 1470년 성의 남서쪽에 동종과 같은 모양의 화려한 파비옹을 지으라고 명령했다. 그는 또 성당도 짓게 했는데 중세 고딕 양식의 절정기인 15세기 말의 건축물이다.

백년 전쟁은 거의 20년 전에 끝났다. 대륙에서 영국 영토는 잘리고 뽑혀 축소됐다. 강력한 연합세력이 없는 부르고뉴는 이미 상대가 되지 못했고 싸움 없이 전쟁을 끝낼 수 있었다. 루이 11세는 1477년 부르고뉴를 프랑스에 병합했다.

게다가 사회 분위기 역시 싸움과는 거리가 멀었다. 루이 11세는 어느 날 뱅센의 궁정 귀족들 중 어느 누구도 전투 장비를 지닌 사람이 없다는 것을 알았다. 그래서 그는 귀족들에게 필기도구를 나눠주며 말했다.

"그대들은 무기로 내게 봉사할 상태가 아니니 펜으로 봉사하라."

귀족들을 단순히 비꼬는 것이었나, 아니면 점점 커져가는 대화를 암시하는 것이었던가?

루이 11세는 물론 전쟁을 치렀다. 하지만 그는 특히 조약과 연합, 계승 등을 이용했다. 왕국은 그의 치세 말기에 거의 통일되었다. 그래서 그의 아들 샤를 8세는 외부, 즉 빼앗을 땅이 있는 이탈리아를 바라볼 수 있었다. 그는 나폴리 왕국을 정복하기를 원했고 곧 알프스를 넘을 터였다.

이후 샤토 드 뱅센은
어떤 역할을 했나?

1661년 초, 어린 루이 14세의 총리였던 마자랭 추기경이 최후의 순간을 마주했다. 다리 관절염은 악화됐고, 기침도 그치지 않았다. 사혈을 반복하던 의사들은 파리의 나쁜 공기가 상태를 악화시킨다고 판단해 그를 공기가 깨끗한 샤토 드 뱅센으로 옮겼다. 하지만 그해 3월 추기경은 뱅센에서 숨을 거두었다. 그 무렵 궁정도 임시로 뱅센으로 옮겨온다. 루브르에서 불이 나 지붕 일부가 무너졌기 때문이다.

루이 14세는 루이 11세의 파비옹을 보수하도록 명령했으나 그의 관심은 곧 뱅센을 떠나 베르샤유로 향했다.

혁명 당시, 성은 병기창이 되었으며 1948년에 군사박물관이 되었다. 1958년 공화국 대통령으로 당선된 드골 장군은 엘리제궁으로 들어가기를 거부했다. 엘리제가 불편하고, 외국 정상들을 맞는 데 어울리지 않는다고 생각했다. 그는 공화국 권력의 심장부를 샤토 드 뱅센으로 옮기려 했으나 주위의 반대로 결국 포기하고 말았다.

이후 샤토 드 뱅센은 새로운 잠에 빠져들었다. 동종은 붕괴 위험이 있다는 이유로 1995년에 폐쇄됐다. 12년 동안, 2만여 개의 돌을 교체한 보수 작업을 거쳐 파리에 있는 중세 건축물로 다시 문을 열었다.

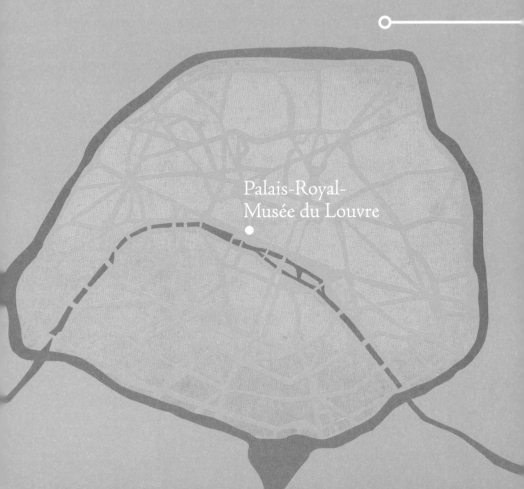

16세기 ○——————————

팔레 루아얄
뮈제 드 루브르

○——————————

Palais-Royal-
Musée du Louvre
●

팔레 루아얄 뮈제 드 루브르

르 네 상 스 의 명 암

이탈리아 원정 실패는 왕에게 승리를 선사했
다. 왕국에 르네상스의 불꽃을 옮겨온 것이
다. 프랑수아 1세는 예술작품뿐 아니라 건축
법도 가져왔다. 중세의 요새는 자연스럽게 르
네상스식 성에게 자리를 내주었다.

팔레 루아얄 뮈제 드 루브르Palais-Royal-Musée du Louvre 역을 나올 때
는 예술에 대해 이야기하지 않을 수 없다. 출구 바로 앞에
있는 '키오스크 데 녹탕빌'('몽유병자들의 놀이터'라는 뜻_옮긴
이)을 봐도 그렇다. 새 천년과 파리 지하철 100주년을 기념해 2000년 콜
레트 광장에 설치한 장미셸 오도니엘의 이 구조물은 한 세기 전 풍미하던
파리의 아르누보 예술만큼이나 많은 논란을 불러일으켰다. 사실 국수 양
식(1900년 전후 유행한 곡선 위주의 장식 스타일_옮긴이)의 거장인 엑토르 기마
르의 거리 장식물들은 당시 많은 사람을 공포에 떨게 했지만, 오늘날에는
모든 사람에게 칭송을 받는 고전이 됐다. 이 역은 팔레 루아얄 광장 쪽에
기마르식 입구를 보존하고 있다. 입구에선 두 가지 장르를 비교해볼 수
있다. 한쪽(키오스크 쪽)은 금속 줄기에 꿴 유리구슬이 있다. 다른 쪽(기마

르식 쪽)에는 노랑과 초록의 안내판, 주물로 만든 난간 장식, 붉은 공 모양의 등이 있는 옛 전철역 모습이 있다.

팔레 루아얄 뮈제 드 루브르, 이 이름은 거짓이다. 팔레 루아얄(왕궁이라는 뜻_옮긴이)은 루브르를 가리키지 않는다. 리슐리외 추기경이 루브르에 거주하는 루이 13세를 가까이에서 보필하기 위해 지은 저택일 뿐이다. 추기경과 왕이 죽고 난 뒤, 섭정이 된 안 도트리슈(루이 13세의 왕비, 섭정을 통해 전권을 장악한 뒤 루이 14세 집권의 길을 터주었다_옮긴이)는 새 궁전으로 옮겨 권위를 과시하려 했다. 섭정은 낡은 루브르보다 쾌적한 삶과 접견 공간을 원했다. 그녀에게 루브르는 슬픔과 단조로움, 죽음 그 자체였다. 주위에서 루브르의 요새로서의 기능을 설명하며 그녀를 설득했다. 그곳은 안전했고 군중의 폭동이나 적군의 공격에서 왕권을 보호할 수 있었다. 하지만 여왕은 전략가가 아니었다. 1644년 그녀는 두 아들, 미래의 루이 14세와 필립 도를레앙을 데리고 리슐리외의 옛 저택으로 옮긴다. 이후 그 저택은 이름이 팔레 루아얄로 바뀌었다. 몇 번의 개·보수를 거쳐 현재는 참사원이 주로 사용하고, 오른쪽 날개 부분은 문화부가 쓰고 있다. 팔레 루아얄에서 가장 멋진 부분은 중정을 둘러싼 갤러리다. 그곳은 18세기 파리에서 가장 안락한 장소였다. 정원을 가로막고 있는 팔레 루아얄 극장은 18세기 말에 지어진 것으로 파리에서 아름다운 건물 중 하나로 남아 있다.

루브르로 돌아가 보자. 우리는 16세기에 있다. 루브르는 그 시기에 모든 사건들의 생생한 중심이었다. 네모난 안마당 안, 레스코 날개(처음 루브르

H, K, HHH, HDB… 루브르를
어떻게 읽을 것인가?

루브르를 아름답게 만드는 데 기여한 모든 왕이 루브르에 흔적을 남겼다. 전면부에서 볼 수 있는 H자들은 앙리 2세의 것이다. 남쪽 벽면의 HDB는 앙리 드 부르봉, 즉 앙리 4세를 말한다. K도 있는데 샤를 9세를 지칭한다.

오늘날 볼 수 있는 사각형 중정은 루이 13세가 만들기 시작한 것이다. 쉴리 날개도 마찬가지다. 거기서도 왕의 글자들을 찾을 수 있다. 그리스 자모인 람다(∧)를 겹쳐 쓴 것과 L과 A를 포개놓은 것은 루이 13세와 왕비인 안 도트리슈를 의미한다.

루이 14세는 건축가 루이 르보의 도안에 따라 사각형 중정에 북쪽 날개와 동쪽 날개를 덧대는 대규모 작업을 펼친다. 그 역시 문자를 남겼다. 왕관을 쓴 L자나 루이 드 부르봉의 약자인 LB가 그것이다.

를 지은 건축가 피에르 레스코를 기념해 붙인 이름_옮긴이) 앞에서 만나자. 바닥에 우물 모양의 흔적이 있는 곳이 요새의 옛 동종 자리다. 예전의 요새는 현재 궁전의 4분의 1에 불과했다.

훗날 루브르는 파리에서 가장 면적이 넓은 건물, 그리고 소장품으로 볼 때 세계에서 가장 빛나는 박물관이 된다. 모든 것이 프랑수아 1세 때 시작되었고 작업은 무려 300년 만에 완성됐으며 19세기 나폴레옹 3세 때가 되어서야 끝났다.

이제 사람들이 찬미해 마지않는 궁전을 돌아보자.

태양왕 루이 14세는 루브르 궁전에 거대한 출입구를 만들기를 원했다. 자신의 강력한 힘과 패권을 파리지앙들에게 과시하기 위해서다. 1671년 그 작업을 건축가 클로드 페로에게 맡겼다. 페로는 생제르맹 록세루아 교회 맞은편 쪽으로 웅장한 주랑을 만든다. 하지만 공사는 중단되었다. 루이 14세가 베르사유 쪽으로 눈을 돌렸기 때문이다. 공사는 한 세기 반 뒤인 1811년이 되어서야 끝을 맺을 수 있었다.

센 강을 따라가다 보면 강과 직각으로 왕궁과 이어지는 긴 건물을 볼 수 있다. 작은 갤러리다. 샤를 5세의 지하 감옥 위에 지어진 이 갤러리는 카트린 드 메디치(앙리 2세의 왕비, 차남인 샤를 9세가 신교도의 편을 들자 성 바르톨로메오 축일의 신교도 학살을 자행했다_옮긴이)가 자신이 만든 튈르리 궁전과 루브르를 이어지게 하려고 지은 것이다. 이 작은 갤러리는 슬프게도 종교전쟁 동안 유명해졌다. 오랫동안 샤를 9세가 성 바르톨로메오 축일 밤, 센 강 쪽으로 난 작은 갤러리 2층 발코니에서 시위대에게 총을 쐈다고 알려져 왔지만 틀린 이야기다. 작은 갤러리는 1572년에 가서야 완공되기 때문이다. 오늘날 작은 갤러리, 특히 아폴론 갤러리가 된 2층은 위대한 세기가 낳은 왕궁의 화려하고 웅장한 모습을 보여주고 있다.

센 강을 따라 서쪽으로 뻗은 큰 갤러리는 앙리 4세 때 완성됐다. 선한 왕의 문자들을 볼 수 있다. H자 하나와 겹쳐진 두 개의 G자는 앙리와 가브리엘 데스트레(앙리 4세의 정부_옮긴이)를 의미한다. 루이 13세 때 여기서 그 유명한 '황금 루이' 금화를 주조했다.

카루셀 개선문에서 파비옹 드 플로르까지의 건물은 시대의 변화에 따

라 사라진 옛 건물들을 재건축한 것이다. 앙리의 H가 나폴레옹 3세의 N
으로 바뀐 것을 알 수 있다. 건물을 지은 노동자 모두에게 황제가 사랑받
은 것은 아니었다. 파비옹 레디기에르 종탑의 N자를 유심히 보라. 글자가
뒤집혀 있다. 황제의 권력을 평화롭게 뒤집는 방법이다!

　파비옹 드 플로르를 끼고 돌아서면, 뭔가 하나 빠진 느낌을 감출 수 없
다. 튈르리 궁전이다. 16세기 중반에 카트린 드 메디치가 짓기 시작한 이
건물은 잿더미 위에서 일어서지 못했다. 1871년 코뮌주의자들이 불태운
뒤, 보수했지만 12년 만에 안타깝게 헐렸다. 카루셀은 제1 제정 이후 튈
르리 궁전의 입구였으며, 지금까지 유일한 흔적으로 남아 있다.

유리 피라미드가 있는 나폴레옹 정원 안으로 들어가 보자. 프랑스를 빛낸
위인들이 늘어서 있는 갤러리가 있다. 이 정원을 둘러싸고 있는 건물을
만든 이는 나폴레옹 3세로 리볼리 거리를 따라 이어지는 건물들과 센 강
에 연한 건물 사이의 비대칭성을 수정하고자 했다. 반면 나폴레옹 1세는
갤러리를 따라 파리지앙들이 산책을 즐길 수 있는 리볼리 거리를 만듦으
로써, 19세기를 여는 기념물로 삼고 싶어했다. 따라서 로앙 문까지의 루
브르 건물은 나폴레옹 1세의 작품으로, 피라미드 쪽에 있는 나폴레옹의
꿀벌들(문장에 새겨진 꿀벌)을 통해 그가 이 작품을 발주했다는 사실을 알
수 있다. 길 쪽으로는 제국의 장군들이 교차로를 지나 파리를 관통하는
차량 행렬을 무심히 바라보고 있다. 자동차들이 파리 밖으로 나가려면 외
부 순환로에 도착하기 앞서 이 장군들을 지나쳐야 한다.

　로앙 문에서부터 리볼리 거리에 접한 건물들은 나폴레옹 3세 때 지어

졌다. 그는 위대한 건축가였다. 공화국조차 자신의 흔적을 남겨놓았다. 파비옹 드 마르상의 굴뚝에서 제3공화국의 RF자를 볼 수 있다.

루브르 외부 관광을 마쳤다. 이제 유리 피라미드를 통해 박물관 내부로 들어가 보자. 프랑스 혁명 때인 1793년 11월 공화국의 박물관이 문을 열었다. 나폴레옹의 원정으로 엄청난 규모의 소장품을 갖게 된 박물관은 명망 높은 자선가들의 기부로 한층 풍부해졌다. 루브르의 소장품은 개관 시 650점에서 오늘날 35만 점 가까이로 늘어났다.

궁전이 박물관으로 바뀌면서 내부는 불가피한 변화가 많았다. 하지만 몇몇은 본연의 모습을 고수했다. 16세기로 한정하자면, 앙리 2세의 거실과 여인상 기둥을 잇는 앙리 2세의 계단, 그의 퍼레이드 방이 남아 있다.

생루이 예배당의 성가대석 뒤편에 있는 이 환상적인 방에서 다른 벽 두께의 두 배인 남쪽 벽이 보인다. 바로 필립 오귀스트 때의 루브르가 요새였다는 증거다. 이 방은 법정으로 왕은 축제나 귀빈 접견 때 이 방에 왔다. 왕좌는 중앙 아케이드 아래, 세로 홈이 파인 기둥 사이에 놓여 있다.

또한 여기서 르네상스 시대에 만들어진 네 개의 여인상 기둥을 볼 수 있다. 아, 그녀들이 말을 할 수 있다면 온갖 음모가 난무했던 이 시기에 대한 수다가 봇물터지듯 쏟아질 것이다.

○

1527년 프랑수아 1세가 파리에 도착했을 때, 그는 패배한 왕이었다. 샤를 캉트(신성로마 제국 황제 카를 5세로 스페인 최초의 국왕 카를로스 1세이기도 하다_옮긴이)에 맞선 이탈리아 원정은 궤멸로 끝났다. 포로로 잡힌 그는 200만 에퀴의 몸값을 지불하고서야 1년간의 감옥 생활을 끝낼 수 있었다. 비용의 일부는 너 나 할 것 없이 파리지앙들이 모은 돈이었다. 신하와 백성들에게 감사를 표시하기 위해 왕은 루브르에 머물기로 했다.

이탈리아 원정의 실패는 궁극적으로 왕에게 승리가 되었다. 왕국에 르네상스의 불꽃을 옮겨온 것이다. 그는 이탈리아에서 예술품뿐 아니라 새로운 아이디어도 가져왔다. 사실 이미 오래전에 시작된 정책이었다. 그는 1515년에 마리냥에서 승리를 거둔 뒤 레오나르도 다빈치를 프랑스로 데려오지 않았던가. 물론 다빈치는 짐 속에 모나리자를 가져왔다.

왕은 새로운 시대의 징표로서 낡고 거대한 동종을 허물었다. 클로비스 감시탑도, 노르망의 요새도, 파리 백작의 탑도 모두 사라졌다. 한마디로 중세의 종언이었다. 1546년부터 건축가 피에르 레스코가 세 개의 돌출부와 문을 둘러싼 기둥, 동상, 원형 또는 삼각형 창을 가진 남쪽 날개 부분을 만들었다. 르네상스 양식의 파리 도착을 알리는 사건이었다.

그것은 프랑수아 1세의 예술적 유언이었다. 그는 이후 1년도 채 살지 못했고, 건물이 완공되는 것을 보지 못했다. 파리로 보자면 25년 전 이탈리아에서 돌아올 때 기대한 예술적 약속을 지키지 못한 셈이었다. 왕은 센 강변은 내버려 두고 루아르 강변에 치중했다. 막대한 돈을 쏟아부어 샹보르 성을 지었고 블루아 성과 앙부아즈 성을 개축했다. 레오나르도 다빈치는 앙부아즈에서 죽을 때까지 머물렀다. 그의 대표작 모나리자는 이후 왕이 아끼는 퐁텐블로 성의 벽에 걸리게 되었다.

모나리자는 어떻게 루브르에 걸렸을까?

프랑수아 1세가 죽은 뒤 모나리자는 루브르로 옮겨졌으나 루이 14세가 베르사유의 집무실 벽을 장식하기 위해 가져왔다. 1798년에 모나리자는 박물관으로 바뀐 루브르로 돌아왔지만 제1통령이 된 보나파르트는 1800년 튈르리 궁전에 있는 조세핀의 방에 그림을 걸었다. 마지막으로 루브르로 돌아온 것은 1804년이다.

1911년에 모나리자 도난 사고가 일어난다. 범인은 빈센초 페루기아라는 이탈리아 노동자였는데, 모나리자를 작가의 나라로 돌려보내기 위해서였다. 그 노동자는 2년 동안 모나리자를 작은 방 침대 밑에 넣어두었고 때때로 그림을 꺼내 보았다. 2년 만에 되찾은 모나리자는 루브르에 터를 잡았다. 이후에도 그녀는 때때로 외출을 했다. 미국과 러시아, 일본 등을 여행해 몇 차례 전시회를 가졌다. 2005년 이후 이 세계적인 불후의 명작은 그 이름에 걸맞게 보수된 '국가들의 방'에서 전시되고 있다.

르네상스는 예술과 건축에서 빛을 발했지만, 종교적으로는 암흑기였다.

1534년 10월 18일, 파리지앙들은 선동적 제목의 벽보를 볼 수 있었다.

'용인할 수 없을 만큼 기괴한, 교황 미사의 폐단에 대한 진실.'

이 풍자문에서 저자는 예수의 살로 상징되는 성찬식의 면병(누룩 없는 빵)에 빗대 이렇게 썼다.

'교황은 밀가루 조각 속에 숨어 있는 남자임이 틀림없다.' (프랑스어에

서 교황을 의미하는 pape와 밀가루인 pâte의 발음이 비슷하다_옮긴이)

이 사건은 종교개혁으로 로마 가톨릭과 단절하고자 한 성미 급한 신교도(프로테스탄트)가 벌였다. 누군가 앙부아즈 성에 있는 프랑수아 1세의 방과 가까운 곳에 다시 벽보를 붙여 분노가 끓어오르게 만들었다.

유럽에서 가장 인구가 많은 파리에서는 30만 명의 주민이 교회와 종교 제례의 리듬에 맞춰 생활하고 있었다. 1만5000명에 이르는 신교도 사회는 그때까지 눈에 띄지 않기 위해 노력해왔다. 이 '플래카드 사건'은 종교개혁에 난폭한 그림자를 드리웠고, 탄압을 촉발했다. 그 첫 조치로 프랑수아 1세는 인쇄를 금지했고, 도서관을 폐관시켰다. 이단적인 내용의 신교도 책이 퍼지는 것을 막기 위한 조치였다. '신성한 진실'이라는 이름 아래 재판이 열리고 화형이 행해지는 날들이 계속됐다.

예배 행진은 신앙심을 가장 고귀하게 표현하는 일이었다. 파리 시민은 모든 종교 축일에도, 전염병을 몰아내기 위해서도, 흉작을 피하기 위해서도, 성인의 선행을 찬양하기 위해서도 신성한 행렬에 참여했다.

생제르맹 데 프레 수도원의 수도사들은 꽃 문양의 하얀 외투를 걸치고 파리의 수호성녀의 기념물들을 찾아 걸어 다녔다. 이것이 예배행진의 효시였다. 이후 교회들이 참여했고, 시청 관리들은 오텔 드 빌에서, 법관들은 사법재판소에서, 주교는 노트르담 성당에서 출발했다.

하지만 플래카드 사건과 관련해서는 특별하고 웅장한 무엇이 필요했다. 1535년 1월 21일 프랑수아 1세는 속죄의 예배행진에 참여했다. 생트 샤펠에서 옮겨진 가시 면류관, 예수의 피 한 방울 등의 성 유물을 보관하고 있는 유적지를 차례로 돌았다. 그리고 신의 분노를 달래기 위해 신교도 6명을 노트르담 광장에서 화형시켰다. 왕은 잘못된 길을 가고 있는 종교개혁을 비난하는 대중연설을 했다.

"나는 내 왕국에서 이런 실수들을 쫓아낼 것이며 단 한 사람도 용서하지 않겠노라. 만약 내 아이들이 더럽혀졌다면 그들을 죽일 것이다."

파리의 르네상스는 그날부터 죽었다. 원한과 증오만이 남았다. 모든 것이 그렇게 맞물려 돌아갔다. 천천히, 그러나 돌이킬 수 없는 양상으로.

○

1572년 8월 23일 토요일 밤 늦게 프랑수아 1세의 손자인 샤를 9세는 상인조합장을 루브르로 소환했다. 그리고 파리의 모든 성문을 닫고, 배가 다니지 못하도록 센 강에 쇠사슬을 걸었다. 또 교차로마다 대포를 배치했다. 신교도들에게 수도가 지옥으로 바뀌는 순간이었다.

성 바르톨로메오 축일인 일요일 새벽, 한 부대가 베티시와 라르브르섹 거리 쪽에 있던 가스파르 드 콜리니 제독의 저택으로 향했다. 그는 신교도 세력의 상징적인 인물로 이틀 전 총격을 받고 누워 있었다.

저택의 문을 박차고 들어간 가톨릭 군인들은 경비병들을 살해했다. 무슨 일이 벌어지고 있는지 눈치 챈 제독은 홀로 침입자들과 맞섰다.

"젊은이들, 백발이 된 나를 대접해주게. 이제 쉰세 살의…."

그는 더 이상 말을 잇지 못했다. 칼이 그의 몸을 갈랐으며 침입자들은 그의 시신을 창문으로 던져버렸다.

제독이 살해되는 순간, 생제르맹 록세루아 수도원의 비통한 종소리가 울려 퍼지기 시작했다. 대학살의 신호였다. 왕의 손님으로 루브르에 온 신교도 귀족들은 침대에서 끌려 나와 차례차례 창에 찔렸다. 몇몇은 갤러리 쪽으로 달렸지만 바로 붙잡혀 궁전의 홀을 피로 물들였다.

그러는 사이 부대가 베티시 거리의 저택을 공격했다. 학살 임무를 마친 부대는 생제르맹 데 프레 교외 쪽으로 이동했다. 그곳에서도 많은 신교도가 살해됐다. 부대는 왼편으로 가기 위해 왕명으로 잠궈진 시테 섬의 뷔시 문을 열고 통과했다. 날은 이미 밝았다. 일부 신교도 지도자가 센 강가, '성직자의 목장'이라 불리던 미개간지에 모여 있었다. 병사들이 밀어닥쳤다. 그들은 서둘러 달아났다. 추격전이 몽포르 라모리까지 계속됐다. 상당수는 탈출에 성공했지만 운 없는 사람들은 병사들의 칼부림에 희생되었다.

파리의 이노상 묘지에 몇 년째 말라가던 산사나무가 그날 아침 꽃을 피웠다. 신의 뜻이었다. 사람들은 기적을 보러 달려갔다. 작고 하얀 꽃은 이단 학살을 신이 기뻐하고 있다는 명백한 증거였다!

파리의 가톨릭 주민들은 용기백배해 혼란 속에 뛰어들었다. 신교도라면 남자건 여자건 아이건 가릴 것 없이 학살했다. 콜리니의 시신을 발견한 군중은 거세를 한 뒤 센 강에 던졌다. 강물 속에서 사흘 동안 썩은 시신은 다시 건져 올려져 몽포콩의 교수대에 매달렸다. 곳곳에서 시신들이 찢기고 훼손되었다. 악마에 유혹된 귀신이라는 것을 보여줘야 했기 때문이다. 센 강물은 빨갛게 물들었다. 학살은 왕국의 다른 도시로 확산될 조짐을 보였다. 이제 왕은 서서히 광란을 멈추고자 했다.

파리에서만 얼마나 많은 사람이 목숨을 잃었는가? 통계는 쉽지 않다.

하지만 역사학자들은 일반적으로 3000명 정도로 추산하고 있다.

○

이후 몇 년 동안 종교적 긴장은 계속되었다. 후계자가 없는 앙리 3세가 신교도인 앙리 드 나바르에게 양위한다는 것이 확실해지자 가톨릭 세력의 분노가 끓어올랐다. 앙리 드 기즈 공작은 결코 이를 받아들일 수 없었다. 그는 신성연합을 구성해 군대를 동원하였다.

1588년 5월 12일 아침 일찍 왕은 반란세력에 경고하기 위해 생드니 교외에 주둔하고 있던 4000명의 스위스 용병을 파리로 불러들였다. 그들은 프티 퐁, 그레브 광장, 이노상 공동묘지 등 전략적 거점들을 점령해 루브르를 에워쌌다. 왕은 신성연합의 지도자를 체포해 처형하려 했다.

하지만 파리 주민들은 가톨릭 지도자들을 지지하는 봉기를 일으켰다. 파리의 16개 지역을 대표하는 부르주아 민병대의 지휘 아래 장인들과 상인, 학생들이 무기를 들었다. 정오쯤 되었을 때 주민들은 흙을 채워 넣은 큰 통(바리크)을 쌓아 주요 도로를 봉쇄했다. '바리케이드'라는 말이 여기서 나왔다. 이노상 공동묘지로 피신한 용병부대는 포위되었고, 나머지도 왼편에서 꼼짝 못하고 있었다. 50여 명의 스위스 용병이 길에 쓰러졌다. 왕에 대한 충성심이 별로 없는 용병들은 결국 무기를 버리고 투항했다. 그들은 무장한 시민들에게 자비를 청했다.

"프랑스 만세, 자비와 용서를!"

파리지앙들은 외쳤다.

"기즈 공작 만세!"

모베르 광장에서는 한 변호사가 시민들을 선동했다.

"용기를 냅시다, 빌어먹을 왕을 루브르에서 끌어냅시다."

앙리 3세는 결국 가톨릭 지도자에게 고개를 숙였다. 기즈 공작은 이 '바리케이드의 날', 자신의 마레 저택에서 은거하고 있었다. 그는 연합의 표시인 하얀 새틴 저고리를 걸치고 저택에서 나왔다. 그는 파리를 접수했으며 군대를 오텔 드 빌에 배치했다.

다음 날 왕은 거의 혼자서 루브르를 나왔다. 왕은 튈르리 궁전의 마구간으로 간 뒤, 말 위에 뛰어올랐다. 그는 전속력으로 말을 몰아 자신의 추종자들이 있는 샤르트르로 달렸다.

권력을 되찾기 위해 앙리 3세는 이듬해 12월 기즈 공작을 암살했으며 신성연합의 주동자들을 체포했다. 이어 연합세력이 차지한 수도를 되찾기 위해 파리로 진격할 채비를 갖췄다.

1589년 7월 말, 앙리 3세와 부대는 생클루 언덕에 당도했다. 파리는 모든 수단을 동원해 방어태세를 갖추었다. 주민들은 신교도들이 왕과 함께 쳐들어와서 성 바르톨로메오 대학살의 복수를 할 것이라고 믿었다.

하지만 전투는 벌어지지 않았다. 8월 1일 신의 계시를 받았다고 믿은 수도사 자크 클레망이 왕의 배에 칼을 찔러 넣었다. 앙리 3세가 신음했다. 왕의 배에서 창자가 쏟아져 나왔지만, 왕은 몇 시간 더 생명이 붙어 있었다.

왕위의 계승자였던 앙리 드 나바르는 나중에 유명해진 말을 남겼다.

"파리는 미사의 가치가 있다." (파리를 차지하려면 가톨릭으로 개종할 만하

다는 뜻. 큰 이익을 얻기 위해서는 작은 이익쯤은 희생할 줄 알아야 한다는 경구로 쓰임_옮긴이)

그는 공포에 사로잡힌 수도의 모든 문을 활짝 열었다. 가톨릭으로 개종한 뒤 1594년 앙리 4세의 이름으로 즉위했다.

○

세기는 화합으로 끝을 맺었다. 1598년 4월 30일, 프랑스 왕은 낭트 칙령에 서명했다. 불완전하나마 신교도를 인정하고, 어느 정도 종교의 자유를 허용함으로써 내란의 시대에 종지부를 찍었다. 그날 앙리 4세는 편 가르기를 극복하고 휴머니즘과 자유의 전령을 파리와 프랑스에 선사했다.

12년 후인 1610년 5월 13일, 앙리 4세의 호화로운 사륜마차가 각료 쉴리를 문병하기 위해 아스닐 저택으로 향했다. 페로느리 거리에 이르렀을 때 마차는 멈춰서야 했다. 건초 마차와 포도주 마차가 길을 막고 있었다. 길을 정리하느라 왕의 시종들은 건초 마차를 감시하지 못했다. 마차 속에 프랑수아 라바약이라는 가톨릭 광신자가 숨어 있었다. 그는 왕국의 모든 신교도를 진정한 신앙으로 개종시키라는 신의 계시를 받았다고 믿었다. 라바약은 왕에게 달려들어 칼을 두 번 휘둘렀다. (오늘날 시해 현장에 왕의 문장이 새겨져 있다) 왕의 몸에서 피가 솟구쳤고, 마차는 주인을 살리기 위해 전속력으로 루브르로 향했다. 하지만 너무 늦었다. 앙리 4세는 자신의 궁전에 도착하는 순간 숨을 거두었다.

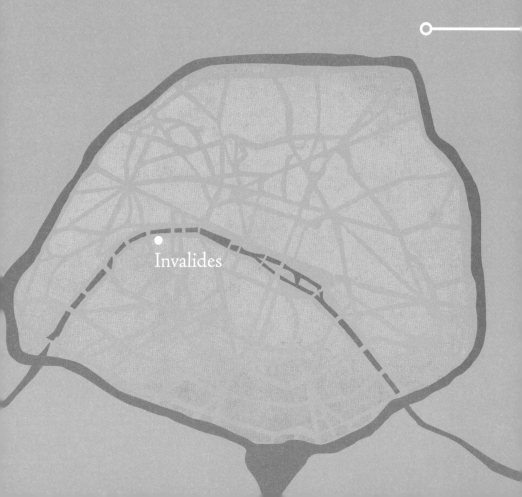

17세기

앵
발
리
드

Invalides

←  **INVALIDES**
ENTRÉE RUE ESNAULT PELTERIE

ORLY-RAIL - CHATEAU DE VERSAILLES

위 대 한   세 기 의   대 가

태양왕은 말년에 전쟁을 즐겼던 것을 후회했
다. 죄를 씻기 위해 아무것도 없는 평원에 높
이 105m의 황금 돔을 올려 앵발리드를 지었
다. 국왕 폐하의 영광을 위해 희생한 군인들을
영원히 기념하도록!

앵발리드Invalides 역은 좀 우울하다. 그 역은 우리를 웅장한 황
금 건축물로 안내하지만, 그곳으로 통하는 복도는 어둡고
침울하다. 그래도 괜찮다. 겉으로는 루이 14세가 파리를
위해 만들었던 장엄한 공간을 발견할 수 있으니까.

당시, 수도의 중심에서 상당히 떨어져 있던 이 지역은 과거 생제르맹
데 프레 수도원 소유의 늪(또는 진흙 밭)이었다. 이곳을 일컫던 그르넬 평
야나, 인근의 전철역 이름인 바렌 역시 늪을 의미한다. '바렌'은 농사를 지
을 수 없는 사냥터를 뜻하는데, 이는 그 지역이 왜 그리 오랫동안 미개간
지로 남아 있었는지를 설명해준다.

루이 14세는 이 버려진 땅에 앵발리드를 짓고자 했다. '위대한 통치 기
술'의 일환이었다. 위대함으로 따지자면 태양왕 말고 누가 또 있겠는가?

그는 위대함이 어디서 오는지 알고 있었다. 왕에 대한 존경심이 곧 프랑스에 바치는 존경심이라고 생각했다. 그리고 스스로의 의지로 자신의 영광을 위해 만든 자랑스러운 기념물의 출자자 역할을 맡았다.

1669년 왕실 총감 장바티스트 콜베르는 파리를 위한 몇 가지 아이디어를 종이에 적었다.

'도처에서 지속되는 건설 계획, 영토 정복을 축하하는 개선문, 신을 찬양하는 예배당, 위대함과 웅장함.'

하지만 왕에게 바쳐진 두 개의 개선문 비용은 파리 시가 부담했다. 생드니 개선문은 플랑드르 원정 승리를, 소박한 생마르탱 개선문은 프랑슈콩테 정복을 기념하기 위해 건축했다.

돈을 왕이 댔건 파리 시가 댔건, 당대의 건설공사가 왕의 위대함을 찬양하기 위한 기념물만 세웠다고 보는 견해는 옳지 않다. 도시를 더욱 안전하고 쾌적하게 만들기 위한 진정한 노력이 함께 행해졌다.

17세기 파리는 예술적이고 세련된 건축미를 자랑하는 대저택들과 허름하고 낡은 집, 불결한 골목길, 부랑아들이 우글거리는 선술집이 공존했다.

길을 가려면 호화로운 사륜마차와 짐을 가득 실은 수레, 도살장으로 끌려가는 소의 행렬을 뚫고 지나가야 했다. 잠시라도 한눈을 팔다가는 넘어지기 십상이었다. 화가 게라르는 파리 도로의 혼잡한 풍경을 판화로 제작하고 시로 행인들이 주의할 점을 남겼다.

"파리를 걸으려면 눈을 부릅뜨시오. 모든 방향으로 귀를 열어놓으시오. 부딪치고 넘어지고 다치지 않으려면… 소음 속에서 때론 크고 때론 작은 '비켜, 비켜, 거기 비켜요.' 이를 듣지 못하면 마차에 깔릴 것이오."

오랫동안 센 강변에는 오늘날과 같은 모습을 만들기 위한 공사가 계속되고 있었다. 지난 세기에도 각종 공사를 통해 환경이 개선되었다. 앙리 4세와 루이 13세도 루브르 일대와 그레브 광장 주변 강변을 돌과 흙으로 쌓아 시민들이 산책할 수 있는 길을 만들었다. 특히 홍수 때 범람을 막을 수 있는 둑을 쌓았다.

오른편 그레브 강둑과 메지스리 강둑 사이에 비가 조금만 내려도 진창이 되는 곳이 있었다. 마차들은 자주 진창에 빠져 애를 먹었다. 1664년에 태양왕은 제브르 후작에게 노트르담 다리와 퐁 토 샹쥬 사이에 강둑을 만들어 이를 개선하라고 지시했다. 현재의 제브르 강둑이다. 지하철 7호선 샤틀레 역의 플랫폼은 바로 제브르 강둑 밑에 있다. 브리-빌쥐프 시청 쪽을 향해 플랫폼을 바라보면 다른 곳보다 궁륭이 낮은 것을 볼 수 있다. 그곳이 17세기 강둑의 토대다.

11년의 공사 끝에 퐁 노트르담과 오텔 드 빌 광장 사이에 또 하나의 강둑이 완성되었다. 강둑의 이름은 당시 상인조합장의 이름을 따 라펠르티에라고 불렸다. (1868년 두 강둑은 하나로 연결되는데 제브르 강둑이라는 이름만 살아남았다) 강 왼쪽에서도 비슷한 공사가 이루어져 콩티 강둑이 만들어졌다.

○

루이 14세는 이 모든 변화를 주도했지만 크게 정열을 쏟지는 않았다. 사실 그는 파리를 사랑하지도, 파리지앙들을 믿지도 않았다. 그가 베르사유 궁전을 지어 정부와 왕궁을 모두 옮긴 것도 이런 속내와 무관하지 않다.

그는 어린 시절 파리에서 받았던 수모를 결코 잊을 수가 없었다. 당시 프롱드의 난(1648~1653년에 일어난 프랑스의 내란. 파리고등법원을 중심으로 한 관료층이 최초로 반란을 주도했다_옮긴이)이 왕권을 흔들었다. 아무도 11세 소년이 왕위에 오르리라 생각하지 못했다. 그의 어머니 안 도트리슈는 왕국의 섭정으로서 자신을 위협하는 파리를 떠나기로 결심했다.

1649년 1월 5일 밤 파리는 주현절(예수가 사람들 앞에 하느님의 아들로 나타난 날을 기념하는 가톨릭 축일. 1월 6일_옮긴이)을 축하하고 있었다. 한겨울 추위로 거리는 텅 비었지만, 창문마다 사람들이 켜놓은 촛불이 환하게 빛나고 있었다. 팔레 루아얄에서는 연회가 밤늦도록 계속되었다. 섭정은 갈레트 케이크를 먹었고, 사람들이 씌워준 종이 왕관을 쓰고 즐거운 시간을 보냈다. (프랑스는 주현절 날 갈레트를 나눠 먹으며, 누에콩이나 사기 인형이 숨겨진 조각을 고른 사람이 왕이 되는 놀이를 한다_옮긴이)

자정이 넘자, 섭정은 평소처럼 침실로 돌아가 잠자리에 들었다. 하지만 곧 일어나 루이와 필립, 두 아들과 함께 비밀 계단을 내려갔다. 비밀 문을 통해 왕궁의 정원으로 나가자 수행원들이 기다리고 있었다.

그들이 비밀리에 왕궁을 떠났다는 소식은 금세 온 궁정에 퍼졌고, 공포를 불러일으켰다. 모든 사람이 섭정을 따라올 것을 명령받았기 때문이다. 몇 시간 뒤 서둘러 옷을 차려입은 남자들과 초췌한 여성들, 잠이 덜 깬 아이들을 태운 문장이 새겨진 고급 마차 행렬이 시골로 이어졌다. 피곤한 여행 끝에 생제르맹 앙 레 성의 육중한 자태가 보였다. 성은 왕국의 고위 인사들을 맞을 준비가 전혀 되어 있지 않았다. 가구도 없었고 텅 빈 방은 얼음처럼 차가웠다. 왕과 동생, 섭정과 마자랭 추기경만이 야전침대에서 잠을 잘 수 있었다. 나머지는 모두 바닥에 짚을 깔고 누워야만 했다.

황당하고 불쾌한 표정의 사람들로 가득 찬 복도에서 왕국 역사의 한 장을 넘길 수 있었다. 대신들은 파리에 있는 저택의 안락함을 잃게 된 것을 슬퍼했고, 수도의 새로운 소식을 은밀히 교환했다.

왕은 신하들의 아버지이자 국가의 수호자, 신으로부터 권력을 받은 사람이었다. 존재 자체로 도시는 보호받고, 왕의 부재는 공포 그 자체였다. 의회는 어떻게 대처할까 끝없이 논쟁할 뿐이었다. 결국 생제르맹에 대표를 파견해 섭정에게 왕과 함께 파리로 돌아오기를 청원키로 결정했다. 하지만 섭정은 의회 대표들의 체면을 살려주지도, 자존심을 지킬 수 있도록 배려하지도 않았다. 그들을 만나주지도 않았던 것이다.

당시 파리는 세력이 커진 부르주아들과 프롱드 귀족들이 퍼레이드를 벌이고 있었다. 살롱마다 파랑돌(프랑스 프로방스 지방의 민속무곡_옮긴이) 춤을 추는 축제가 열렸다. 하지만 파리지앵들도 자신들의 투지를 보여줄 필요가 있었다. 그들은 바스티유 감옥을 향해 여섯 발의 대포를 쏘았지만 두터운 성벽은 꿈적도 하지 않았다. 하지만 이 정도로도 요새를 점령할 수 있었다. (1649년 프롱드의 난 당시 파리 시민군이 일시적으로 바스티유를 점령했다_옮긴이) 하찮은 승리를 축하하려고 귀족과 귀부인들은 감옥의 지하실에 쌓여 있던 술병들을 깨끗이 비웠다. 섭정의 토라짐은 계속되었고, 7개월이 지나서야 팔레 루아얄로 돌아왔다.

2년 뒤 파리는 또 한 번의 수모를 겪어야 했다. 1651년 2월 9일 밤 프롱드 귀족들은 안 도트리슈와 그의 아들인 왕이 또다시 수도를 떠난다는 소문을 듣고 깜짝 놀랐다. 그들은 수도의 문을 모두 닫아걸고 부르주아 민병대를 동원했다. 그날 밤 어느 누구도 파리를 나가지도, 들어오지도 못했다. 하지만 사람들은 왕과 섭정이 방 안에 있는지 궁금했다. 사람들을 안심시키기 위해 어린 루이의 삼촌인 가스통 도를레앙은 스위스 경비병 대위를 팔레 루아얄로 보내 왕의 동태를 살피게 했다.

실제로 섭정은 파리를 떠나기로 결심했었다. 그녀는 프롱드의 난과 군중 폭동이 재발될까 봐 두려워했다. 불행하게도 왕궁을 빠져나가려던 그녀는 스위스 경비병의 출현에 발이 묶였다. 옷을 입고 신발까지 신은 어린 왕은 서둘러 침대 위에 누웠다. 이불을 턱까지 끌어올리고 깊은 잠에 빠진 체했다. 어린 군주는 침대에 있었지만 사람들은 믿지 않았다. 수많은 군중이 궁전 앞에서 발을 구르며 자신의 눈으로 젊은 루이 14세를 확인하겠다고 외쳤다. 대표로 선발된 노동자와 인부, 세탁업자들이 긴장된 얼굴로 왕의 침대 앞에 섰다. 그들은 소리 죽여 잠든 척하는 아이를 바라보았다. 대표들은 만족스러운 표정으로 돌아갔다.

루이 14세는 이 치욕을 결코 잊을 수 없었다. 왜 루이 14세가 파리를 아름다운 열린 도시, 하지만 약한 도시로 만들고자 했는지 이해할 수 있는 대목이다. 파리의 성벽들은 정원과 도로로 바뀌었다.

루이 14세는 베르사유에 모든 건축학적, 예술적 열정을 쏟아부었다. 하지만 자신을 위해 희생한 사람들을 위해 가공할 만한 예외를 두었다. 그

불르바르(대로)는 파리의 단어인가?

1670년 루이 14세는 샤를 5세의 성벽을 허물라고 지시한다. 군사 기술의 발전과 이미 성 밖까지 확대된 도시 경계로 무용지물이 되었기 때문이다. 성벽은 바스티유에서 마들렌까지 이어지는 대로로 대체되어 사람들이 걸을 수 있는 길이 된다.

불르바르란 단어는 이때 생겼다. 전형적인 파리의 것인 셈이다. 이 단어는 두 가지 기원이 있다. 하나는 네덜란드어 '볼베르크^{Bolewerk}'다. 강화 작업(볼은 대들보, 베르크는 작업을 뜻한다)을 말한다. 따라서 성벽을 의미한다. 성벽을 허물었을 때 그 자리는 가로수가 있는 산책로가 되었다. 파리지앙들은 그 길을 '불 베르^{Boule vert}'(푸른 공)라 불렀다. 그것이 불르바르^{Boulevard}가 되었다. 불르바르는 놀이와 산책의 장소였던 것이다.

는 누구 덕으로 자신이 승리했는지 모르지 않았다. 원정에 동원된 말단 보병들을 돌보았으며, 그런 배려를 돌에 새겼다. 아주 멀리서도 볼 수 있도록 105m 높이의 웅장한 황금빛 돔을 세운 것이다. 바로 앵발리드다.

○

루이 14세가 마차에 편히 앉아 퐁뇌프를 건널 때 그곳에는 시인과 방랑자, 잡상인, 동물 쇼를 하는 사람들이 들끓었다. 하지만 왕의 눈길은 다리가 하나인 사람, 팔이 하나인 사람, 앉은뱅이, 애꾸, 맹인들에게 고정되었다. 이 장애인들은 전쟁터에 신체의 일부분을 두고 온 사람들이었다. 그들은 구걸을 하며 비참하고 수치스러운 삶을 유지하고 있었다.

전쟁을 좋아했던 그였지만, 화려한 깃털 장식이나 불굴의 용기 같은 이미지만을 간직하기를 바랐다. 살이 잘리고 파인 사람들과 전쟁으로 파괴된 삶은 잊고 싶었다. 즉 상이용사들을 파리 시내에서 몰아내고 감춰두어야만 했다. 그들은 찬란한 왕의 위업을 가리는 현실의 그늘, 다시 말해 검은 태양이었다.

당시 고립된 지역이었던 그르넬 평원의 앵발리드로 주거지를 정했다. 이 빛나는 황금 돔은 고통받는 사람들을 가리는 또 다른 역할이 주어졌다.

1674년 루이 14세는 막 완성된 건물의 용도를 왕명으로 발표했다.

'위대함을 기리는 왕립 저택으로, 불구가 됐거나 늙고 기력이 없는 모든 병사와 장교들이 생계 걱정 없이 거주할 수 있는 공간.'

왕이 상이군인들을 걱정하는 것은 바람직했다. 전쟁은 늘 이런저런 방식으로 계속되었고, 매일 수많은 부상자를 쏟아내고 있었기 때문이다. 그해 8월 11일 4만5000명의 병사가 콩데 공의 지휘 아래 6만 명에 달하는 오렌지공 윌리엄의 네덜란드와 에스파냐 병사들과 전투를 벌였다. 브뤼셀에서 50km 떨어진 몽스 인근에서 하루 종일 벌어진 이 전투에서 7000명의 프랑스 병사가 목숨을 잃었다. 그러나 왕이 근심했던 것은 전장에 버려진 시신이 아니었다. 팔다리가 잘리고, 눈을 잃은 채 왕국으로 돌아오는 수천 명의 생존자였다.

부상병 수용시설을 위해 제안한 7가지 계획 중에서 왕은 살페트리에르 병원을 만든 건축가 리베랄 브뤼앙의 작품을 선택했다. 살페트리에르 병원이 곧 앵발리드의 민간 버전이었기 때문이었다. 왕의 눈에 살페트리에르 병원은 공공의 안녕을 위협하는 4만여 명의 거지나 환자, 부랑아를 눈에 띄지 않게 수용하기 위한 시설이었다. 후세들 역시 배우고 따라 한 무서운 방법, 그것이 루이 14세가 파리를 위해 남긴 중요한 유산이었다. 방랑자나 불구자들을 멀리 교외에 수용해 깨끗한 도시를 만드는 것 말이다.

앵발리드 계획은 단순 명백하고 웅장했다. 10*ha*의 넓이에 작은 정원들로 둘러싸인 중정과 직선 형태의 건물을 만들고, 한가운데에 왕과 상이용사들을 위한 교회를 지었다.

1674년 10월에 첫 생존자들이 새로운 거처로 이주했다. 감동적인 의식이 행해졌다. 장엄한 북소리와 함께 전쟁장관 프랑수아 드 루부아를 대동한 왕이 직접 상이용사들을 맞았다. 상이용사들은 자신들을 위한 숙소와 식사에 감동해 왕에게 환호를 보냈다.

그러나 병영에서의 규칙은 엄격했다. 술과 담배는 금지되었고, 종교행사 참여는 의무사항이었다. 가엾은 상이용사들은 은퇴 후에도 엄격한 병영 규칙을 지켜야 했다.

일반 병사들은 4~6명이 한 방에서 생활했고 장교 출신은 2~3명이 한 방을 썼다. 당초 수용 가능 인원이 1500명 정도였는데, 앵발리드는 엄격한 심사에도 불구하고 6000명까지 수용했다.

오늘날 이 건물은 놀라울 정도로 잘 보존되었다. 중정을 거닐기만 해도 전쟁이 파괴한 사람들의 세계로 즉각 빠져들 수 있다. 난간 장식이 있는 계단과 대들보, 복도 모두 17세기 말에 만들어진 것이다.

1층에는 구내식당이 있었으며 2층부터 침실이었다. 구내식당은 현재 군사박물관이 되었지만, 지금도 그 넓었던 규모를 짐작할 수 있다. 루이 14세의 군사적 업적을 찬양하는 벽화를 보며 당시의 분위기를 느낄 수 있다.

2층으로 올라가다 보면 갤러리로 이어지는 복도가 있다. 과거 공동침실로 가는 통로다. 이 계단은 경사가 크게 가파르지 않은데 상이용사들을 배려한 것임을 짐작할 수 있다. 위에 올라가면 벽에 새겨진 이름과 그림들이 있다. 퇴역 군인들의 무료함을 달래주던 낙서였다. 케누아 복도를 향해 북서쪽으로 가면 그르나디에 동상 뒤쪽 난간 위에 새겨진 그림이 있다. 굽이 닳은 구두 그림으로 루이 14세 시대의 귀족들이 신던 붉은 굽의 신발 모양이다.

북쪽 동에 주출입구와 행정 사무실, 책임자 사무실이 있었다. 그 입구 앞에 나무로 만든 말이 서 있다. 그것은 상이용사들이 두려워했던 벌칙용 도구였다. 앵발리드에서는 아주 하찮은 실수나 잘못만 해도 처벌과 수모가 내려졌다. 잘못을 저지른 상이용사는 말에 올라 앉아 몇 시간 동안 동료의 조롱과 방문자들의 경멸적 시선을 참아야 했다. 앵발리드는 파리지앙들이 즐겨 찾는 산책 코스였다. 그들은 이곳에서 남의 불행을 보며 자위하거나 늙은 군인들이 전하는 무용담을 흥미롭게 들었다. 문자 그대로 앵발리드는 언제든 펼쳐 볼 수 있는 역사 교과서였다. 앵발리드를 찾은 젊은 여인들은 당시 유행하던 애가를 부르기도 했다.

아가씨, 말해주시오.
당신의 남편은 어디 갔나요?

그는 네덜란드에 있다오.

네덜란드가 그를 포로로 잡았소.

늙은 전사들은 네덜란드 전쟁에 대해 이야기했다. 그때는 그 저지대 국가의 매립지에 가서 죽거나, 아니면 네덜란드와 연합해 영국군의 피부에 구멍을 뚫어 주던 때였다. 왜냐하면 네덜란드와의 연합이 이루어졌다가 깨졌다가 다시 이루어지곤 했기 때문이었다. 한 앉은뱅이 해군이 말했다.

"80척이 넘는 네덜란드 군함과 화약을 실은 16척의 화선(적선에 불을 지르는 전투용 배_옮긴이)이 전투에 참가했지. 포신 구멍으로 대포가 모습을 드러냈어. 화선의 선원들은 배로 다가가 선체에 불을 붙이고는 작은 카누로 옮겨 탄 뒤 달아났지. 바다는 커다란 화염덩어리 그 자체였어. 그 화염 속을 배들이 질주했어. 입에서 불을 뿜는 것 같았고 돛대는 부러졌지. 원, 세상에, 상상할 수 있겠어? 도처가 불바다여서 포탄이 녹을 정도였지. 갑판에는 갈고리 돛이 걸리고⋯ 내 귀에는 부상자들의 신음밖에 들리지 않았어."

앵발리드가 잘 운영되었다 해도, 그것이 호스피스나 병원을 넘어 군복 공장 시설까지 갖추고 있었다 해도, 여전히 한 가지가 부족했다. 바로 생루이 교회였다. 건축가 리베랄 브뤼앙은 자신의 설계가 마음에 들지 않아 도면을 지우고 또 지우면서 완공을 연기시켰다. 전쟁장관 루부아는 화가 났지만 그래도 2년을 기다려주었다. 그는 끝내 브뤼앙을 해고하고 그의 제자인 쥘 아르두앙-망사르에게 임무를 맡겼다.

브뤼앙은 미학적 문제만 고민한 게 아니었다. 특권과 상석의 문제이기도 했다. 하나의 교회에서 왕의 예배와 일반인의 예배를 어떻게 분리할 것인가? 어떻게 태양왕과 비천한 신하들을 한자리에, 그렇지만 구별되는 방식으로 모을 것인가? 아루두앙-망사르가 해결책을 찾아냈다. 그는 일체감을 잃지 않은 채 건물을 둘로 나누었다. 대형 홀은 병사들을 위한 예배당이었고, 돔 아래 성가대석은 왕의 예배당이었던 것이다.

루부아는 앵발리드 완공에 전력을 기울였다. 그는 점점 더 커져 가는 비용을 감시하고, 공사의 진척도를 살폈다. 거의 매일 작업장에 나왔고 그때마다 절망했다. 공사 진척이 너무나 느렸기 때문이다. 천장의 줄을 맞추고 돌에 새긴 장식을 수정하며, 상징적인 문장을 추가해야 했다. 그는 투덜댔다.

"좀 서두르시오. 내가 완성된 돔을 보지 못하기를 바라는 게 아니오?"

그랬다. 그는 1691년 죽었다. 건물이 완공되기 직전이었다.

앵발리드 공사는 30년 이상 계속되었다. 루부아가 죽고 난 뒤에는 왕이 직접 공사에 개입했다. 그는 은밀히 공사장을 방문하기도 했다. 멀리 떨어진 곳에 마차를 세우게 한 뒤 몇몇 신하만 대동하고 걸어서 공사장 안으로 들어갔다. 왕은 아루두앙-망사르의 안내를 받아 조각의 효과나 배치에 대해 의견을 말하기도 했다.

파리에서 가장 높은 돔이 1706년 완공되었다. 그때 태양왕은 이가 빠지고 누런 얼굴을 한 노인이었다.

하지만 과거 강력한 절대군주의 맹세는 영원했다. 6000명이 넘던 거주 인원이 100여 명으로 줄어들긴 했어도 이곳은 언제나 병사들을 위한

병원이었다. 태양왕은 앵발리드가 국가를 위해 희생한 사람들의 고통과
비참함을 감싸는 생생한 상징으로 남길 바랐다.

앵발리드에는 루부아의
흔적이 남아 있나?

루이 14세는 앵발리드의 북쪽 외벽 입구에 말을 탄 모습으로 남아 있다. 대
혁명 때 얼굴이 손상되었지만 완벽하게 보수되었다.

　루부아 후작도 자신의 이름을 중정에 수수께끼 형태로 박아 넣음으로써
기술적으로 앵발리드에 초대되었다. 건물 지붕 앞, 군사적 영광을 표현하는
트로피들을 보라. 전면부 동쪽 위, 나폴레옹의 동상에 등을 대고, 황제 쪽에
서부터 여섯 번째 트로피를 자세히 보면 한 마리의 늑대가 중정을 바라보
는 둥근 창 장식이 있다. 이제 이해가 될 것이다. '루브아^{loup voir}'(늑대가 본다
는 뜻_옮긴이), 이 경애하는 후작은 자신의 일생일대 걸작에 사인을 남겼다.

나폴레옹은 왜 앵발리드에 묻혔나?

대혁명 이후 승리의 신전이 된 앵발리드는 오늘날까지 여전히 군대와 병사, 그리고 그들의 역사를 위한 성소의 역할을 다하고 있다.

　나폴레옹은 앵발리드에 군사적인 경의를 가지고 있었다. 그는 상이군인들을 정기적으로 방문했으며, 앵발리드에 많은 예산을 배정하기도 했다. 1840년 12월 세인트헬레나 섬에서 가져온 황제의 유골은 당연히 앵발리드의 교회에 묻혀야 했다. 하지만 루이 필립 왕은 2년 동안 망설인 뒤 건축가 루이 비스콩티에게 기념물 제작을 의뢰했다. 그는 돔 아래에 거대한 구멍을 파고 황제의 유골과 파란색 군복을 매장했다.

　황제의 돌인 자주색 반암으로 만든 석관은 초록색 화강암 받침대 위에 놓여 있다. 월계관과 승리를 찬양하는 묘비명들이 주위를 둘러싸고 있다. 그리고 나폴레옹의 석관 주위로 애글롱(나폴레옹의 아들인 나폴레옹 2세를 말한다-옮긴이) 같은 그의 가족, 또는 프랑스를 위해 싸웠던 전쟁 영웅들의 관이 있다.

　교회 밖, 남쪽의 나무 아래 버려진 묘석이 있다. 나폴레옹의 원래 묘석이다. 또한 나폴레옹은 중정에서 잘 보이는 2층에도 서 있다. 1833년 루이 필립 왕이 조각가 샤를 에밀 쇠르에게 의뢰했다. 방돔 광장의 원주 꼭대기에 있던 것인데, 1863년 나폴레옹 3세가 더 황제다운 모습으로 교체하라고 명령을 내렸다. 그래서 카이사르의 토가를 걸친 황제 동상으로 바뀌었다. 나폴레옹 동상은 처음엔 롱푸앵 드 쿠르브부아에 놓였다가 제2 제정이 무너질 때 센 강에 버려졌다. 덕분에 동상은 1870년 프로이센-프랑스 전쟁과 1871년 파리 코뮌의 불길을 피할 수 있었다. 1876년에 다시 건져 올렸지만 잊혀지다가 1911년 앵발리드의 제 자리를 찾았다.

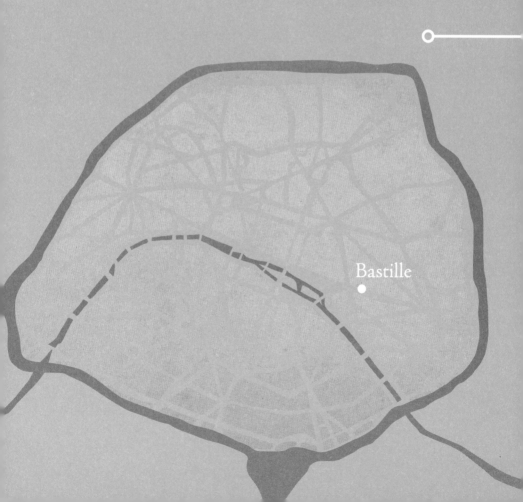

18세기 ○

바스티유

Bastille

BASTILLE
BERTE EGALITE FRATERNITE
Article Premier
naissent et demeurent
Libres et égaux en droits ;
5 Mai
Ouverture des Etats
Généraux

바스티유

민중 봉기의 함성과 눈물이 뒤섞였다. 대혁명의 시작이었다. 영광의 3일 후 샤를 10세를 권좌에서 몰아내고 프랑스에 입헌군주제가 열렸다. 54m 높이의 기념비가 세워졌고 황금빛 정령이 자유에 화답했다.

바스티유^{Bastille} 역은 파리지앙들에게 대혁명의 향수를 불러 일으키기 위해 가상한 노력을 하고 있다. 채색 벽화가 삼색 시대(자유·평등·박애를 상징하는 빨강·하양·파랑 삼색으로 된 프랑스 국기를 의미한다. 삼색기는 프랑스 혁명 당시 국민군 총사령관으로 임명된 라파예트가 시민들에게 나눠준 모자의 표지 색깔에서 비롯되었다_옮긴이)의 영광을 다시 그리고 있다. 과거 요새를 떠올리게 하는 옛 모습도 남아 있다. 5호선 플랫폼 위에 튀어나와 있는 노란색 돌은 옛 바스티유 성벽의 기초로 1905년 지하철 공사 때 발견되었다. 요새 성벽의 또 다른 조각들은 부르동 대로 방향으로 나가는 출구에서도 볼 수 있다.

이런 사소한 흔적이라도 남아 있어 무척 다행스럽다. 일단 역 밖으로 나가면 대혁명과 관련한 어떤 것도 발견할 수 없기 때문이다.

현재 바스티유는 오페라 극장이다. 유리와 타일로 된 육중한 건물이 조로한 모습으로 피곤한 광장을 지배하고 있다. 바스티유 점령 200주년을 기념해 만든 이 건물은 이미 풍화되고 있으며 혁명도 필요 없이 스스로 사라질 것처럼 보인다.

과거의 흔적을 찾아보기 위해서 오페라 하우스 주위를 둘러봐야 소용이 없다. 바스티유 광장의 제니, 즉 초록색 원주 위에 서 있는 금박의 자유상도 알려주는 게 없다. 차라리 앙리 4세 대로나 생탕투안 거리 쪽에서 바닥을 바라보는 편이 낫다. 갈색 포석이 옛 요새의 위치를 자세히 묘사하고 있기 때문이다. 옛 요새의 거대한 모습을 바스티유 광장 3번지 건물의 전면부에 있는 지도를 통해 상상해보자. 센 강 쪽으로는 바스티유의 해자가 있던 자리에 아스널 항구가 만들어졌다. 항구의 오래된 돌 중 일부는 군사 건물의 잔해에서 나왔다. 마지막으로 앙리 4세 대로의 끝, 역시 센 강 쪽에 자유의 탑의 기초 부분이 있다. 바스티유에 있던 8개 탑 중 하나다. 이 유적은 지하철 공사 때 옮겨졌다가 앙리 갈리 공원에 다시 놓여졌다.

다시 바스티유로 돌아가 보자. 부르주아의 반대와 귀족들의 야망이 절대 왕권과 충돌하면서 대중의 분노를 촉발하는 일은 1789년까지 기다릴 필요도 없었다. 이미 1413년에 분노한 파리지앙들이 봉기해 요새를 점령하는 것을 살펴보았다.

이후 1652년 귀족들이 프롱드의 난을 일으켜 어린 루이 14세의 권력을 탈취하려고 했을 때도 바스티유는 역사 속에 모습을 나타냈다. 7월 2

파리지앙 이야기

일 귀족 반란군의 지휘자인 콩데 공은 선봉에 서서 파리에 입성했다. 동이 틀 무렵 생탕투안 문에서 충돌이 일어났다. 왕궁 보병대는 대규모 콩데 군대를 향해 화승총을 쏘아댔다. 곧 왕의 군대와 프롱드 군대, 그리고 부르주아들이 혼란스러운 일진일퇴를 거듭했다.

왕의 사촌인 마리-루이즈 도를레앙이 바스티유 요새 앞에 섰다. 문이 열리고 사람들은 그녀에게 경의를 표했다. 그녀는 계단을 타고 탑에 올라 망원경으로 주위를 살폈다. 멀리 바뇰레 부근에서 빨갛고 파란 군복을 입은 왕의 군대를 발견했다. 그녀는 왕의 군대를 향해 바스티유의 대포를 발사하도록 명령했다. 엄청난 소음이 요새의 벽을 울렸다. 포탄은 휘파람 소리를 내며 날아가 왕의 부대 위에 떨어졌다. 왕의 기병들이 우수수 쓰러졌다. 바스티유의 대포는 계속 왕의 남자들에게 포탄을 쏟아부었다. 당황한 기병대 장교들은 한동안 공격을 포기했다. 잠시나마 파리는 반란군의 손아귀에 떨어졌다.

7월 14일 한참 전부터 바스티유는 이미 무너뜨려야 할 상징이었다. 그곳에서 실제 무슨 일이 벌어지고 있는지는 알려지지 않았다. 하지만 바스티유는 전제정의 상징적 공간이었으며 두려움의 장소였다.

일반적으로 바스티유의 죄수(마흔 명을 넘은 적이 없었으며 때로는 한 명도 없었던)들은 좋은 대접을 받았다. 파산한 귀족들이 감옥에 들어왔고 오히려 안락한 감옥 생활을 요구할 수 있었다. 그들은 편안히 지내기 위해 가구를 들여오기도 했다. 만찬을 베풀거나, 잠은 돌아와서 잔다는 조건 아래 낮 시간 동안 외출할 수 있었다.

1717년 볼테르는 섭정이었던 필립 도를레앙의 마음에 들지 않는 팸플 릿을 썼다는 이유로 11개월 동안 바스티유에 수감되었다. 하지만 필립은 그가 석방되자 1000에퀴의 연금을 지급했다. 볼테르는 말했다.

"섭정 전하. 제가 먹을 것에 신경 써주셔서 감사합니다. 하지만 제가 잠 잘 곳은 신경 쓰지 말아 주십시오."

이런 호의가 누구에게나 해당되는 것은 아니었다. 국립문서를 보면 사 악한 범죄도 있다. 1760년경 치안감독관 앙투안 드 사르틴은 바스티유 사령관 베르나르 드 로네에게 편지를 썼다.

'F라는 범죄자를 보냅니다. 아주 사악한 혐의입니다. 그를 8일 동안 감 금한 뒤 재판에 회부해 주십시오.'

이 편지지에 바스티유 소장은 이렇게 적고 있다.

'F를 수감할 것. 지정한 날짜가 지난 뒤 사르틴 씨에게 어떤 이름으로 F 를 매장할지 물을 것.'

이러한 범죄는 인구밀도가 높은 생탕투안 교외지역에서 흔히 벌어지 는 일이었다. 감옥의 잿빛 담장 그늘이 드리우는 거리에는 언제나 자신들 의 불만을 표현할 준비가 되어 있는 장인들이 넘쳐나고 있었다.

요새는 오래전에 사라졌지만 오늘날에도 생탕투안 교외를 산책할 수 는 있다. 전통적인 수공 작업으로 가구를 만드는 장인들로 활력 넘치던 뒷골목을 걸어볼 수도 있다. 바스티유 광장 2번지의 다무와 정원에는 전 형적인 길이 있다. 샤랑통 거리 쪽의 집들이 가장 아름답다. 바로 이곳에 1848년 혁명 때 교외로 나가는 것을 막는 거대한 바리케이드가 쳐졌다.

모든 것이 바뀌었다. 전통 가구 점포는 유행을 타는 선술집이 되었다. 이 지역은 오늘날 아주 인기가 있다. 이곳 사람들은 더 이상 뒤틀리고 허름한 집에 사는 노동자들이 아니다. 도시의 진정한 멋을 삶의 철학으로 여기는 젊은 보보스(부르주아이면서 보헤미안적 예술 감각을 추구하는 사람들_옮긴이)들이다.

○

18세기에 생탕투안 교외는 진정한 의미의 교외 지역이 아니었다. 이곳은 루이 14세 때부터 직업과 상관없이 자유롭게 일할 수 있는 가난한 장인들이 많았다. 고급가구 장인, 구두 장인, 열쇠 장인, 모자 장인들이 모여 살았다. 작업장을 겸한 점포들이 교외의 꼬불꼬불한 길을 따라 이어졌다.

하루 종일 마차들이 끊이지 않고 움직였다. 달걀과 우유, 채소, 과일을 팔러 시 외곽에서 온 농부들의 당나귀들로 가득했다. 강변에서 음식을 만들어 팔거나, 야외식당을 운영하는 여인들로 들끓었다. 그녀들은 난폭하고 천박한 행동으로 눈살을 찌푸리게 만들었다. 모두 외지인들로 언제나 불만에 차 있었다. 사실 흉작이나 증세增稅 같은 전염성 큰 불만을 토대로 장인들을 폭동의 위험한 길로 이끈 것도 그녀들이었다.

1789년 4월 27일 생탕투안 교외는 들끓어 올랐다. 발열점은 몽트뢰이 거리에서 대형 색종이 공장을 운영하는 장바티스트 레베이옹이었다. 150명의 종업원에게 관대한 사장으로 평판이 난 레베이옹은 파리 시에 빈곤을 없앨 수 있는 몇 가지 제안을 했다. 이 즉흥적 경제학자는 자신의 제안이 사회의 운명을 바꿔 놓을 수 있다고 확신했다. 현명하다기보다는 공상가이며, 식견이 있다기보다는 광신적이었던 레베이옹은 파리로 들어가는 상품에 붙는 출입세를 폐지하자고 제안했다. 그러면 물건을 더 싼 값에 공급할 수 있다는 것이었다. 거기까지는 좋았다. 하지만 그는 임금도 삭감할 것을 제안했다. 물건을 더 싸게 살 수 있으니 임금이 낮아도 된다는 얘기였다. 하루에 20수를 버는 노동자들은 레베이옹의 개혁 이후 하루 15수만을 받게 될 터였다.

강 왼편의 생마르셀 교외지역에서 우리를 굶주리게 하는 인간, 레베이옹에게 가장 먼저 분노를 터뜨렸다. 군중은 '부자들에게 죽음을'이라고 외치며 그레브 광장으로 모여들었다.

오텔 드 빌 앞에서 사람들은 천으로 만든 레베이옹 인형을 불태웠다. 행렬은 생탕투안 교외에 도착했다. 350명의 경비병이 야간 질서를 유지하기 위해 동원됐다. 하지만 새벽이 되자 생마르셀의 무두장이들과 생탕투안의 장인들이 몽트뢰이 거리로 쏟아져 나왔다. 레베이옹은 가족과 함께 이미 달아난 상태였다. 하지만 색종이 공장은 철저하게 약탈되었고, 아예 흔적도 없이 사라졌다. 지하실에 쌓여 있던 와인 병까지 모두 비었다.

몇 시간 뒤 경비병들이 다시 주도권을 쥐었다. 증원된 경비병들은 약탈자들을 몰아내려고 시도했다. 지붕으로 피신한 폭도들이 돌을 던지며 저항했다. 경비병들은 그들을 향해 총을 발사했다. 순식간에 100명 가까운 폭도가 죽었고, 경비병 12명도 목숨을 잃었다. 노동자들의 시신이 거리를 뒤덮었다. 민중 봉기의 함성과 눈물이 뒤섞였다. 사람들은 아직 몰랐지만 세상이 들썩이기 시작했다. 대혁명의 시작이었다. 혁명은 가장 많은 사람이 학살된 그날, 남은 것이 무엇인지는 알 수 있었지만 앞으로 다가올 끔찍한 공포는 알지 못 한 채 다가왔다.

생탕투안 구역 184번지 앞에는 17세기 초에 만들어진 분수가 아직도 남아 있다. 레베이옹의 공장 가까이에 위치한 이 분수는 절대왕정체제Ancien régime에 불만을 가진 '소요'의 중심지였다. 100명 이상의 희생자를 만들어 낸 소요였다.

그 후 몇 주 동안 바스티유의 탑 10층에 감금되었던 사드 후작이 반란을 선동했다. 『소돔에서의 120일』이라는 책을 쓴 후작은 문란한 생활을 신고한 계모의 투서로 바스티유에 수감되었다. 그는 책에서 미친 영혼이 구사할 수 있는 모든 파렴치함을 묘사했다. 그것도 모자라 하얀 금속관을 확성기 삼아 즉흥 연설을 시작했다.

"간수들이 바스티유 수감자들을 목 졸라 죽이고 있다. 선한 시민들이여, 우리를 구해달라!"

이 고함은 행인들에게 진실처럼 들렸다. 사람들은 두터운 담장 뒤편에서 벌어지는 공포를 상상하며 몸을 떨었다. 하지만 후작은 감옥에서 훌륭한 대접을 받고 있었다. 가구를 들여와 자신의 서재를 꾸밀 수 있도록 두 개의 방이 주어지기도 했다. 오히려 배가 나올 만큼 음식도 잘나왔다.

1789년 7월 14일(프랑스 대혁명 기념일_옮긴이) 아침 일찍부터 바스티유 공격이 시작되었다. 그 출발점은 앵발리드였다! 3개월 전, 레베이옹 공장 습격 때 끓어오른 대중의 분노는 수그러들지 않고 있었다. 화약 냄새가

바스티유는 무엇인가?

파리 동쪽의 생탕투안 문을 방어하기 위해 1370년 만들어진 바스티유는 바스티옹, 즉 군사 보루였다. 동쪽의 루브르였으며 동시에 바스티유 가까이 있는 오텔 생폴에 주로 거처하던 샤를 5세의 피난처이기도 했다.

이 '바스티유 생탕투안'은 거의 3m에 달하는 두꺼운 성벽으로 연결된 8개의 탑이 우뚝 솟아 있었다. 폭 20m, 깊이 8m의 해자가 둘러싸고 있었다.

17세기 이후 바스티유의 군사적 용도는 이미 폐기된 상태였다. 리슐리외 추기경은 정적들을 가두거나 없애버리는 용도의 감옥으로 바꾸었다. 정적들을 바스티유에 가두는 데는 재판도 필요 없었다. 왕의 봉인이 찍힌 서면 명령이면 충분했다.

왕의 바스티유 보좌관인 퓌제 기사는 1788년 바스티유의 폐쇄를 건의했다. 그럴 경우 14만 리브르의 국고를 경감할 수 있었다. 바스티유를 유지하는 데 지나치게 많은 비용이 들었던 것이다. 장교들과 군인들, 관리자, 의사, 부속사제의 월급을 지급해야 했다. 죄수의 수에 비해 간수들의 수가 더 많았다. 1744년 19명이었던 죄수는 1789년 초 9명으로 줄었고, 몇 달 뒤에는 7명으로 줄었다.

여전히 생탕투안 교외지역을 감싸고 있었다. 진실이건 거짓이건 온갖 소문들이 거리를 돌아다녔다. 사람들은 음모가 준비되고 있다고 떠들어댔지만 누구를, 무엇을 겨냥한 음모인지 알지 못했다. 질서를 바로 세우기 위해 파리에 군대가 동원되고 있다는 소문도 돌았다. 흉년이 들었다는 말도 흘러나왔다.

전날 밤 빵 가게들이 약탈을 당했다. 밤새도록 종이 울렸고 부르주아 민병대가 소집되었다. 파리지앙들은 도시로 들어오려는 용병대를 막고자 했다. 몇몇 노동자는 창을 들었지만 그것으론 부족했다. 총이 필요했다. 앵발리드 병기창에 무기가 가득하다고? 그럼 앵발리드를 공격하자! 병기창의 문이 부서졌다. 군중은 3만2000정의 소총과 낡은 대포 몇 문을 약탈했다. 하지만 탄약이 없었다.

"바스티유에 화약이 있다!"

누군가 외쳤다.

"바스티유로 가자. 바스티유로!"

바스티유를 점령한다? 누구도 거기까지는 생각하지 못했다. 그저 탄약과 포탄을 얻고자 했던 것뿐이었다.

요새 사령관 로네 후작은 사람들이 밀려오는 것을 보고도 흔들리지 않았다. 그는 결코 양보하지도, 병기창의 문을 열어주지도 않을 터였다. 오텔 드 빌에서 파견한 특사들이 로네 후작을 찾아와 부르주아 민병대를 위한 탄약 공급을 요구했다. 후작은 특사들에게 점심 식사까지 주면서 후하게 대접했다. 왕의 지원군을 기다리며 시간을 끌려는 전략이었다. 우호적이었지만, 결론은 아무것도 없는 만남이었다. 로네는 폭도들이 요새로 진입하려고 시도하지 않는 한 발포하지 않겠다고 약속했다. 하지만 탄약 공급은 계속 거부했다. 두 번째, 세 번째 특사들이 파견되었지만 아무것도 얻지 못했다.

오후 1시30분이 되었다. 바스티유 주위에 모인 군중은 점점 더 흥분했으며 격양되었다. 사령관은 요새를 지키기에 병력이 모자란다는 걸 자각했다. 30명의 스위스 용병과 82명의 늙은 부상병이 있을 따름이었다.

하지만 병력은 군율에 따라야 했다. 로네는 가엾게도 자신의 능력을 뛰어넘는 운명과 마주하고 말았다. 그는 일부 무리가 개도교의 쇠사슬에 매달리는 것을 보고 발포를 명령했다. 100여 명의 난입자가 바닥에 떨어졌다.

오후 들어 수도의 치안을 담당한 2개 경비분대가 반군에 합류했다. 경험 많은 병사들은 오전에 앵발리드에서 포획한 다섯 문의 대포를 가져와 문을 향해 발사했다. 요새를 방어하는 늙은 병사들이 혼비백산할 만큼 큰 화재가 발생했다. 병사들은 로네에게 즉시 백기를 들라고 요구했다. 개도교가 내려졌고 군중이 바스티유 안으로 밀려들어왔다. 군중은 기쁨에 겨워 수감자들을 해방시켰지만, 놀랍게도 7명에 불과했다. 사실 수감자들은 영웅이 아니라 시답잖은 사기꾼들이었다. 하지만 중요하지 않았다. 사람들은 그들을 승리자로 앞세워 행진을 했다.

로네 후작은 거리로 끌려 나와 한 요리사 청년의 칼에 목이 잘렸다. 그의 머리는 창끝에 꿰여 교외지역의 거리를 돌았다. 이 무시무시한 의식은 증오와 원한을 더욱 부추겼으며 돌이킬 수 없는 상황으로 치닫게 했다. 이전으로 돌아가는 것은 이제 불가능했다.

한밤중 베르사유에서 잠자던 루이 16세를 라 로슈푸코-리앙쿠르 공작이 깨웠다. 사샤 기트리(20세기 초에 활약한 프랑스 배우이자 극작가_옮긴이)가 쓴 시나리오에 따르면 두 사람의 대화는 이러했다.

"폐하, 바스티유가 점령됐습니다. 사령관은 살해되었고, 반도들이 그의

바스티유 감옥 최후의 독방

지하철역에서 볼 수 있는 초석 몇 개를 제외하면 바스티유의 흔적은 하나도 남아 있지 않다는 게 정설이다. 하지만 그것은 사실이 아니다. 감방이 하나 남아 있다. 지하 독방 중 하나다.

언젠가 바스티유 광장 근처에서 친구와 얘기하고 있던 나를 한 술집 주인이 알아보았다. 그도 나처럼 파리에 열정을 가지고 있었다. 그는 자신이 경영하는 주점 '바스티유의 탑'의 지하실이 대혁명의 광기를 피해 살아남은 바스티유의 감옥이라고 말했다. 곧바로 그의 말을 확인해 보았다. 그가 옳았다. 위치와 벽의 형태, 모든 것이 들어맞았다. 나는 감격에 겨워 그 역사적 장소에 들어가 보았다. 쌓여 있는 병들 사이에서 수감자들의 비명과 7월 14일의 대포 소리가 들리는 듯했다.

오늘날 그 술집은 '테타테트'라는 레스토랑으로 바뀌었다. 하지만 앙리 4세 대로 47번지의 지하실은 여전히 자신의 비밀을 간직하고 있다.

머리를 창에 꽂아 돌아다니고 있습니다."

"폭동이 일어났다는 말인가?"

"아닙니다, 폐하. 혁명입니다."

7월 16일 바스티유를 허물라는 명령이 내려졌다. '독재자의 요새'를 무너뜨리는 데 노동자 800명이 동원되었다. 바스티유의 돌들은 콩코드 다리를 만드는 데 쓰였으며 나머지는 역사적 기념품이 되었다. 팔루아란 수완

좋은 사업가가 바스티유 요새의 돌을 깎아 바스티유 모형을 만들어 전국에 팔았다.

○

적어도 건축적 의미에서 광장의 역사는 실패와 실수의 연속이었다. 1792년 6월 16일 입법의회는 옛 요새 자리에 광장을 만들고, 광장 중심에 자유의 상이 있는 원주를 설치하겠다고 발표했다. 한 달 뒤 첫 번째 돌이 놓였지만, 미관을 해친다는 의견에 부딪혀 공사는 중단되었다. 버려진 원주 자리에 이듬해 분수가 설치되었다.

1810년 나폴레옹은 그 자리에 다른 분수를 세우길 원했다. 스페인 정벌 때 포획한 대포들을 녹인 청동으로 만든 24m 높이의 코끼리 모양 분수로 코에서 물을 뿜는다는 계획이었다.

토대가 다져지고 1813년 실제 크기의 석고 모형이 만들어졌다. 제국이 붕괴한 뒤 이 거대한 모형(틀림없이 파리에서 가장 추하고 격이 떨어지는)은 몇 년간 방치되었다. 석고상은 점점 바래져갔으나 한 늙은 경비가 계속 코끼리의 한쪽 다리 속에 거주했다. 『레미제라블』에서 빅토르 위고는 그 코끼리 상을 파리의 부랑아인 가브로슈(레미제라블에 등장하는 반항적이고 조소적인 거리의 소년_옮긴이)의 거처로 삼았다.

석고상은 다행히 1846년 철거됐다. 철거할 때 잔해에서 수많은 쥐떼가 몰려나와 생탕투안 교외를 몇 주 동안이나 공포로 몰아넣었다.

원주 밑에는 무엇이 있나?

역사는 때때로 기이하게 돌아간다. 기념비 밑에는 1830년 혁명(7월 혁명_옮긴이)의 순교자 504명 외에도 그들보다 2000~3000살이나 나이가 많은 이집트 미라가 묻혀 있다.

이는 보나파르트 나폴레옹이 이집트 원정에서 가져온 것으로, 리슐리외 거리에 있는 국립도서관 근처의 공원에 묻혔다. 그런데 영광의 3일 이후 희생자들의 시신도 그 장소에 매장됐던 것이다. 나중에 혁명의 희생자들을 원주 밑에 옮겨 묻을 때 누구도 선별할 생각을 하지 못했고, 모든 유해를 가져왔다. 아마도 파라오였을 시신들이 오늘날 바스티유 광장에 영면하고 있다.

광장 가까이 있는 생마르탱 운하는 광장을 관통하고 있다. 이집트 죽음의 신인 오시리스의 배가 죽은 왕과 인부들을 그들의 왕국으로 데려가기 위해 센 강과 우르크(고대 바빌로니아 도시. 여기서는 파리 북부의 우르크 운하를 일컫는다_옮긴이)를 잇는 이 운하를 지나지 않을까?

1833년 루이 필립 왕은 광장 가운데에 '영광의 3일'에 희생된 영웅들을 기리는 원주를 세우라는 칙령을 내렸다. 1830년 7월 27~29일을 의미하는 '영광의 3일'은 샤를 10세를 권좌에서 몰아내고 프랑스에 입헌군주제를 연 날이었다. 54m 높이의 기념비가 1840년 4월 28일에 세워졌다. 녹색 원주 꼭대기에 있는 황금빛 정령은 1792년의 의회(국민공회) 서약에 답하고 있다. 이 정령은 '쇠를 깨뜨리고 빛을 뿌리면서 날아가는 자유'를 상징한다.

1871년의 파리 코뮌(3월 28일~5월 28일 파리 시민과 노동자들의 봉기로 수립된 혁명적 자치정부_옮긴이)은 군주와 국민 연합의 상징에 불과한 이 원주를 파괴하고자 했다. 하지만 원주는 물론 공화국도 살아남았다.

레
퓌
블
릭

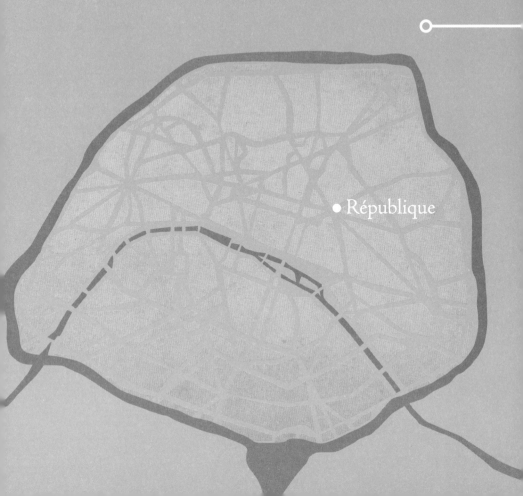

● République

연 극 의 5 막

황제는 좀 더 현대적이고 널찍한 파리를 만들
고 싶었다. 그는 널찍한 대로를 만들어 도시를
재정비했다. 뒤틀린 집과 좁은 골목길로 된 파
리가 20세기로 진입할 수 있을까?

지하철역에서 나오면 뚱뚱한 레퓌블릭 ^{République} (공화국이라는
뜻_옮긴이) 부인의 발 밑에 이른다. '보네 프리지아 $^{Bonnet\ Phrygien}$'(대
혁명 때 급진주의자들이 쓰던 붉고 챙 없는 모자_옮긴이)를 쓰고
한 손에는 올리브 가지, 다른 한 손에는 세계인권선언을 든 마담 레퓌블
릭(레퓌블릭이 여성 명사여서 마담이라 부른다_옮긴이)은 자신이 한 세기 전부
터 상징해온 대중 시위를 청동의 시선으로 지켜보고 있다. 검고 붉은 깃발
이 꽂히고 무엇인가를 요구하는 플래카드가 내걸린 채, 그녀는 언제나 투
쟁에 나선 자신의 아이들 편에 서 있다. 마담 레퓌블릭이 서 있는 석조 받
침대에는 공화국의 세 가지 가치가 새겨져 있다. 자유는 횃불로 상징되며,
평등은 삼색기로 구체화되고, 박애는 풍요의 잔으로 대표된다.

파리의 정치 환경에 필수불가결한 요소가 된 이 기념비(파리에서 대중

시위가 많다는 뜻_옮긴이)는 1884년 7월 14일 이 자리에 세워졌다. 신성한 상징물을 이처럼 세속적으로 표현한 것은 신생 제3공화국을 신격화하기 위함이다. 파리 코뮌의 기억이 여전히 생생했다. 코르드리 14번지 에서 그 기억이 스쳐간다. 바로 이 주소에서 국제노동자협회(제1인터내셔널_옮긴이)가 1871년 2월 16일 파리 봉기를 명령했다.

레퓌블릭 광장은 과거 샤토 도 광장이라 불렸다. 뒤 탕플 대로가 출발하는 큰 교차로였을 때다. 파리 오른편의 생로랑 시장과 왼편의 생제르맹 시장은 대혁명 이후 쇠퇴해갔다. 대신 뒤 탕플 대로가 축제와 볼거리의 성소가 되었다. 극장을 여는 데 당국의 허가가 필요 없었기 때문에 극장들이 대로를 따라 우후죽순 생겨났다. 서쪽은 귀족적, 동쪽은 서민적이었던 이 길은 모든 주민이 모여드는 오락의 중심지가 되었다.

대로의 중심지는 생드니 개선문, 생마르탱 개선문과 당굴렘(현재 장피에르 탱보 거리) 사이의 지역에 있었다. 그곳에서 시르크 디베르('겨울 서커스'란 뜻으로 겨울에 공연하는 서커스 극장_옮긴이)까지가 핵심이었다.

나머지 지역(한쪽으로는 바스티유를 향하고, 다른 쪽으로는 마들렌을 향한)은 덜 축제적인 분위기였다. 귀족들과 부르주아들은 파리의 서민 또는 천민 지역까지 멀리 나가기를 두려워했다. 노동자들은 그들대로 감히 절대왕정체제의 냄새가 물씬 풍기는 파리 중심으로 들어오지 못했다. 사람들은 이 두 세계 사이의 현실적 경계를 피부로 느끼고 있었다. 알프레드 드 뮈세(19세기 초의 프랑스 시인이자 극작가_옮긴이)는 바로 중심에서 바깥쪽을 바라보며 이렇게 말했다.

"그것은 커다란 인도였다."

샤토 도의 교차로에는 공학자 피에르-시몽 기라르가 디자인한 분수가 있었다. 그곳에 닿아 있는 길과 광장에 그의 이름이 남아 있다. 바스티유와 마들렌 구간을 오가는 합승마차가 1828년 운행을 시작했다. 이 마차는 당연히 많은 사람의 약속 장소였던 뒤 탕플 대로를 지났다.

광장이 확장되면서 너무 작아진 분수는 1867년 라빌레트(파리 북부의 과학공원_옮긴이)로 옮겨졌다. 약간 모습이 바뀌긴 했지만 그 분수는 '누비아의 사자들'이라는 이름으로 라빌레트 공원에 남아 있다.

○

1830년대 파리 연극계는 창의적으로 들끓는 세상의 이미지를 그대로 반영했다. 역시 뒤 탕플 대로가 이 환상적 세계의 활기찬 중심지가 되었다. 사람들은 이 길을 '범죄의 대로'라고 불렀다. 대중의 인기에 따라 극장마다 매일 저녁 사람을 때리고, 목 조르고, 독약을 먹여 죽이는 공연을 했기 때문이다. 이곳에 있던 15개 극장 중에서 랑비귀, 라포르트 생마르탱, 르 테아트르 이스토리크 등은 3000석 이상의 대형 극장이었다. 나머지는 레 퓌낭뷜, 레 데라스망 코미크처럼 500석 정도의 규모였다.

매표소 앞에서 호객꾼들이 연극의 제목과 주요 내용을 외쳐댔다. 저녁 무렵이면 긴 줄이 늘어섰다. 극장들을 따라 작은 상점들이 와플과 야자, 향료가 든 빵 과자, 사과 파이, 아이스크림 등을 팔았다.

극장의 막이 올랐다. 관객은 웅성댔고 휘파람 소리도 잦았다. 공연이 마음에 들지 않으면 주저 없이 배우에게 욕을 퍼부었다.

이곳의 스타 배우는 프레데릭 르메트르였다. 그는 1823년 랑비귀-코믹 극장 무대에서 '아드레 여인숙'이란 작품으로 엄청난 인기를 끌었다. 그 작품은 음악과 발레가 있는 음울한 멜로드라마였다. 배우가 즉흥연기와 유머로 내용을 바꿔가며 이끌어갔다. 그는 유명한 도적 로베르 마케르를 연기했다. 마케르는 너그럽고 유머가 풍부한 살인자였다.

"헌병들과 밀고자들은 죽여도 일말의 죄책감이 들지 않는다."

그는 환호하는 청중의 박수를 받으며 우렁차게 외쳤다.

르메트르가 최고의 남자 배우였다면 여자 스타로는 클라리스 미루아가 있었다. 클라리스는 보드빌(가벼운 희극_옮긴이) 드라마인 '신의 은총'으로 스타가 되었다. 매일 밤 한 관객이 맨 앞자리에 앉아 있다 클라리스가 무대에 나오면 거칠게 지팡이를 떨어뜨렸다. 같은 일이 반복되자 화가 난 관객이 그를 쳐다보았다. 가는 콧수염 밑에 입술을 다물고 있는 프레데릭 르메트르였다. 프레데릭과 클라리스는 연애를 시작했고, 13년 동안 계속되었다.

그들의 사랑은 결국 멜로 스타에게 어울리는 시나리오에 따라 끝을 맺었다. 프레데릭의 사랑이 식은 것이다. 고통에 눈이 뒤집힌 클라리스는 프레데릭의 잔에 독약을 넣었다. 하지만 프레데릭은 죽음을 모면했다. 그는 클라리스를 용서했지만 다시는 그녀를 보지 않았다.

○

1848년 행복하게 보였던 이 세계는 파리의 역사처럼 들끓어 올랐다. 루이 필립은 거의 18년 동안 프랑스를 통치하고 있었다. 왕국은 활력을 잃었고 경제난과 스캔들 속으로 빠져들어갔다. 모든 국민이 왕에 반대하는 것 같았다. 빵값이 60%나 뛰었다. 게다가 아일랜드에서 온 병충해가 감자 농사를 망쳤다. 파리는 기아의 위험에 빠졌다.

형편이 어려워진 토지 소유주들과 증권에서 파산한 산업가들, 공화제를 꿈꾸는 지식인들, 향수에 빠진 보나파르트 파들 모두 자신들의 분노를 선거체제에 집중시켰다. 그러나 루이 필립은 선거제도 개혁을 거부했다.

20인 이상의 공공집회는 금지되었다. 하지만 그게 무슨 소용이랴. 사람들은 법을 우회해 집회가 아닌 연회를 열었다. 정부는 간단한 식사와 함께 혁명적 토론이 이어지는 이 모임을 막을 수 없었다.

가장 중요한 연회가 1848년 2월 22일 파리에서 열렸다. 학생과 노동자, 장인들이 섞인 행렬이 콩코드 광장에서 샹젤리제까지 행진을 했다. 샹젤리제에서 식사가 나오고 의례적인 얘기들이 오갈 것이라는 신고가 접수되었다. 몇 개의 행렬이 아침부터 파리 시내를 돌아다녔고, 경찰과 군대는 숨을 죽이고 이들을 지켜봤다.

평온하게 하루가 지났다. 하지만 다음 날 저녁, 군중이 '라 마르세예즈La Marseillaise'(대혁명 기간에 마르세유 의용병들이 부른 행진곡. 나중에 프랑스 국가가 된다_옮긴이)를 부르며 카퓌신 대로에 있는 외무부 건물로 향했다. 그들은 건물 경비병들을 포위했다. 당당한 풍채의 선동자가 횃불로 한 장교를 때

리려 했다. 한 발의 총성이 밤하늘에 울려 퍼졌다. 횃불이 떨어져 바닥에 굴렀다. 공황 상태가 되었다. 16명이 목숨을 잃었다. 군중은 시신을 수레에 신고 파리 시내를 돌아다녔다.

"복수를! 무기를 들라!"

이미 왕좌를 빼앗긴 것이나 다름없었다. 2월 24일 차가운 비가 도시를 적셨다. 주요 도로마다 바리케이드가 쳐졌다. 사람들은 화톳불 주위에 모여들었다. 땅에는 혁명의 어두운 기운이 드리워져 있었다.

튈르리 궁전에 틀어박힌 루이 필립은 신하들한테 위안을 구했다.

"방어가 아직 가능한가?"

아무도 군주에게 대답하지 못했다. 그는 사태를 파악했다. 무거운 마음으로 책상 앞에 앉은 왕은 양위 서류에 사인했다.

공화국이 출범했다. 임시정부 측은 하루빨리 파리의 생활이 정상화되도록 극장가에 공연을 재개하라고 요청했다.

하지만 사건은 무대에서만 일어나지 않았다. 공화국의 환희는 프랑스인들이 '클'이라고 발음하는 클럽에 넘쳤다. 모든 지역에서, 무정부주의자와 사회주의자, 바뵈프주의자(평등주의적 공산주의_옮긴이)들이 서로 충돌했다. 하지만 그들은 반부르주아 입장에서는 서로 뭉쳤다.

몇 달 뒤인 1848년 12월, 공화국 대통령 선거에서 루이 나폴레옹이 당선되면서 민심을 달랬다. 엘리제궁으로 거처를 정한 새 행정수반은 평화의 귀환을 바라는 사람들을 실망시키지 않았다. 그는 클럽들을 폐쇄했고, 군병력을 동원해 모든 반란 움직임을 사전 차단했다.

대통령의 임기는 4년 단임이었다. 쿠데타를 일으켜 권력을 유지했다. 1851년 12월 2일 아침, 파리의 거리에 루이 나폴레옹의 서명이 있는 포고문이 나붙었다.

"국민 여러분이 저를 신뢰하신다면, 제가 여러분께 약속한 위대한 임무를 완수할 수 있는 수단을 주십시오."

그는 그 수단을 이미 손에 쥐고 있었다. 군대가 수도를 점령했고, 의회는 해산되었으며, 몇몇 의원은 체포된 상태였다.

다음 날 하루만 조금 소란했을 뿐이었다. 70곳 이상에 바리케이드가 쳐졌다. 군대는 공포 분위기를 조장했다. 거리에서 술 취한 군인들이 군중의 위협에 겁을 먹고 방아쇠를 당겼다. 사격은 10분 동안이나 계속되었다. 시신들이 땅을 덮었고, 부상자들은 땅을 기었으며, 군중은 으르렁거렸다. 희생자가 215명이나 되었다. 잠깐이면 충분했다. 공포가 이 지역에 내려앉았고 점차 프랑스 전체로 확산되었다.

1년이 지났다. '나폴레옹 3세'가 된 공화국 대통령은 파리를 리모델링하는 데 앞장섰다. 그는 파리를 현대적이며 넓고 깨끗한 도시로 만들기를 원했다. 빈민촌을 없애고 혁명의 발화점이 될 수 있는 우범지역을 제거하고자 했다. 센 지사였던 위젠 오스만 남작이 그를 도왔다. 넓은 대로를 만듦으로써 바리케이드를 치기 어렵고 폭동이 일어날 때 황제의 군대가 보다 쉽게 진입할 수 있도록 했다.

황제에게 범죄의 대로는 걱정거리가 아닐 수 없었다. 그는 자신을 위협하는 동요의 싹부터 자르고 싶었다. 길을 밀어버릴 터였다. 1854년 나폴레옹 3세는 위젠 왕자의 병영 막사를 지었다. 현재 공화국수비대의 베

범죄의 대로를 산책한다면?

우선 1945년에 찍은 마르셀 카르네의 영화 '천국의 아이들'이 있다. 사실적이면서 시적인 작품성으로 범죄의 길과 거기서 활동했던 연극배우, 관객, 기둥서방들을 재현한 걸작이다.

1851년에 지은 데자제 극장은 오스만 남작의 대로 파괴 작업을 피해 뒤 탕플 41번지에 살아남아 있다. 폴리 마예르, 폴리 콩세르탕테스, 폴리 누벨로 이름이 바뀌다가 당시 유명 여배우였던 비르지니 데자제가 사들였다. 1939년 영화관으로 바뀐 이 극장은 연극계와 예술가들의 반대 시위가 없었다면 1976년 슈퍼마켓으로 바뀔 뻔했다.

동쪽 아믈로 거리에 있는 시르크 디베르도 또 하나의 생존자다. 1852년 만들어진 이 공연장은 범죄의 대로 끝에 있었다. 제7의 예술(영화)이 나온 초기에 영화관으로 바뀌었다가 1923년 본 모습을 되찾은 서커스 극장은 부글리온, 프라텔리니, 자바타 같은 위대한 연기자들을 배출했다.

대로 서쪽의 포르트 생마르탱 극장을 보자. 마리 앙투아네트가 좋아한 오페라 극장이었다가 연극 극장으로 바뀌었는데 파리 코뮌 당시 투쟁의 무대가 되었다. 오늘날 남아 있는 극장은 1873년 새로 지었다.

린 막사가 그것이다. 베린은 제2차 세계대전 때 독일에서 숨진 육군 중령의 이름이다.

오스만 남작은 도시 전체를 공사판으로 만들었다. 거기서 넓은 도로의 도시를 꺼내 경계를 성채로까지 확장하는 칙령이 발표되었다. 오퇴이, 몽마르트르, 벨빌 등 지역이 수도로 편입되었다. 파리는 20개 구로 늘었다. 레퓌블릭 광장이 되기 전인 샤토 도 광장은 1862년에 확장되었다.

주요 극장들은 다른 곳으로 떠났다. 이스토리크 극장은 샤틀레 극장이 되었고, 시르크 올랭피크는 샤틀레 광장에서 테아트르 드 라 빌이라는 이름으로 재개관했다. 라 게테 극장은 파팽 거리로 자리를 옮겨 라 게테 리리크 극장이 되었다. 레 폴리 드라마티크 극장은 르네 불랑제 거리로 옮겼는데 1930년대에 영화관이 되었다. 랑비귀 극장은 살아남았으나 1966년에 헐리고 은행 건물로 바뀌었다. 파괴 허가서에 서명한 사람은 앙드레 말로(프랑스 작가. 문화부 장관을 지냈다_옮긴이)였다!

제2 제정은 18년 동안 도시에서 부르주아 축제를 벌였다. 전쟁은 크림 반도나 멕시코 같은 먼 곳의 이야기였다. 부가 커졌고, 산업은 발전했다. 럭셔리한 도시의 중심도로가 된 생제르맹 구역에서 사람들은 춤을 추었다.

1867년 열린 만국박람회는 발전하는 프랑스를 상징하는 위대한 순간이었다. 쇠와 유리, 벽돌로 된 원형 궁전이 샹 드 마르스에 세워졌다. 대담하고 현대적인 임시 구조물은 새로운 파리의 심장이었다. 4월 1일 박람회가 개막되었다. 아침 일찍부터 수많은 사람이 몰려들었다. 모든 문명의 예술과 기술이 한자리에 모였다. 최신식 기관차와 인디언 천막, 전기 제품, 종이로 만든 일본 집 등이 전시되었다. 자신의 발명품과 창조물을 내놓은 출품자가 4만2000명이나 되었다. 모든 나라가 힘을 과시하고자 했다. 영국관은 호주의 금광에서 채굴한 금과 맞먹는 부피로 만든 황금 피라미드 모양이었다. 프로이센은 거대한 크룹 대포를 선보였다. 하지만 누구도 도전과 위협으로 받아들이지 않았다. 그냥 축제를 즐겼다.

이제 도시에는 넓고 시원한 길이 뚫렸다. 길옆에는 슬레이트 돔이 덮인 석조건물들이 늘어섰다. 밤에는 가스등이 파리를 밝혔고, 파리를 끝 모르는 오락의 공간으로 탈바꿈시켰다. 새로운 야간 명소는 그랑 대로였다. 이 매혹적 공간은 마들렌에서 출발해 오스만 남작의 대표적 야심작인 오페라하우스 일대의 아름다운 지역을 거쳐 샤토 도 광장까지 이어졌다. 그 길의 카페에는 유명인사와 우아한 부인들이 드나들었다.

넘치는 즐거움 속에서 도시는 무도회와 만찬으로 가득 덮였다. 사람들은 잠 잘 시간이 없었다. 당대의 연대기 작가 앙리 드 펜의 눈에 제2 제정은 정확히 시간에 맞춰 취해갔다.

"만찬은 7시30분, 연극 공연은 9시, 무도회의 시작은 자정, 밤참은 새벽 3시나 4시, 잠을 잘 수 있다면 그리고 시간이 남아 있다면 그 이후다."

황제들과 왕들, 귀족들, 산업가들이 파리로 몰려들었다. 교차로에서 러시아의 차르가 튀르크의 술탄을 만났다. 네덜란드 여왕이 이탈리아 왕과 부딪쳤으며, 프로이센의 왕과 이집트의 부왕이 친교를 했다. 사람들은 번영 속에 화해한 세계가 평화를 향해 행진하는 것처럼 착각했다.

3년 뒤인 1870년, 걱정이 없던 제2 제정은 비스마르크가 구상한 위대한 독일의 꿈에 의해 프랑스-프로이센 전쟁으로 빠져들었다. 7월의 열기 속에서 전쟁을 준비했다. 사람들은 소집된 병사들에게 찬사를 보냈다. 식당 주인들은 군복 입은 남자들에게 와인을 공짜로 대접했다.

그러나 패배는 예견된 것이었다. 프랑스 황제가 스당(프랑스 동북부의 공업도시_옮긴이)에서 포로로 잡혔다. 9월 4일 일요일 아침, 패배 소식에 분노한 군중이 콩코드 광장에 모여 체제를 비난했다.

황비 위제니는 마지막 충신인 오스트리아 대사, 이탈리아 대사와 함께 달아났다. 그들은 디안 갤러리를 지나 플로르 파비옹까지 간 뒤 루브르 박물관의 큰 갤러리로 들어갔다. 황비는 곧 게리코가 그린 '메두사의 뗏목' 앞에 섰다.

"참 이상한 그림이구나."

이렇게 말하는 그녀의 눈에서 눈물이 흘렀다.

그녀는 생제르맹 록세루아 광장으로 나가는 작은 문으로 빠져나갔다. 절망한 황비는 마차에 올라 불로뉴 숲 가까이 살던 자신의 미국인 치과 주치의한테 갔지만 거절당했다. 그녀는 영국으로 망명했다.

공화국이 선포되었지만 전쟁을 끝내지는 못했다. 수도는 폭격을 받았다. 곳곳에서 사상자가 났다. 무너진 집 아래 온 가족이 매장된 경우도 있었다. 앵발리드와 팡테옹, 소르본 대학의 지붕이 날아갔다. 프로이센은 고삐를 더욱 죄었다. 포위가 시작됐고 도시는 고립에 빠졌다.

2월에 프로이센 군대가 폐허가 된 샹젤리제까지 내려왔다. 파리는 장례용 망토를 걸쳤다. 시청사의 발코니에 검은색 천을 매단 것이다. 프로이센 군은 잠시 행진을 한 뒤 파리지앙들의 분노를 뒤로 한 채 철수했다.

3월 이후 파리 코뮌의 봉기가 모든 지역을 장악했다. 회색빛 하늘에 붉은 깃발이 펄럭였다. 사기가 바닥에 떨어진 병사들은 상관의 전투명령을 거부하고, 대열을 이탈했다. 병사들과 시민들은 즐겁게 부둥켜안

왔다.

　하지만 권력에 충성하는 군대는 다시 수도를 죽음으로 몰아넣었다. 몽마르트르 언덕에서, 뤽상부르 공원에서 총성이 울렸다. 팡테옹 앞에 시신이 쌓였다. 5월 28일 저녁, 반도들이 페르 라셰즈 공동묘지로 달아났다. 그들은 차례차례 처형되었다. 5월 말, 2만 명의 죽음을 대가로 질서가 다시 잡혔다. 파리 코뮌의 생존자들은 기차에 실려 유배되었다.

　아돌프 티에르(임시정부 총리_옮긴이)는 이렇게 말했다.

　"공화국은 보수적이거나 또는 보수적이 아닐 것이다."

　그의 말대로 1875년 1월 30일 마크 마옹 제독을 대통령으로 하는 제3공화국의 기본법이 의회에서 간발의 차이로 통과되었다. 찬성 353표 대 반대 352표였다.

○

범죄의 대로는 사라졌지만 연극은 살아남았다. 포르트 생마르탱 극장에서는 몽환극이 유행이었다. 1875년에 쥘 베른이 쓰고 아돌프 네느리가 연출한 '80일간의 세계일주'가 엄청난 성공을 거두었다. 진짜 코끼리, 보아뱀, 연기를 뿜는 종이 기관차, 물 위에 떠 있는 배, 인디언들의 공격, 힌두교의 종교의식, 자바 춤, 그 밖의 많은 이국적 풍경을 보기 위해 사람들이 몰려들었다.

　몽마르트르 언덕에 있는 샤 누아르(검은 고양이) 카바레에서는 1886년부터 그림자 연극을 공연해 파리지앙들을 열광시켰다.

'렐레팡'(코끼리)은 샤 누아르 카바레의 대표적인 공연이었다. 하얀 화면 속에 한 풍자적인 검은 인물이 나타나 줄을 당기다 사라진다. 줄은 계속 늘어나 매듭이 되었다가, 드디어 코끼리가 된다. 이어 무엇인가를 내려놓는데 변사는 그것을 '향기로운 진주'라 말한다. 그리고 이 아주 특별한 진주에서 싹이 나 관객들 앞에서 꽃이 피면 막이 내렸다.

이 미니 극의 예상치 못한 성공은 새로운 예술을 탄생시켰다. 이것을 처음 만든 사람은 앙리 리비에르였다. 그는 자신만의 그림자 세계를 창조했으며, 자신의 그림자 부대에 활력을 주기 위해 끊임없이 새로운 방식을 생각해냈다. 샤 누아르에서의 하룻밤을 보내기 위해 외국에서도 몰려들었다. 발칸 반도의 왕들, 영국의 귀족들, 프로방스의 산업가들이 의식에 제물을 바쳤다. 그리고 이 저명한 관객들은 공연이 끝난 뒤 그림자 연극의 무대 뒤를 보여 달라고 떼를 쓰기도 했다. 귀찮아진 리비에르와 기계 조작자들은 대응 방법을 생각해냈다. 기계를 조작해 일부러 먼지 구름을 일으켰다. 불청객들의 값비싼 코트가 순식간에 하얘졌으며, 정교하게 조작된 기계가 손님들의 모자를 쓰레기통 속에 던져버리기도 했다. 호기심 많은 손님들도 더 이상 고집을 부리지 않고 달아나기 바빴다.

○

범죄의 대로가 발전과 현대화라는 이름 아래 사라졌을 때 새로운 장르(보다 현실적인)의 범죄가 미래의 레퓌블릭 광장 주변에서 생겨났다. 19세기 말 이 지역의 대중 무도회는 타락의 온상이었다. 사람들은 공화국의 변두리에서 춤을 추었고 젊은 여성들의 뺨을 달아오르게 만드는 카드릴 춤에 빠져들었다. 거기에는 나들이옷을 차려입은 노동자들과 부르주아들, 행실 나쁜 여자들, 순진한 시골 여인들이 섞여 있었다.

여기가 바로 매춘의 비밀왕국이었다. 지친 표정으로 골목길을 어슬렁거리는 매춘부들이 몇 프랑에 몸을 팔았다. 하지만 조심해야 했다. 순진한 손님을 노리는 위험이 늘 도사리고 있었다. 매춘부 무리들 사이에 '아파치'라는 여인이 숨어 있었다. 그녀는 손님의 주머니를 털었고, 조금이라도 반항하면 서슴없이 칼로 배를 찔렀다.

'아파치', 당시 파리에서는 난폭한 부랑아, 사기꾼, 강도, 포주들을 그렇게 불렀다. 삐딱하게 쓴 모자와 문신한 팔뚝, 입에 담배꽁초를 문 그들은 부르주아들을 공포로 몰아넣었다. 자기들끼리도 사소한 일로 싸우기 일쑤였다. 그들은 조직을 만들어 서로 증오하고 도전하고 결투했다.

'파리에는 메닐몽탕과 벨빌 언덕을 바위산으로 생각하고 살아가는 아파치 부족이 있다.'

1900년 르마탱 신문은 이렇게 썼다. 더 이상 적확할 수 없었다. 수도의 젊은 부랑아들은 당시 미국의 인디언들처럼, 산업혁명과 발전의 결실을 거부하고 야생적이고 야만적인 생활을 하고 있었다.

사실 도시의 빈민지역은 유명한 메닐몽탕과 벨빌 언덕처럼 동쪽에 몰려 있었다. 레퓌블릭 광장은 그곳에서 도심으로 나가는 자연스러운 출구였다.

빈민지역이 때때로 새로운 사회질서를 받아들이기를 거부한 이유는 그들이 새로운 체제의 영주들에게 이용되고 파괴되고 버려지는 익살극 속의 칠면조(어리석은 사람이라는 뜻_옮긴이)가 될 것이라는 사실을 알고 있었기 때문이었다.

아파치의 세계는 곧 전설과 영웅들을 탄생시켰다. 1902년 신문들은 파리를 열광시킨 한 사건에 대해 대서특필했다. 사건의 중심에는 큰 입과 가늘고 긴 눈, 둥근 얼굴과 '황금 투구'라는 별명에 어울리는 곱슬곱슬한 잿빛 금발을 가진 창녀가 있었다.

아멜리 엘리(황금 투구의 진짜 이름)는 1900년 22세가 되었을 때 레퓌블릭 인근의 무도회장에서 자바 춤을 추다가 마리우스 플레뇌르라는 젊은 노동자를 처음 만났다. 두 사람 사이에 사랑이 싹텄다. 진흙탕 속에서 버림받은 아이들의 사랑이 피어난 것이다. 아멜리를 독점하고 싶었던 마리우스는 그녀의 기둥서방이 되었다. 그는 노동자의 옷을 벗어 던지고 거리의 무법자가 되기로 했다. 그는 오르토 파의 두목이 되었다. 하지만 자유로운 황금 투구가 가엾은 기둥서방에게 좌절감을 안겨주었다. 그녀는 코르시카 출신의 미남 청년 도미니크 르카의 품에 안겼다. 그는 오르토 파와 경쟁관계인 포팽쿠르 파의 두목이었다.

배반이었다. 거리의 전쟁이 시작됐다. 고대의 비극처럼, 모든 일이 순식간에 벌어졌다. 1902년 1월 9일 도미니크는 권총 두 발을 맞고 쓰러졌다. 하지만 그는 응급처치를 받아 목숨을 구했다. 며칠 뒤 그는 황금 투구의 부축을 받으며 20구에 있는 트농 병원을 나섰다. 마리우스가 그들을 기다리고 있다가 연적을 향해 칼을 휘둘렀다. 도미니크는 경찰에서 가해자의 이름을 불었고, 가해자와 피해자는 함께 감옥에 갔다.

아파치들은 노동자, 농부들과 함께 소집되어 제1차 세계대전의 핏속으로 사라졌다.

'황금 투구 또는 사랑의 아파치들'이라는 제목의 멜로드라마가 대로의 무대에서 오랫동안 상연되었다. 1952년, 자크 베케르 감독이 시몬 시뇨레를 주연으로 불후의 명화 '황금 투구'를 만들었다.

샹젤리제 클레망소

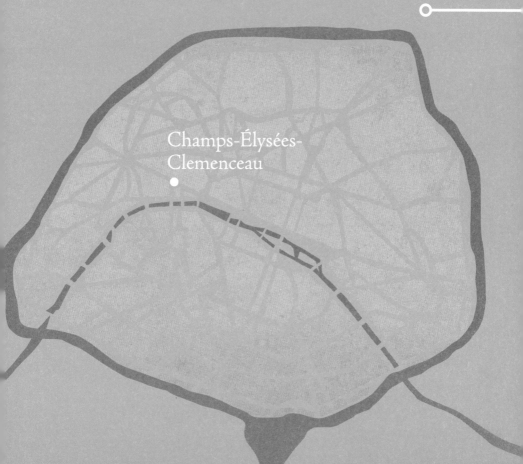

Champs-Élysées-
Clemenceau

Champs-Élysées Clemenceau

Grand Palais

권 력 의 길

시대는 변해도 장소의 위대함은 결코 변하지 않는다. 에투알 광장에서 롱푸앵까지 전쟁의 추억을 간직한 샹젤리제는 새로운 소명의 문을 열고 있다. 공화정의 역사와 럭셔리한 부티크의 커다란 간판이 함께 섞인 것이다.

샹젤리제 클레망소^{Champs-Élysées-Clemenceau} 역. 이 이름에 드골과 처칠을 보탤 수 있다. 왜냐하면 제2차 세계대전 두 영웅의 동상이 이곳에서 제1차 세계대전 때의 호랑이(조르주 클레망소 대통령_옮긴이)와 만나고 있기 때문이다. 아래쪽의 샹젤리제 교차로는 피로 물든 투쟁의 공간이었지만 사실 희망과 화합의 장소가 되어야 했다. 그곳에 있는 그랑 팔레와 프티 팔레가 증거물이다. 그 건물들은 1900년 만국박람회 당시 국가 간의 교역과 우의의 상징으로 지어지지 않았던가?

샹젤리제 위쪽은 꼭 나폴레옹의 개선문을 들지 않더라도 전쟁의 그림자가 드리워져 있다. 샹젤리제가 20세기 역사 속으로 들어간 것도 1914년의 제1차 세계대전 때문이다.

1920년, 전쟁터에서 죽은 무명용사들에게 경의를 표해야 한다는 여론이 들끓었을 때 의회는 그 시신을 팡테옹에 묻자고 제안했다. 공화국 대통령 알렉상드르 미유랑은 반대했다. 그는 다른 계획을 세웠다. 제2 제정이 붕괴한 뒤 국가 방위의 상징이 된 레옹 강베타(프랑스 정치가로 나폴레옹 3세의 전제정치에 반대했다_옮긴이)의 심장을 팡테옹으로 옮기는 행사를 함으로써 11월 11일을 기념하는 것이었다. 그것은 휴전 2주기와 공화국 50주년을 동시에 기념하는 행사가 될 터였다.

정부와 의회가 서로 다른 계획을 지지함에 따라 정치권이 분열되었다. 좌파는 강베타를 숭앙하길 원했고, 우파는 털보 병사(1차 대전 당시 프랑스 병사들은 수염을 길렀다_옮긴이)를 추모하자고 했다. 충돌을 피하기 위해 미유랑 대통령은 타협안을 찾아냈다. 같은 날 같은 시간에 강베타의 심장은 팡테옹으로 옮기고, 무명용사의 시신은 개선문에 묻자고 제안한 것이다. 하지만 극좌파들은 '군사적 축제'에 참가하기를 거부했고, 극우파들은 '세속적인' 강베타에게 경의를 표하는 데 불만을 터뜨렸다.

세계대전의 각 전선에서 쓰러진 프랑스 병사들의 시신 8구가 베르됭 요새로 옮겨졌으며, 그중 하나가 무작위로 선정됐다. 그 시신은 행사 전날 파리의 당페르-로슈로 광장으로 옮겨졌다.

1920년 11월 11일 아침, 상이군인들과 미망인, 고아 등 전쟁 피해자들의 엄숙한 행렬이 대포 받침대 위에 얹은 관을 따라 도시를 행진했다. 행렬은 강베타의 심장이 옮겨지는 행사가 벌어지는 팡테옹에서 잠시 멈추었다가, 관이 안장될 개선문까지 계속되었다.

현실적이면서도 상징적인 무명용사의 무덤은 애도 분위기를 형성해 프랑스 국민을 화해시켰다. 프랑스인들은 이 의식을 보며 대규모 광란에 희생된 아버지, 아들, 형제의 넋을 기렸다.

개선문을 묘지로 만드는 정치적 타협이 거론되었다. 거기에는 또 하나의 큰 상징성이 있었다. 무명용사의 무덤이 개선문을 걸어 잠갔다고 믿은 것이다. 앞으로 어떠한 개선 행진도 이 자리를 지나지 못할 터였다. 당시 사람들은 막 치른 전쟁이 최후의 전쟁이라고 생각했다.

하지만 1940년 9월, 독일 군대가 샹젤리제를 행군함으로써 섣부른 희망을 잔인하게 깨뜨렸다. 1944년 8월 26일에는 드골 장군이 흥분된 표정과 경쾌한 발걸음으로 콩코드 광장까지 샹젤리제를 행진했다.

"아, 바다 같구나!"

드골은 개선 행진을 보려고 몰려드는 군중의 바다를 바라보며 이렇게 중얼거렸다. 창문과 발코니에서, 지붕과 가로등에서 파리지앙들은 이 역사적 순간에 동참하고자 했다. 삼색기가 다시 펄럭였다.

프랑스 정부는 1970년 막 퇴임한 샤를 드골 대통령의 이름을 에투알 광장에 붙임으로써 1차 대전의 무명용사와 자유 프랑스의 수호자에 대한 추억을 한데 섞어 넣었다.

프랑스는 매년 대혁명 기념일인 7월 14일 샹젤리제를 행진함으로써 국가와 군대, 영광과 재회하고 있다. 프랑스 역사상 가장 중요한 순간마다 이곳에 사람들이 모이는 것도 그 때문이다. 1944년 파리 해방을 축하하기 위한 군중, 1968년 드골에 대한 애정을 표현하기 위한 군중, 1998년 프랑스 축구대표팀과 지네딘 지단을 치하하기 위한 군중. 시대는 변해도 장소의 위대함은 결코 변하지 않는다.

에투알 광장에서 롱푸앵까지 전쟁의 추억을 간직한 샹젤리제는 그러나 이제 새로운 소명의 문을 열고 있다. 공화정의 역사와 럭셔리 부티크의 커다란 간판이 함께 섞인 것이다.

○

센 강 건너편에서 콩코드 광장과 마주보고 있는 국회의사당 팔레 부르봉은 12개의 코린트식 원주를 가지고 있다. 그것은 마치 건너편 마들렌 성당의 코린트식 원주에 화답하는 듯하다.

이 궁전은 1722년 루이 14세와 그의 애인 몽테스팡 부인 사이의 딸인 루이즈 드 부르봉을 위해 지어졌다. 거의 50년 뒤에 콩데 공이 베르샤유의 그랑 트리아농 궁전의 모습을 본떠 이 화려한 저택을 증축했다.

1795년에 대혁명이 그 궁전을 탈취했다. 새로 반원형 홀을 지어 500인 회의, 즉 입법의회 의사당으로 사용했다. 의장석은 혁명의 시기를 견디고 살아남았지만 팔레 부르봉의 나머지 부분은 오늘날 577명의 의원을 맞아들이기 전까지 수많은 변화를 겪어야 했다.

네오클래식 양식의 북쪽 면은 나폴레옹 1세 때의 것이다. 나폴레옹은 정원이 콩코드 광장으로 뻗어 있는 튈르리 궁전에서 통치하며 파리를 자신의 영광에 맞게 바꿔놓았다. 군대의 사기를 높이기 위해 에투알 광장에 개선문을 만들었다. 그리고 병사들에게 경의를 표할 목적으로 마들렌 성당을 축조했다. 마지막으로 마들렌 성당과 조화를 이루기 위해 왼쪽에 팔레 부르봉을 개조했다.

역사는 때때로 흥미로운 곁눈질을 허락한다. 프랑스 공화제도의 대명

사인 이 건물이 아이러니하게도 가장 군주제적인 이름을 가지고 있는 것이다. 하지만 의회제도가 절대 권력을 꿈꾸는 사람들의 도전을 받던 시기에 이 건물이 시위대의 주요 표적이 되었다는 사실만으로도 공화국의 상징이 될 수 있다.

1934년 2월 6일 콩코드 광장에 모인 3만 명의 시위대가 온갖 비리로 물든 공화국을 끝장내기 위해 강 건너 팔레 부르봉으로 쳐들어갈 기세였다.

극우파와 왕당파, 국수주의자, 파시스트들이 동원되었다. 왕당파 기관지, 왕당파, 파시스트 단체, 극우파 단체 등은 '매춘부'(프랑스 왕당파가 공화제를 비하해서 일컫던 표현_옮긴이)를 쓰러뜨리기 위해 집결했다. 당시 최대의 극우파 세력이었던 '불의 십자가'는 분노에 찬(하지만 진정한 노선은 없는) 옛 전사들을 불러모았다. 하지만 이들은 프랑수아 드 라 로크 중령의 명령에 따라 광장을 폭력에 방치해놓은 채 즉각 해산해버렸다.

밤이 되자 수천의 시위대가 팔레 부르봉을 향해 행진했다. 대중 분노의 표출이자 쿠데타 시도였다. 경비 병력은 한계를 느꼈다. 군중을 향해 총을 발사했고, 충돌은 자정까지 계속되었다. 15명의 시위대와 경찰관 한 명이 목숨을 잃었다. 부상자는 1000명에 달했다.

의회 단상에서는 모리스 토레즈 공산당 사무총장이 선동했다.

"나는 모든 프롤레타리아와 사회주의 노동자 형제들이 거리에 나와 파시스트 무리들을 몰아낼 것을 촉구합니다."

사흘 뒤인 2월 9일 레퓌블릭 광장에서 공산주자들의 반대 시위가 벌어져 또다시 경찰과 충돌했다. 6명이 숨지고, 60여 명이 다쳤다.

혁명은 어떻게 콩코드 광장을 지나갔나?

1934년에 콩코드 광장은 아이러니하게도 '불화의 광장'으로 불렸다. 1789
년에는 혁명 광장으로 소름 끼치는 단두대가 그곳에 설치되었다. 루이 16세
와 마리 앙투아네트를 포함해 1119명의 머리가 이곳에서 잘렸다. 18세기
에 광장 한복판에 있던 루이 15세 동상은 자유의 석고상으로 대체되었다.
공포정치가 지나간 1795년, 시민들의 화합을 위해 정부는 그 공간을 콩코
드 광장(콩코드는 화합이라는 뜻_옮긴이)이라 이름 지었다.

1800년 자유상은 철거되었고, 25년 뒤 루이 18세는 이곳에 단두대의 이
슬로 사라진 형을 기리는 기념비를 세우고자 했다. 첫 번째 돌이 놓이자마
자 광장은 루이 16세 광장으로 이름이 바뀌었다. 하지만 공사는 1830년 혁
명으로 중단되었고, 광장은 제 이름을 되찾아 콩코드 광장이 되었다.

하지만 크리용 호텔 쪽을 보면, 미국 대사관 맞은편으로 루이 18세 시대
의 오래된 안내판이 있다. 거기에는 아직도 '루이 16세 광장'이라고 씌어
있다. 그 몇 발자국 옆, 오벨리스크와 브레스트 시를 상징하는 조형물 사이
에서 루이 16세의 목이 잘렸다.

1836년 루이 필립은 광장 한가운데에 이집트 부왕 메헤메트 알리가 프
랑스에 기증한 오벨리스크를 세웠다.

콩코드 광장을 뒤로 하고 샹젤리제를 거슬러 올라가다 보면 금장을 입힌
수탉이 서 있는 철문을 볼 수 있다. 바로 엘리제궁 입구다. 1848년 루이
나폴레옹이 제2공화국 대통령으로 선출된 뒤, 루이 15세의 정부 퐁파두

파리지앙 이야기

르 후작 부인 소유였던 이 옛 저택을 프랑스 대통령궁으로 삼았다.

드골은 이 저택을 진짜 싫어했다. 군인이었던 그에게 엘리제궁은 경망스럽게 보였다. 식당과 주방이 멀리 떨어져 있어 식은 음식을 먹기 일쑤였다. 게다가 슬리퍼를 끌고 다니는 짓거리가 장군의 눈살을 찌푸리게 했다.

반면 후계자들은 생각이 달랐다. 현대미술에 열정을 보였던 퐁피두 대통령은 이스라엘 화가 아감에게 부탁해 거실을 보다 변화무쌍하게 꾸미게 했다. 하지만 아내 클로드는 남편 서거 후 그 추운 저택에 공포를 느꼈다. 그녀는 새로운 집 주인의 초대에 한 번도 응하지 않았다.

발레리 지스카르 데스탱 대통령은 부인 안-에몬이 거부하는 바람에 혼자 엘리제궁에 입주했다. 엘리제는 젊은 대통령에게 즐거운 삶을 제공하는 자유의 공간이었다. 1974년 10월 2일 새벽, 그는 페라리를 몰고 아름다운 여배우와 함께 엘리제로 돌아가다 우유 트럭과 충돌하고 말았다. 기자들에게 훌륭한 먹을거리를 제공한 사건이었다.

프랑수아 미테랑에게 엘리제는 업무의 공간일 뿐이었다. 아내이자 퍼스트레이디인 다니엘과의 공식적인 삶과, 선거 6년 전 혼외로 낳은 딸 마자린의 생모와의 비공식적인 삶을 오가느라 엘리제궁에서 지내는 시간이 그리 많지 않았다.

아마도 자크 시라크만큼 엘리제궁을 높게 평가한 대통령도 없을 것이다. 그는 언제든 엘리제궁에서의 삶을 즐겼다.

"시라크는 그가 일하는 곳에서 살았고, 사는 곳에서 일했다."

그의 한 보좌관은 이렇게 말했다. 파리 시장 관사는 물론 엘리제에서도 그랬다. 베르나데트 시라크는 엘리제의 정원을 자기 기호대로 꾸미면서 지난 시절의 향수를 숨기지 않았다.

니콜라 사르코지는 2008년 2월 2일 카를라 브루니와의 결혼식을 이곳에서 올렸다. 가까운 친지와 친구 20여 명만 초대한 은밀한 의식이 호화로운 엘리제궁 2층에서 거행되었다.

"나는 아무것도 계산하거나 예상하지 않았다. 나는 이탈리아 문화에 익숙하고 이혼하는 것을 좋아하지 않는다. 그래서 나는 내 남편의 임기가 끝날 때까지 퍼스트레이디일 것이며, 세상을 떠날 때까지 그의 아내일 것이다. 내 신혼여행은 베르사유 궁전의 정원을 20여 분간 산책하는 것이지만 그것은 최고의 결혼 여행이 될 것이다."

엘리제궁의 새로운 안주인이 결혼 발표에 깜짝 놀란 언론에 한 말이다.

○

세상에서 가장 아름다운 길을 걷다가 몽테뉴 가[注]로 잠시 나오면 샹젤리제 극장의 아르데코 양식 건물을 감상할 수 있다.

1920년 이 극장은 자크 에베르토의 지휘 아래 예술 창작의 전위부대가 되었다. 오페라와 발레, 연극, 콘서트가 뒤를 이었다. 스웨덴 발레가 라벨과 드뷔시, 밀로, 사티의 음악을 바탕으로 파리를 매료시켰다. 발명과 지혜, 아름다움의 20세기가 여기서 폭발했다.

파블로 피카소가 그린 장식도 볼 수 있다. 말라가에서 태어난 화가는 극장에 그림을 그릴 당시 이미 성공한 화가였으며, 로마에서 만난 러시아 발레리나와 결혼한 뒤 샹젤리제에서 멀지 않은 라보에티 23번지의 화려한 아파트에 살고 있었다.

15년 전인 1905년, 피카소는 파리에 정착하기로 결심했지만 몽마르트르의 '세탁선Bateau-Lavoir'이란 초라한 건물밖에 찾을 수 없었다. 한 달에 15프랑이란 싼값에 그는 정원 쪽으로 난 3층 아틀리에를 임대했다.

비바람이 몰아치던 어느 날, 한 젊은 여인이 흠뻑 젖은 채 귀가를 서두르고 있었다. 당대의 유명한 아카데미 화가들의 모델이었던 페르낭드 올리비에는 파블로 피카소를 알고 있었다. 손에 붓을 쥔 채, 그들은 공동세면실에서 자주 마주쳤으며 몇 마디 의미 없는 말을 주고받곤 했다.

그날 저녁도 피카소는 좁은 복도에서 페르낭드와 마주쳤다. 그는 20세였고, 비에 젖어 촉촉한 가슴과 모자 밖으로 나온 금발이 매력적인 그녀는 파블로보다 조금 키가 컸다. 파블로는 웃으며 새끼 고양이를 주겠다고 말했다. 그녀는 아틀리에 초대를 받아들였다. 그녀가 처음으로 피카소의 세계에 발을 들여놓는 순간이었다. 그녀는 캔버스에 표현된 극심한 고통과 절망에 충격을 받았다. 미완성이었지만 그림 속에는 병적인 모습밖에 없었다. 하지만 무엇보다 여기저기 널린 캔버스, 물감, 바닥에 버려진 붓 같은 무질서에 관심이 끌렸다. 그녀의 공포가 절정에 이른 것은 책상 서랍 안에 살고 있던 모르모트였다.

페르낭드의 예쁜 눈과 발랄한 성격은 금방 이 슬픈 소굴에 밝은 빛을 비춰주었다. 피카소는 사랑에 빠졌고 장밋빛, 즉 행복과 희망의 색이 캔버스를 덮었다.

1906년 루브르 박물관은 안달루시아 지방에서 출토된 4~5세기 이베리아 반도의 청동 조소전을 열었다. 피카소는 그 전시에서 조상들의 간결한 형태와 강한 표현력에 사로잡혔다. 이것저것 받아들여 조합하는 능력을 가졌던 이 화가는 몇 달 뒤인 11월, 또 하나의 중요한 발견을 한다. 그날 저녁 피카소는 캐 생미셸에 있는 야수파의 대가 앙리 마티스의 집에서 저녁식사를 한다. 마티스는 작은 입상 하나를 꺼내 피카소에게 내밀었다. 나무로 만든 흑인상이었다. 피카소는 저녁 내내 입상을 손에서 떼지 않았다. 그의 검은 눈은 짙은 색 나무에 끝없이 묻고 있었고, 손가락은 순수한 형태를 쓰다듬고 있었다. 이베리아 반도의 유물 앞에서 느꼈던 아름다움을 또다시 느꼈다.

다음 날 아침, 그의 아틀리에 바닥이 종이로 뒤덮였다. 종이마다 커다란 데생이 목탄으로 그려져 있었다. 성난 필치의 그림은 끊임없이 계속되었다. 눈은 하나고 입과 맞닿은 긴 코를 가진 여인의 얼굴이었다.

그렇게 10개월 이상을 종이와 씨름했다. 밑그림, 스케치, 시행착오가 수없이 계속되면서 흑인 미술, 이베리아의 동상, 세잔에 대한 추억이 뒤섞여 전혀 새롭고 놀라운 반전이 튀어나온다.

1907년 피카소의 친구들이 괴상하고 왜곡된 그림, '아비뇽의 여인들'을 보러 왔다. 사람들은 고개를 절레절레 흔들었다. 아직 아무도 몰랐지만, 이 그림은 예술을 20세기로 끌고 들어갈 터였다. 당시로서는 초기 혁명이 몽마르트르 언덕 일대에서만 움트고 있을 뿐이었다. 하지만 그것은 곧 샹젤리제 극장에서 피어오르고, 전 세계로 퍼져나갈 터였다.

다시 샹젤리제로 돌아가자. 샹젤리제 롱푸앵을 건너자마자 개선문을 향해 똑바로 뻗은 길의 왼쪽 25번지에 거물급 러시아 모험가, 파이바 후작 부인의 옛 저택이 있다. 그것은 제2 제정 시기 샹젤리제의 모습을 간직한, 몇 안 되는 유적이다. 이곳에는 말을 탄 사람들과 화려한 사륜마차, 그리고 처음 선보인 자동차들이 쉴 새 없이 드나들었다.

1865년에 완공된 이 멋진 건물을 오늘날 금융권에서 사용하고 있는 것은 충분히 정당하다. 좀 더 위쪽으로 올라가면 봉건시대의 문장 같은 유명 상표들의 화려한 간판들에 휩싸인다. 우리가 만났던 위정자들과, 우리가 찬미했던 예술가들이 금융권 사람들로 대체된다. 오늘날 힘 있는 사람들은 엘리제나 팔레 부르봉에 있지 않고, 여기 늘어선 점포들 사이에 있을 것이다. 그들은 럭셔리 업계의 대그룹들이다.

20세기 건축의 추억을 좇다 보면 74~76번지의 클라리지 건물의 아르누보 벽면에 끌리지 않을 수 없다. 그리고 지금은 은행이 된 103번지의 옛 엘리제 궁전 건물, 56~60번지 버진 메가스토어 건물 역시 그렇다.

1970년 에투알 광장에 생긴 RER 역은 샹젤리제의 분위기를 살짝 바꾸어 놓았다. 그때부터 교외지역에서 샹젤리제로 쉽게 나올 수 있게 되었다. 결과적으로 샹젤리제의 우아한 매력이 사라지고 세일하는 옷 가게와 패스트푸드점들이 생기면서 품위 또한 떨어졌다.

하지만 아직도 그들은 모두 여기 있다. 랑셀, 라코스테, 위고 보스, 오메가, 카르티에, 겔랑, 몽블랑…. 그들은 새로운 군주의 영광스러운 점령지

세탁선의 운명은 어땠나?

1970년 5월 12일 오후 2시30분경, 파리 소방관제센터에 전화벨이 요란하게 울렸다. 세탁선에 화재가 났다는 신고였다.

거대한 건물은 불에 탄 뼈대만 남은 잿더미에 불과했다. 임대인 중 한 명인 화가 앙드레 파튀로는 절망적인 말만 되풀이하고 있었다.

"난 망했다. 모든 것을 잃었어. 내 그림, 내 작업, 내 인생. 1층 내 화실에서 그림을 그리고 있는데 갑자기 온 방에 검은 연기가 가득 찼어."

5년 후, 많이 손상되지 않은 전면부를 크게 고치지 않은 채 세탁선은 다시 지어졌다. 오늘날에는 기능적인 25개의 아틀리에와 우아한 아파트가 옛날의 모습을 대체하고 있다.

처럼 샹젤리제에서 확고히 빛을 발하고 있다.

2006년 루이 뷔통이 101번지의 매장을 리노베이션 해 재개장하자 전문가들은 '정신 나간 유리창 장식'이라고 비판했다. 그렇든 말든 세계에서 짝퉁이 가장 많은 가방과 핸드백의 진품이 이 매장에서 판매되고 있다. 그리고 50여 년 만에 처음 생기는 133번지의 새 복합쇼핑몰 퓌블리시스에 대해서는 뭐라고 할 것인가. 투명하고 곡선으로 이뤄져 있는, 전형적인 20세기 말 양식인 이 건물은 조금 난감하기도 하다.

모든 튀는 건물들 중에서 가장 우리를 대경실색하게 하는 것은 저 멀리 라데팡스에 있는 20세기의 베르사유 궁전이다. 이 현대판 개선문은 나폴레옹 개선문을 본뜬, 허영심 짙은 메아리다.

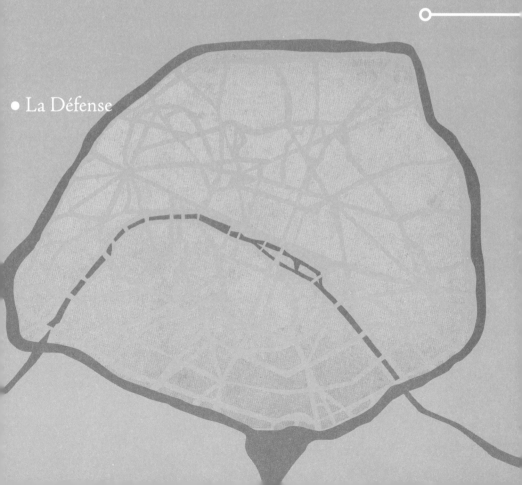

21세기

라
데
팡
스

La Défense

라데팡스

원 점 으 로 의   귀 환

내일의 그랑 파리는 상업지역 라데팡스를 과거의 증거이자 미래를 향한 창문으로 삼게 될 터다. 수도는 자연스럽게 서쪽으로 확장을 거듭해 라데팡스 너머 낭테르까지 흡수하게 되지 않을까?

1호선 종점 라데팡스^{La Défense} 역에서 내리면 순백색의 거대한 아치를 보게 된다. 우주의 공허를 담기라도 하겠다는 듯 거만한 건축물이다.

20세기는 결코 파리에 우호적이지 않았다. 몽파르나스 타워, 포럼 데 알, 강변로, 센 강의 이마(15구 센 강변 지역의 고층건물군_옮긴이), 퐁피두 센터, 바스티유 오페라, 프랑수아 미테랑 도서관….

수도에 생겨난 이 사마귀들(도시 미관을 해치는 건물들이라는 의미_옮긴이)은 많기도 하고 규모 또한 거대하다. 1989년에 세워진 그랑 아치는 멀리 개선문이 바라보이는 전망 속에 자신을 끼워 넣음으로써 또 하나의 나쁜 맛을 더했다.

내 표현이 너무 가혹할지도 모른다. 누가 알겠나? 100년 뒤에 사람들이 아르누보나 아르데코와 같은 급으로 20세기 후반 건축의 상징을 찬미하기 위해 라데팡스로 순례를 하러 올지 말이다.

하지만 사람들은 이 새로운 개선문 앞에서 일과 금융만을 생각할지 모른다. 그렇다. 라데팡스 지역은 만들어진 지 50여 년밖에 되지 않았다. 1958년 드골 대통령은 퓌토와 쿠르브부아, 낭테르 일대에 프랑스의 경제 금융 축이 될 신도시를 만들기로 결정했다.

이곳에서 (파리의) 개선문 쪽을 바라보다 보면 광장 한켠 신식 건물들 사이에 외톨이로 남아 있는 옛 라데팡스 동상을 볼 수 있다. 1883년에 만들어진 이 동상은 1870년 프로이센의 침략에 맞서 항거한 파리 시민들을 기념하기 위한 것이다. 바로 '방어'를 의미하는 이 지역의 이름이 됐다.

사실 나는 과거를 훼손하지 않는다면 우리 시대의 담대한 건축을 받아들이고 싶다. 시대마다 그 시기에 걸맞은 작품들이 있는 것 아닌가. 아마 역사가들이 나보다 더 잘 판단할 것이다. 결국 그 건축물들이 미래의 유산, 지금 내가 살고 있는 세기의 증거물이 되고 파리에 꼭 필요한 존재가 될 것이다. 장 누벨이 설계한 캐 브랑리의 멋진 박물관은 벌써 자기 자리를 잡고 있지 않은가?

이제는 보다 폭넓게 다음과 같은 근본적 질문을 던져야 할 때다. 미래 세대에게 어떠한 21세기의 유산을 물려줄 것인가?

지금으로는 미래 세대들에게 부끄러운 감정을 숨길 수 없다. 이 새롭고 놀라운 건축물들이 금방 사라질 일시적 또는 일회용 재료로 만들어지고 있기 때문이다. 많은 고고학자와 건축가들이 벌써부터 공개적으로 현대 건축물들의 짧은 기대수명에 대해 걱정하고 있다.

어쨌든 우리 세기의 파리는 수직적 팽창의 세기가 될 것이다. 문어발식 확장의 승리인 '그랑 파리'(니콜라 사르코지 전 대통령이 추진한 프로젝트. 파리를 21세기형 친환경 거대도시로 바꾸는 것이 목표다_옮긴이)의 세기가 될 것이다. 파리의 경계는 페리페리크를 넘어 교외지역의 일부 또는 전부를 집어삼킬 것이다.

새로 그려질 도심 축은 명확하다. 에투알 광장에서 라데팡스로 이어지고, 고속도로처럼 뇌이 시를 관통하는 샤를 드골 가가 어느 날 바뀔 것이다. 계획은 이미 서 있다. 그 길은 라데팡스 전망대까지 자연스럽게 흐르는 초록의 강처럼 되어야 한다. 말이 나온 김에 우연의 산물인 라데팡스의 혼란스러운 외관도 정리되어야 할 것이다.

그리고 내일의 그랑 파리는 무지막지한 고층건물들로 이뤄진 상업지역 라데팡스를 과거의 증거이자 미래를 향한 창문으로 삼게 될 것이다. 수도는 자연스럽게 서쪽으로 확장을 거듭해 라데팡스 너머 낭테르까지 흡수하게 되지 않을까?

그렇게 도시는 천천히 파리가 시작된 출발점으로 돌아가고 있다. 우리는 골루아들의 뤼테스가 원래 낭테르의 센 강 유역에 있었다는 사실을 살펴보았다. 21세기엔 아마도 파리가 뤼테스로 돌아가는 것을, 골루아 마을이 탄생한 곳으로 2000년 만에 되돌아가는 것을 보게 될 것이다.

팔자에 없던 프랑스 문학을 전공하게 되면서 맺었던 파리와
의 인연이 참으로 질기다. 그 후 30년도 더 지난 지금 파리에
관한 책을 번역하고 있으니 말이다. 파리에서 보낸 6년은 참
으로 행복한 시간이었다. 그 행복의 대부분은 자동차 여행에서 비롯됐다.
프랑스는 물론 유럽의 주요 국가들은 안 가본 도시가 거의 없을 정도다.

유럽의 도시들은 정말 아름답다. 마치 동화 속에서나 나올 법한 환상의
도시들이 셀 수 없이 많다. 비슷한 것 같으면서 저마다의 개성을 뽐낸다.
하지만 단언컨대 '파리'만 한 도시를 보지 못했다. 도시의 아름다움은 역
사에서 나온다. 도시의 역사를 드러내는 상징물들이 얼마나 유기적으로
도시와 연결되어 있느냐가 그 도시의 품격을 결정한다. 그런 의미에서 파
리는 독보적이다. 유럽 도시들 중 대부분은 반나절만 걸으면 돌아볼 수
있는 올드타운에만 자신의 아름다움과 역사를 간직하고 있다. 뉴타운에

는 그저 시민들의 바쁜 일상만 있을 뿐이다.

파리는 다르다. 지하철을 타고 어느 역에서 내려도 역사가 있다. 어떤 앵글로 사진을 찍어도 그림엽서가 된다. 그런 아름다움과 역사는 오늘날 시민들의 삶과 고스란히 함께 호흡하고 있다. 해리 포터 시리즈에도 이름이 나오는 유명한 연금술사의 집은 레스토랑이 되어 파리지앵들의 사랑을 받고 있고, 과거 감옥이었던 생미셸의 지하실은 라이브 록카페가 되어 밤마다 젊은이들을 유혹하고 있다.

이런 파리를 걷다 보면 파리를 사랑하지 않을 수 없다. 사랑하는 이에 대해 좀 더 알고 싶어지는 건 당연한 일 아닌가. 저자처럼 나도 카메라를 메고 파리의 골목길을 구석구석 헤매고 다닌 적이 있었다. 주택가 외진 건물 뒤편의 아르누보 정원, 오래된 아파트 외벽에 남아 있는 터키식 목욕탕의 흔적… 역사 조각 하나하나를 담으면서 미소 짓던 적이 있었다.

이 책을 번역하면서 그때의 기억들이 떠올랐다. 가장 큰 건 아쉬움이었다. 저자와 같은 길을 걸었으면서도 얼마나 많은 보물들을 모르고 지나쳤던가. 아는 만큼 보인다는 게 맞는 말이다. 그런 의미에서 이 책의 독자는 행복한 사람들이다. 아주 훌륭한 여행 안내서와 함께 파리를 걸을 수 있을 테니까. 밑줄 쫙 긋고 책이 소개하는 길을 따라가 보자. 평범한 관광과는 다른 나만의 시간 여행이 가능할 것이다. 자정이면 과거로 돌아가는 자동차를 타는 우디 앨런의 '미드나잇 인 파리'의 주인공이 될 수 있을 터다.

옮긴이 이훈범

성균관대학교를 졸업하고 파리 10대학에서 불문학 박사 과정을 공부했다. 1989년 중앙일보에 입사해 사회부·국제부·문화부·정치부 등에서 기자 생활을 했다. 파리 특파원과 논설위원, 문화스포츠 에디터를 거쳐 현재 국제부장으로 근무하고 있다. 동서양 고전 읽기를 즐기고 역사 속 골목길을 헤매며 선인에게 지혜를 구하는 매력에 빠져 있다. 중앙일보에 〈이훈범의 시시각각〉과 〈이훈범의 세상사 편력〉 등 칼럼을 연재했다. 현재 중앙SUNDAY 〈이훈범의 세상탐사〉로 독자와 소통한다.

파리지앙 이야기

초판 1쇄 2013년 5월 22일

지은이 | 로랑 도이치
옮긴이 | 이훈범

발행인 | 김우석
제작총괄 | 손장환
편집장 | 이정아
책임편집 | 이미종
디자인 | 권오경 김효정
저작권 | 안수진
마케팅 | 김동현 신영병 김용호 이진규
제작 | 김훈일 박자윤 임정호
홍보 | 이효정

교열 | 전경서
인쇄 | 성전기획

발행처 | 중앙북스(주) www.joongangbooks.co.kr
등록 | 2007년 2월 13일 제2-4561호
주소 | (121-904) 서울시 마포구 상암동 상암디지털미디어시티 1651번지 상암 DMCC 20층

구입문의 | 1588-0950
내용문의 | (02) 2031-1368
팩스 | (02) 2031-1398
홈페이지 | www.joongangbooks.co.kr
페이스북 | www.facebook.com/hellojbooks

ISBN 978-89-278-0434-5 04920
      978-89-278-0433-8 04920 (set)

값 18,000원